बियॉन्ड द ब्लू: प्यार, जिन्दगी और ऑटिज़्म

गोपिका कपूर

संपादक: सुनीता नायर

ट्रांसलेशन: कुणाल गाँधी और नधिि सहि

INDIA • SINGAPORE • MALAYSIA

ISBN 979-8-88629-960-1

मोहित को मेरी ताकत बनने के लिए

गायत्री को, मेरा आशीर्वाद बनने के लिए और

वीर को, मेरी वजह बनने के लिए

अनुक्रमणिका

प्रमाणक

बियॉन्ड द ब्लू ऑटिजम का सामना करनेवाले परिवार की यात्रा का निडर प्रवास है। गोपिका द्वारा किया गया कथन साहसी, सच्चा, प्राकृतिक और सहनभूतिशील है - बिल्कुल उनके जैसा। एक ऑटिस्टिक बच्चे का पालन-पोषण करने की यात्रा जहाँ कभी-कभी संतोषजनक होती है, लेकिन वहीं ज्यादातर मुश्किल भी होती है। मैं सभी को यह किताब पढ़ने का सुझाव दूंगी। न केवल विशेष आवश्यकता वाले बच्चों के माता-पिता को, जो कि निश्चित ही अपने आपको सशक्त महसूस करेंगे, बल्क़ि हर किसी को यह किताब पढ़नी चाहिए। संवेदनशीलता, सहानुभूति और समावेशिता मानव जाति के लिए इस समय की जरूरत है। यह किताब इस यात्रा में एक अद्भुत प्रेरक के रूप में कार्य करती है।

– वर्षा माखीजा सह-प्राचार्य, द गेटवे स्कूल ऑफ़ मुंबई

बियॉन्ड द ब्लू पहले एक माँ की यात्रा की कहानी है। गोपिका डायग्नोसिस (निदान) के प्रभाव के बारे में लिखती है। यह जवाब खोजने की यात्रा है। यह शोक के सामने झुकने, उसे अस्वीकार करने से लेकर स्वीकार करने तक की कहानी है। लेकिन गोपिका एक शानदार थेरपिस्ट भी हैं। इसीलिए, उन्होंने अपने जीवन के अनुभवों के साथ साथ ऑटिजम संबंधित जानकारी को भी पेश किया है। उन्होंने ऐसे उदहारण दिये है जो कि सामान्य समस्याओं से अलग और अभिनव है। किताब के बारे में मुझे जो चीजें पसंद आयी उनमें से एक है वीर और उसके जैसे अन्य बच्चों के लिए दिखाई गई संवेदनशीलता और सम्मान, जो हर उस अनुभव में झलकता है जो गोपिका साझा करती है। यह सिर्फ माता-पिता के सामने आनेवाली चुनौतियों पर बात नहीं करता है, बल्कि न्यूरोटिपिकल दुनिया की बड़ी चुनौतियां, जिसे वीर जैसे बच्चे हर दिन सामना करते हैं, उनके प्रति संवेदनशीलता भी दर्शाता है। यह एक तरफ जहाँ माता-पिता की निराशा दिखाता है, वहीं साथ साथ ऐसे बच्चों के लिए सहानुभूति भी दर्शाता है। ऑटिजम को समझने और भारत में ऑटिजम के साथ किसी भी व्यक्ति के जीवन संबंधित जानकारी पाने के लिए यह एक अद्भुत किताब है। यह थेरेपी का चयन करने, मेल्टडाउन को

संभालने, भविष्य के लिए योजना बनाने और एक न्यूरोटिपिकल भाई बेहेन का संगोपन करने के लिए व्यावहारिक और प्रचलित सूचनाएं प्रदान करती है। यह किताब भारत में ऑटिजम से ग्रसित हर बच्चे के माता-पिता द्‌वारा जरुर पढ़ी जानी चाहिए।

– मेरी बरुआ, संस्थापक, निदेशक, एक्शन फॉर ऑटिजम, नई दिल्ली

यह किताब एक माँ की अपने ऑटिस्टिक बेटे के साथ की यात्रा है। इस किताब ने दो कारणों से मेरा ध्यान आकर्षित किया। एक, मैं ऑटिस्टिक बच्चों के परिवारों के साथ काम करने में विशेष रुचि रखनेवाली, एक पीडियाट्रिक ऑक्यूपेशनल थेरपिस्ट हूँ। दूसरा कारण अधिक व्यक्तिगत है। इस किताब की लेखिका, गोपिका, मेरी दोस्त है और मेरी सहयोगी थी। मैंने गोपिका को एक ऑटिस्टिक बच्चे की माँ होने से लेकर अन्य ऑटिस्टिक बच्चों के परिवार के लिए एक सशक्त समर्थक बनते देखा है और मैं जानती थी कि यह किताब अपने नाम पर खरी उतरेगी। इस किताब ने मेरी सारी अपेक्षाएं पूरी की है। गोपिका ने पाठकों के लिए, अपने बेटे वीर और उसके साथ अपनी यात्रा को जिस तरह से लिखा है, वह पढ़ना बहुत ही मार्मिक है। मुझे यकीन है कि परिवार से गोपिका को मिल रहे समर्थन ने कैसे न केवल वीर की मदद की है, बल्कि कैसे गोपिका को भी एक सशक्त माँ बनाया, यह पढ़ना ऑटिस्टिक बच्चों के परिवारों के लिए प्रेरणादायक होगा। यह किताब ऑटिस्टिक बच्चों के परिवार के लिए शुरुआती मदद प्रदान करेगी। गोपिका की यात्रा के बारे में पढ़ने से वे आश्वस्त हो जायेंगे कि वे अकेले नहीं हैं और अंधकार के बाद उजाला होता ही हैं।

– अंजलि जोशी, ऑक्यूपेशनल थेरपिस्ट, मुंबई

गोपिका माता-पिता के एक विशेष समूह की सदस्य है, जो अपने दर्द और भय को ऊर्जा और इच्छाशक्ति में परिवर्तित कर के उनका उपयोग अपने जैसे अन्य माता-पिता की सहायता करने के लिए करते हैं। बियॉन्ड द ब्लू, हाल ही में डायग्नोज किए गए बच्चों के माता-पिता, और किशोरावस्था और वयस्कता के ट्रांजिशन में आनेवाली समस्याओं से संबंधित मदद की जरुरत होनेवाले माता-पिता, दोनों के लिए, एक संसाधन रूपी किताब होगी। उनके व्यक्तिगत और व्यावसायिक अनुभवों के माध्यम से, यह किताब भाई-बहनों के साथ ऑटिजम पर चर्चा करने से लेकर मेल्टडाउन तक की विभिन्न प्रकार की समस्याओं को संबोधित करने के लिए, व्यावहारिक और ठोस सलाह प्रदान करती है। मुझे इसमें कोई संदेह नहीं है कि गोपिका की अपनी कहानी संवादी रूप में

साझा करने और उसकी अरक्षितताता प्रकट करने की चाह, दुनिया भर के ऑटिस्टिक बच्चों के माता-पिता जरुर समझ पाएंगे।

– पामेला डिक्सन डिरेक्टर, क्लिनिकल सर्विसेज एंड इन्क्लूजन,
ऑटिजम स्पीक्स, वाशिंगटन डी. सी.

ऑटिजम से जूझनेवाले परिवार एक विशेष बंधन से जुड़े होते हैं, जो हमारी समान यात्राओं द्वारा बुना हुआ होता है। बियॉन्ड द ब्लू, कहानियों के माध्यम से एक परिवार के चुनौतियों और सफलताओं की छोटी-बड़ी घटनाओं का अनुभव कराता है। और ऐसा करते समय, सह-यात्रि, माता-पिता, भाई-बहन, दादा-दादी और ऑटिस्टिक बच्चों के जीवन के पहलुओं से संबंधित जानकारी देता है। गोपिका, अपने आप को इतनी उदारतापूर्वक व्यक्त करने के लिए तुम्हारा शुक्रिया।

– पारुल कुमथा, अभिभावक, संस्थापक - फोरम फॉर ऑटिजम, मुंबई

बियॉन्ड द ब्लू एक माँ के यात्रा की प्यारी कहानी है, जिसमें डायग्नोसिस से लेकर स्वीकृति और उससे परे की भावनाएं शामिल हैं। गोपिका ने अपनी भावनाएं और अनुभव स्पष्ट और व्यवहारिक शैली में लिखें हैं। छोटी वर्णनात्मक कहानियों के माध्यम से, वह मुश्किलों और कठिनाइयों के साथ ही साथ माँ के रूप में महसूस होनेवाली खुशी और गर्व-भरी चीजों का भी वर्णन करती हैं। यह भावनात्मक रूप से परिपूर्ण किताब विशेष रूप से ऑटिस्टिक बच्चों के प्रति संवेदनशील पाठकों के दिल को छू जाएगी।

– डॉ. विराज सांघी, बाल रोग विशेषज्ञ, सीनियर कंसलटेंट,
एसआरसीसी चिल्ड्रन हॉस्पिटल, मुंबई

बियॉन्ड द ब्लू एक माँ की अपने बेटे को जानने की यात्रा का शानदार आकर्षक उदहारण है। मुझे इसकी कलात्मकता ने मोहित किया हैं। एक माँ के अनुभव को, अन्य माता-पिता के लिए सहज और प्रेरणादायक रूप में साझा करना कितना कठिन है यह मैं जानतीं हूँ। गोपिका ने यह काम बखूबी किया है। यह कहानी न केवल प्रेरणादायक है, बल्कि अनिवार्य रूप से पठनीय है और एक बाल विकास पर काम करनेवाली थेरेपिस्ट और माँ की व्यावहारिक सलाहों का खजाना है। वीर को ऑटिजम है, लेकिन बियॉन्ड द ब्लू, किसी भी बच्चे को होनेवाली किसी भी समस्या के बारे में भी जानकारी दे सकता

है। यह एक सार्वभौमिक कहानी है जिसमें एक परिवार, असमानता का सामना करते हुए न केवल उसका स्वीकार करने बल्कि उसे मनाना भी सीखता है।

– जो चोपड़ा, कार्यकारी निदेशक, लतिका रॉय फाउंडेशन, देहरादून

गोपीका कपूर, एक लेखक, माता-पिता के लिए एक काउंसेलर, और एक ऑटिस्टिक बच्चे की माँ, अपनी लेखन शैली और साहस से, न केवल स्थिति से अवगत कराती हैं, बल्कि माता-पिता के लिए कठिनाइयों से निपटने के रास्ते भी बताती हैं और अपने खुद के अनुभवों के वर्णन के माध्यम से, उनकीं संभावित मौजूदा स्थिति से संबंधित जानकारी भी प्रदान करती हैं।

– डॉ. परेश देसाई, बाल रोग विशेषज्ञ, मुंबई

पिछले कुछ वर्ष, उम्मीद में काम करने के दौरान, मैंने गोपिका को एक व्यग्र अभिभावक से एक बहुप्रतीक्षित थेरपिस्ट में रूपांतरित होते देखा है। उनकी किताब, बियॉन्ड द ब्लू ने मुझे जितना हंसाया उतना ही भावुक भी किया। यह किताब ऑटिजम से ग्रसित बच्चों के माता-पिता की आशाएं पल्लवित करतीं हैं, और रोजमर्रा के सरल कार्य और उनकी समस्याओं के लिए व्यावहारिक सुझाव देती हैं। किताब में बुनी गई कहानी गोपिका की खुद की कहानी है, और यही इसे और ज्यादा वास्तविक बनाता है। गोपिका तुम्हें, और तुम्हारे साथ यात्रा करनेवालों को मेरी शुभकामनाएं। यह निश्चित रूप से मेरी पसंदीदा किताबों में से एक रहेगी।

– डॉ. परवीन दादाचांजी एमडी (मानसोपचार), मुंबई

हमें लगता हैं कि अपनें बच्चों को “सबल ओर सशक्त” बनाने की हर माता-पिता की यात्रा एक परिकथा जैसी होगी और उसके बाद का जीवन खुशहाल होगा। हालांकि, छह बच्चों में से एक को विकासत्मक विकलांगता होती है, और यह बच्चे और उनके माता-पिता जीवन में बड़ी चुनौतियों का सामना करते हैं। बियॉन्ड द ब्लू ऑटिस्टिक बच्चे के माता-पिता की कहानी है। कहानी माँ द्वारा लिखी गई है, और हर शब्द हमें उनके बच्चे के प्रति गहरी समझ, गहरा प्यार और सहानुभूति का एहसास दिलाता है। कथन निष्पक्ष है और संवेदनात्मक दृष्टिकोण से उनकी भावनात्मक मानसिक अशांति और व्यक्तिगत चुनौतियों से अवगत कराता है। कहानी मार्मिक, लेकिन सकारात्मक और व्यावहारिक है। हर विकलांग बच्चे के माता-पिता किताब को अच्छी तरह से समझ पाएंगे और इसमें शामिल संदेशों से लाभान्वित होंगे। किताब में हर किसी के लिए सीख

और गहरी सोच के लिए विषय है। यह सकारात्मकता और प्यार से एक असंभव चुनौती का स्वीकार करने और उसका सामना करने की मानवी शक्ति को प्रदर्शित करता है।

– डॉ. महेश बालसेकर, बाल रोग विशेषज्ञ, मुंबई

अगर किसी बुकस्टोर में आपको यह किताब मिल रही है, तो कृपया मेरा कहना मान लें। कोई और आपको इस खजाने से दूर ना कर सके इसलिए सबसे पहले, यह किताब खरीद लें। मैं गारंटी देती हूँ कि यह आपके सबसे अच्छे कामों में से एक होगा और सलाह देने के लिए आप मुझे धन्यवाद कहेंगे। आप माता-पिता हों, थेरेपिस्ट हों या बच्चों की परवाह करने वाले अन्य कोई, हर किसी को यह किताब पढ़नी ही चाहिए, क्योंकि आपको इन पन्नों से जो जानकारी मिलेगी, वह आपको एक बेहतर इंसान बनाएगी। ऑटिजम से ग्रसित बच्चे की माँ के रूप में अपने अद्‌वितीय, फिर भी सार्वभौमिक रूप से सामान अनुभवों के वर्णन के माध्यम से, गोपिका हमें ऑटिजम को और अच्छे से समझने और उद्देश्य लेकर आत्मविश्वास के साथ यात्रा करने के लिए रास्ता दिखाती है। अपने बेटे वीर की दिल दहला देनेवाली अंतरंग कहानियों के माध्यम से, वह पाठकों को पूरी ईमानदारी, मनमोहक हास्य और अदम्य साहस के साथ, हँसी-ख़ुशी और गम भरे प्रसंगों में तल्लीन कर देती है। जैसा कि गोपिका कहती हैं, उनके घर पर “ऑटिजम को भोजन के लिए टेबलपर आमंत्रित किया जाता है” और हम पाठकों को, आकर्षक बातचीत सुनने का सम्मान दिया जाता है। उपचारों का भ्रामक परिदृश्य सुलझाते हुए पहली बार डायग्नोसिस सुनने से लेकर, मनमौजी भविष्य की योजना बनाने तक के वास्तविक उदाहरणों में, किताब का विस्तार और इसके दायरे व्यापक है। कभी उपदेशात्मक न लगनेवाली, हमेशा आशान्वित रहनेवाली, गोपिका ने बियॉन्ड द ब्लू में ऑटिजम के विविध पहलुओं का महत्त्व बतानेवाली एक मनोरम तस्वीर को चित्रित किया है।

– डॉ. नंदिता डीसूजा, डेवलपमेंटल पीडियाट्रिशिअन और निदेशक,
सेतु सेंटर फॉर चाइल्ड डेवलपमेंट एंड फैमिली गाइडेंस, गोवा

प्रस्तावना

मैं पहली बार गोपिका से एक कथाकार (स्टोरीटेलर) के रूप में मिली थी। मेरे दोस्त अमरीश ने एक दिन फोन कर के मुझसे कहा, "इस रविवार को अपने बच्चों को लेकर अपने स्थानीक बुकस्टोर में जाओ, मेरी बहन बच्चों के लिए किताबें पढ़नेवाली हैं और कहानियाँ बतानेवाली हैं"। उस रविवार, ३-६ साल के बच्चों को कहानी में उलझाए रखनेवाली खुशहाल, चमकदार आंखों वाली गोपिका को देखते हुए, मेरे पति और मैंने इत्मीनान से कॉफ़ी का मज़ा उठाया (अगर आपके पाँच साल से कम उम्र के दो बच्चे हैं, तो आप समझ सकेंगे कि यह मजा क्या होता है)। गोपिका एक अविश्वसनीय कथाकार है और मैं ऐसे किसी को भी नहीं जानती जिसे अच्छी कहानी पसंद नहीं है। वह पहले से ही एक सफल लेखक हैं, लेकिन मुझे लगता है कि बियॉन्ड द ब्लू एक ऐसी कहानी है जो असल में उसके के लिए ही बनी थी।

उसके बाद मुझे गोपिका को एक माँ के रूप में जानने का मौका मिला। उसके जुड़वाँ बच्चोंवालों परिवार को अड़ोस - पड़ोस में देखकर मैं मुस्कुराती थी। तब मुझे नहीं पता था कि उनमें से एक बच्चा वीर, मेरा पेशंट होगा। डेवलपमेंटल पीडीअट्रिशन के रूप में, ऑटिजम, मेरी नजर में सबसे ज्यादा डायग्नोज (निदान) होनेवाला विकार है। हमारी एनजीओ, उम्मीद, में आनेवाले लगभग एक तिहाई बच्चे ऑटिजम स्पेक्ट्रम के होते हैं। मैंने जिन परिवारों को देखा है, उनमें से गोपिका और मोहित का परिवार, अपने व्यस्त जीवन में ऑटिजम के लिए जगह बनाने के उनके तरीके की वजह से, मेरे लिए सबसे अलग है। उन्होंने कभी भी वीर के ऑटिजम की वजह से खुद का हौसला टूटने नहीं दिया। मैंने उन्हें बुकस्टोर्स, रेस्तरां और पार्कों में घूमते देखा है। जब बच्चे छोटे थे, वे एक साथ होते थे, उन्हें कभी अकेला नहीं छोड़ा जाता था, उन्हें हमेशा हर चीज में शामिल किया जाता था। और अब किशोर बच्चों के रूप में उनका जीवन, उनके माता-पिता की तरह ही पूर्ण और स्वतंत्र है। इस किताब में, आप इस परिवार की यात्रा और उन्होंने यह कैसे हासिल किया इसके बारे में पढ़ेंगे।

और इसके बाद, मैंने गोपिका को उम्मीद के ऑटिजम इन्टरवेंशन सर्विसेस में काम करनेवाले एक थेरेपिस्ट के रूप में जाना है। उसने जिन परिवारों के साथ काम किया

है, वे उसे प्यार करते थे। वह जितनी दयालु थी उतनी ही व्यावहारवादी भी थी। एक न्यूरोटिपिकल और एक ऑटिस्टिक बच्चे की माँ के रूप में, उसने परिवारों को सिखाया कि गलतियाँ करना ठीक है, ऑटिस्टिक बच्चे पहले हमारे बच्चे हैं, और उनका संगोपन करना किसी भी बच्चे को उसकी सारी अच्छाई और बुराइयों के साथ पालने जैसा ही है। उम्मीद में प्रशिक्षक बनने के बाद, समय के साथ उसने व्यावहारिकता, दयाभाव और विनोदबुद्धि जैसे गुण अपनी शिक्षा पद्धति में भी शामिल किए।

अब मैं गोपीका को, ऑटिस्टिक बच्चे और उनके परिवारों के लिए एक सशक्त अभिवक्ता के रूप में जान रही हूँ। यह एक ऐसी भूमिका है जो उसकी अन्य सभी भूमिकाओं का मिश्रण है। एक माँ, एक थेरेपिस्ट और एक कथाकार होने के नाते, इस किताब में उसने अपने अनुभवों का उपयोग बखूबी से किया है। यह किताब कई जगह आपको भावना विवश करती है। कहानी सार्वभौमिक है, और आप चाहे ऑटिस्टिक बच्चे के माता-पिता हो, थेरेपिस्ट हो या कोई अन्य व्यक्ति हों, आपमें से हर कोई इस यात्रा में संलग्न हो जायेगा।

इस क्षेत्र में २० वर्षों के अनुभव के बावजूद, इस किताब के माध्यम से मुझे ऑटिजम और संबंधित परिवारों के बारे में बहुत कुछ सिखने को मिला। मुझे आशा है कि मेरी ही तरह आपको भी यह किताब उतनी ही पसंद आएगी।

डॉ. विभा कृष्णमूर्ति
डेवलपमेंटल पीडीअट्रिशन (विकासात्मक बाल रोग विशेषज्ञ)
संस्थापक और कार्यकारी निदेशक
उम्मीद चाइल्ड डेवलपमेंट सेंटर

आभारोक्ति

"कृतज्ञता की खासियत है कि यह आपकी धारणा को इस हद तक बदल देती हैं कि आपका दुनिया को देखने का नजरिया ही बदल जाता हैं।"

– डॉ. रॉबर्ट होल्डन

बियॉन्ड द ब्लू एक ऐसी कहानी है जिसे बयां होने का इंतजार था। और निम्नलिखित लोगों की मदद, समर्थन, प्रोत्साहन और प्यार के बिना, यह इंतजार कभी ख़त्म नहीं होता:

कैप्टन सोमेश बत्रा और समंता बत्रा-मेहता, किशोर वी. मारीवाला, अर्चना और अमित चंद्रा और श्रीमती सुधा वैद्य, बियॉन्ड द ब्लू के ऊपर आपने दिखाएँ हुए विश्वास और समर्थन के लिए मैं आपके प्रति आभार प्रकट करतीं हूँ।

मेरी संपादक सुनीता नायर ने मेरी आवाज़ और वीर की कहानी, बियॉन्ड द ब्लू के पन्नों के माध्यम से परिवर्तित हो, यह सुनिश्चित करने के लिए, पाठ की काट-छाँट और कहानी को तराशा है।

डिजाइनर हेज़ल करकारिया ने, अपनी सुंदर कला के माध्यम से, वीर और मेरी कहानी को मूर्त रूप दिया है। हेज़ल, अध्यायों के नाम के लिए वीर की लिखावट का उपयोग करने का कल्पक विचार प्रस्तुत करने के लिए मैं आपको धन्यवाद देतीं हूँ- वे किताब को ज्यादा अंतरंगी, और उसकी कहानी बनातें हैं।

लगातार प्रेरणा देने, मार्गदर्शन करने, मेरा साथ देने के लिए, और इस किताब को हकीकत में लाने के मेरे दृढ़ विश्वास का समर्थन करने के लिए मैं डॉ. विभा कृष्णमूर्ति की ऋणी रहूंगी। विभा, प्रस्तावना लिखने के लिए मैं किसी और के बारे में सोच ही नहीं सकती थी। हमारी यात्रा का अभिन्न अंग होने के लिए मैं आपकी सहृदय आभारी हूँ।

डॉ. कोयली सेनगुप्ता और उम्मीद की ऑटिजम इन्टरवेंशन टीम। ऑटिजम के विविध रूपों संबंधित मेरी सीख हमारी बुधवार की टीम मीट, केस स्टडी और कॉफी

मशीन के पास हुईं कई चर्चाओं से प्रेरित है। टीम का हिस्सा बनकर बिताया हुआ हर एक पल मैं हमेशा संजोकर रखूंगी।

डोलोरेस शिलेन, जिन्होंने मुझे ऑटिजम, जीवन और सहजतापूर्वक जीने के बारे में सिखाया।

स्वर्गीय बॉब स्केलेन, जिनके धैर्य और ज्ञान को मैं कभी नहीं भूल सकती, और हमेशा के लिए उनकी आभारी रहूंगी।

उम्मीद परिवार, जिन्होंने मेरे जीवन को अनगिनत तरीकों से छुआ है। १० साल तक आपका एक हिस्सा बन पाने के लिए, मैं खुद को बहुत भाग्यशाली मानती हूँ।

मैनुस्क्रिप्ट पढ़ने और अपने तेज, सटीक जाँच के लिए, और उन सबसे ऊपर, मेरी दोस्त होने के लिए प्रियांका अग्रवाल गुप्ता, मैं आपको धन्यवाद् देतीं हूँ।

बियॉन्ड द ब्लू को पढ़ने, और इतने शानदार अभिप्राय लिखने के लिए समय निकालनेवाले सभी विशेषज्ञों की मैं आभारी हूँ। आपका यही विश्वास और अनुमोदन बियॉन्ड द ब्लू को निर्धारित परिवारों तक पहुंचने में मदद करेगा। अंजलि जोशी, जो चोपड़ा, डॉ. महेश बलसेकर, मेरी बरुआ, डॉ. नंदिता डीसूजा, पामेला डिक्सन, डॉ. परेश देसाई, पारुल कुमथा, डॉ. परवीन दादाचांजी, वर्षा मखीजा और डॉ. विराज सांघी आप सब का तहेदिल से धन्यवाद्।

स्वयं-प्रकाशन के लिए प्रोत्साहन देने, और धैर्यशीलता से प्रकाशन संबंधित मेरे हर सवाल का जवाब देने के लिए मैं सुनंद भोजानी की आभारी हूँ।

सभी थेरपिस्ट और शिक्षक, जिन्होंने वर्षों से वीर के साथ काम किया हैं और आज जहाँ वो है वहां पहुँचने में उसकी मदद की है, विशेष रूप से ज़र्ना दोशी, रूपल पारिख और लिटिल पाम्स स्कूल के सभी शिक्षक, चौला बडियानी, मेरज़िया मस्कटी, गायत्री भसीन-थापा, पारुल उनादकट, नीता चुघ, पूर्णिमा अग्रवाल, गोपा झवेरी, स्नेहा मारू, सुनीता बद्रीनारायण, हेमाली गडा, मीता देसाई, प्रवीण मदुर, प्रिया देशपांडे, माला रामादोराई और वीर जिन स्कूलों का हिस्सा रहा हैं वहां के सभी शिक्षक और कर्मचारी, इन सभी लोगों के प्रति मैं आभार प्रकट करती हूँ।

वीर के साथ बातें करने और बियॉन्ड द ब्लू में प्रयोग की गईं सभी सुंदर कविताओं का गढ़न करने के लिए मैं जिल संघवी को हार्दिक धन्यवाद् देती हूँ।

जानवर और ऑटिजम पर अमूल्य जानकारी देने के लिए क्रिओन विजडम सेंटर का धन्यवाद्।

तमाम शुरुआती वर्षों के दौरान मेरे साथ खड़े रहने, और वीर की रक्षा करने के लिए, मैं अपने परिवार के प्रति विशेष आभार व्यक्त करती हूँ।

वीर को प्यार करने के लिए, उसे चॉकलेट, हलवा और किताबों वाउचर देकर बिगाड़ने के लिए, उसके साथ अनगिनत व्हाट्सएप संदेशों पर चैट करने और मुझपर और बियॉन्ड द ब्लू पर विश्वास करने के लिए, मैं अपने प्यारे दोस्तों की आभारी हूँ।

वीर की सबसे अच्छी बहन बनने के लिए, और मेरा सहारा, मेरी आवाज और सबसे अच्छी दोस्त बनने के लिए, गायत्री तुम्हारा बहुत बहुत शुक्रिया।

मेरे साथ खड़े होने और बियॉन्ड द ब्लू के अनभ्यास और ईमानदारी से उसका समर्थन करने के लिए, मैं मोहित की शतशः ऋणी हूँ।

और अंत में वीर, मेरी उम्मीदों से अलग बेटा होकर भी मेरी सभी अपेक्षाएं, और उनसे भी बहुत कुछ ज्यादा बनने के लिए, मैं तुम्हारे प्रति आभार प्रकट करती हूँ।

परिचय

प्रिय पाठक,

बियॉन्ड द ब्लू पढ़ने के लिए धन्यवाद। लिखने के लिए यह एक अत्यंत व्यक्तिगत, भेदक किताब रही है, और मुझे आशा है कि यह आपके दिल को छूएगी।

इस किताब का नाम बियॉन्ड द ब्लू रखा गया है क्योंकि ब्लू यानि नीला ऑटिजम से जुड़ा रंग है। जब एक बच्चे को ऑटिजम होने का डायग्नोसिस किया जाता है, तो कई सालों तक, माता-पिता सिर्फ इसी बारे में सोचते रहते हैं। लेकिन ऑटिजम से परे, नीले रंग से परे, एक बच्चा होता है जो अधिक महत्वपूर्ण है। यही मैं इस किताब के माध्यम से व्यक्त करना चाहती थी।

सभी अध्यायों में दो भाग शामिल हैं, जिनकी शुरुआत वीर के साथ मेरी यात्रा से होती हैं। प्रत्येक अध्याय का दूसरा भाग एक ज्ञानवर्धक विभाग है, जिसमें स्पष्टीकरण और इस विषय से संबंधित परीक्षण की गईं कुछ रणनीतियां और सुझाव शामिल है।

पूरी किताब में छपी कविताएँ, उम्मीद बाल विकास केंद्र के मानसिक स्वास्थ्य थेरेपिस्ट जिल संघवीज़ी और वीर के बीच की बातचीत का, और उनके डॉक्टरल थीसिस का हिस्सा है जो अभी तक प्रकाशित नहीं हुआ है। व्यक्त किए गए शब्द वीर के हैं, जिन्हें जिल ने उसके व्यक्तित्व के अनुसार सही करते हुए काव्यात्मक रूप दिया है।

मैं आशा करती हूँ कि यह किताब पढ़ने से आपको आनंद मिलेगा, और यह आपको उम्मीद, खुशी और आशावाद से भर देगा।

ढेर सारा प्यार और उम्मीद,
गोपिका

डायग्नोसिस (निदान)

वीर के डायग्नोसिस के लिए आमिर खान ही जिम्मेदार थे। खैर, अप्रत्यक्ष रूप से।

उस समय *तारे ज़मीन पर* फिल्म हाल ही में प्रदर्शित हुई थी। फिल्म के पत्रकार हर दिन यह चर्चा कर रहे थे कि आखिरकार भारत में एक ऐसी फिल्म बनाईं गई है, जिसमें सीखने में आनेवाली मुश्किलें (बौधिक विकलांगता) और उसकी वजह से एक परिवार पर पड़ने वाले प्रभाव चित्रित किये गए हैं। हिंदुस्तान टाइम्स ने डिस्लेक्सिया पर बहुत सारे लेख छापें। इन लेखों को ना पढ़ने के लिए कोई वजह नहीं थी और जितना मैं पढ़ती गई, उतना ही मुझे एहसास होने लगा कि वे जिन बच्चों का वर्णन कर रहे थे, वे मेरे लगभग तीन साल के बेटे वीर की तरह लग रहे थे। उसकी भाषा अजीब थी, उसके हाथ के बारीक चालन समन्वित नहीं थे और ज्यादातर समय वह अपनी छोटी दुनिया में मग्न रहता था। वह कभी-कभी बाहर झांकता था लेकिन फिर से अपनी दुनिया में इतनी तेजी से चला जाता था, इतनी तेजी से कि उससे जुड़ना भी मुश्किल था।

मेरा सौभाग्य है की मेरे परिवार में डॉक्टर है और इसलिए तेज़ी से बच्चों के विकास से देरी को जाँचने वाले डॉक्टर की अपॉइंटमेंट मिलना मेरे लिए मुश्किल नहीं था। मुझे याद है कि जब मैंने अपने पारिवारिक मित्र, डॉ. परवीन दादाचंज़ी को वीर के बारे में बताया था, उन्होंने ही मुझे लोअर परेल के उम्मीद बाल विकास केंद्र में डॉ. विभा कृष्णमूर्ति से मिलने का सुझाव दिया था।

मैं विभा को अपने भाई के दोस्त के रूप में जानती थी। वह मेरे जिम में मेरे साथ एक क्लास में भी थी। मैंने देखा था कि वह स्नेहशील, उत्साही थी, लेकिन मैं उनके बारे में ज्यादा कुछ नहीं जानती थी। हमने शुक्रवार ४ जनवरी, २००८ को सुबह ९ बजे उम्मीद के क्लिनिक में विभा के साथ अपॉइंटमेंट तय किया था।

मुझे याद है की अपॉइंटमेंट से पहले की रात मैंने अपनी बहन से बात की थी, जिन्होंने मुझे बताया था कि कैसे वह अपने दोस्त के बेटे से मिली थी, जो डिस्लेक्सिक था और वह कितना होशियार युवक था। उन्होंने बार-बार मुझे आश्वस्त किया कि विभा हमें डिस्लेक्सिया का डायग्नोसिस बता देगी और हम वीर के साथ काम करना शुरू कर

सकते हैं, और वह ठीक हो जाएगा। उस रात, मैं इस विश्वास के साथ सो गई कि हमें डिस्लेक्सिया का डायग्नोसिस बताया जाएगा और हम वहां से आगे बढ़ेंगे। ठीक वैसे ही जैसे *तारे ज़मीन पर* में छोटे लड़के के साथ दिखाया गया था।

अगली सुबह, मेरे पति मोहित और मैं वीर को लेकर सुबह ८ बजे उम्मीद के क्लिनिक जाने के लिए निकले। जैसे सभी फिल्मों और किताबों होता है ठीक वैसे ही, हमने गलत रास्ता लिया और उम्मीद में १५ मिनट देरी से पहुंचे। हमें विभा के कमरे में ले जाया गया, जहाँ उन्होंने हमसे कुछ सवाल पूछे और वीर के साथ खेलने की कोशिश की।

मुझे उस अपॉइंटमेंट से ज्यादा कुछ याद नहीं है, सिवाय इसके की वीर, जो उस समय सर्वनामों को उलट रहा था, मोहित जिस कुर्सी में बैठे थे वहां से उठें यह जिद कर रहा था क्योंकि "मैं" (जिसका उलट " आप" है) असहज थे; मैं बहुत गर्व महसूस कर रही थी कि मेरा लगभग तीन साल का बेटा 'असहज' जैसा बड़ा शब्द जानता था।

लगभग ३० मिनट तक हमसे सवाल पूछने और वीर से बातचीत करने के बाद, विभा ने हमें बताया कि उसे ऑटिजम है। मेरे जीवन में मैंने कुछ क्षण महसूस किए हैं जिनमें मुझे हार की तीव्र भावना का एहसास हुआ है। आखिरी बार मुझे वह एहसास हुआ था जब मैं १९ साल की थी और मेरे पिताजी अस्पताल गए थे, और कभी घर नहीं लौटे। मुझे उस पल भी वही एहसास हुआ।

बाकी की अपॉइंटमेंट के बारे में मुझे ज्यादा कुछ याद नहीं है। मुझे यह बात याद है कि विभा ने मुझे बताया कि वीर को मध्यम से हल्का औटिजम है। उन्होंने हमें यह भी बताया की वह स्कूल जा सकेगा। उन्होंने हमें अगले सप्ताह एक और अपॉइंटमेंट दी, ताकि हम डायग्नोसिस और हमारी ज़िंदगी पर उसके प्रभाव को अच्छी तरह से समझ सके। हम रिसेप्शन पर गए होंगे और हमने फीस भरी होगी, फिर हम क्लिनिक से बाहर चले गए होंगे - मुझे कुछ याद नहीं है। मुझे बस इतना याद है कि मैंने वीर को उठाकर उसे ऐसे कस के पकड़ा था, जैसे कि अगर मैं अपनी पकड़ ढीली करती, तो वह गायब हो जाता। मुझे याद है कि हम टैक्सी में बैठे। और फिर मैंने देखा कि मेरे पति- मेरी ताकत, जो हमेशा मुस्कुराते थे, हमेशा मज़ाक करते थे और हँसते थे, उनकी आँखों में आँसू उभर आए थे। और मैं रो पड़ी।

मेरा एक ही सवाल था: हम क्या करेंगे? घर तक की लंबी टैक्सी की सवारी में, मैं मोहित से यही सवाल बार-बार पूछती रही, और हम दोनों बारी-बारी वीर को गले लगा

रहे थे और चुम रहे थे और वह हमसे तंग होकर छूटने की कोशिश रहा था। अगला सवाल हमारे सामने था कि हम अपने परिवारों को कैसे बताएंगे।

मोहित को काम पर जाना था, लेकिन उन्होंने घर आकर परिवार के लोगों को, डायग्नोसिस जितना हो सके सकारात्मक तरीके से समझाने की कोशिश की। वे सवालों से भरे थे, जिनके जवाब हमारे पास नहीं थे। उस दोपहर, मैं अपने दोनों बच्चों के साथ अपने बिस्तर पर लेटे एक भालू की कहानी पढ़ रही थी। वीर की जुड़वाँ बहन, गायत्री ने तम्बू, मार्शमॉलो, आकाश में चमकते तारे, और भालू की ओर इशारा किया। तस्वीर के एक तरफ, दो जुगनु थे; वीर ने उनकीं तरफ इशारा किया और कहा "तितली"। मेरे बेटे ने उस चीज पर गौर किया था जो ना गायत्री ने और ना ही मैंने देखा था।

बहुत सारे फोन कॉल, प्रश्न और स्पष्टीकरणों को छोड़कर, उस दिन के बारे में मुझे ज्यादा कुछ याद नहीं है। उस रात, वीर को सुलाते समय, मुझे इस बात का एहसास था कि मेरा यह बेटा उस सुबह जागने वाले बेटे से अलग था। मुझे ऐसा लग रहा था की मैं एक बहुत बड़े चक्रव्यूह में फॅस चुकी हूँ। मुझे नहीं पता था कि मुझे क्या करना है, मेरा जीवन कैसा होगा, भविष्य क्या होगा। मैं बस इतना जानती थी कि मैं थकी हुई और उदास थी। ऐसा लग रहा था जैसे कोई और महिला यह ज़िन्दगी जी रही थी, और असल मैं उसे सहानुभूति से देख रही थी।

पूरे दिन रोने से मेरी आँखें लाल और नम थीं और मेरा सिर दर्द कर रहा था। लेकिन जैसे ही मैंने वीर को सोते देखा, उसकी मुट्ठी को उसके गाल पर कसते और उसकी छाती को साँसों की वजह से फुलते देखा, मैंने निर्णय लिया कि मुझे अपने बेटे की मदद करनी होगी और उसे उसकी दुनिया से निकालकर अपनी दुनिया में लाने के लिए जो कुछ भी करना पड़े, वह करूँगी।

ऑटिजम का मतलब

चीजों को याद रखना आसान हैं।

पार्टी में,

मुझे गुब्बारों से नफरत हैं।

मुझे खेलना पसंद हैं।

सिर्फ खेलना।

कुछ चीजें मुझे मुश्किल लगती हैं,

लोगों से बात करना मुझे ज्यादा पसंद नहीं है।

मुझे वह मुश्किल लगता है।

घर पर जब बेगल भौंकता है।

मुझे वह पसंद नहीं है।

क्योंकि इससे मेरे कानों में दर्द होता है।

वह बुरा महसूस होता है।

वह बहुत ऊंची आवाज है।

मैं कहूँगा... जैसे कि ऑटिजम।

मुझे तेज आवाजें पसंद नहीं है

मुझे लोगों से बात करना असहज लगता है।

अध्याय १

पहले का जीवन

किसी भी ऑटिस्टिक बच्चे के माता-पिता से उनके जीवन का वर्णन करने के लिए कहें, और वह शत प्रतिशत उसे दो हिस्सों में बाटेंगे।

डायग्नोसिस (निदान) से पहले और उसके बाद में।

मेरे बच्चे को ऑटिजम है यह मुझे पता चलने से पहले और उसके बाद।

जब मैं अपने जीवन के बारे में विचार करती हूँ, तो मैं भी उसी तरह से सोचने लगती हूँ। क्योंकि उसके बाद जो कुछ हुआ, उसने न केवल मेरी ज़िन्दगी बल्कि मेरे परिवार की ज़िन्दगी को भी हमेशा के लिए बदल दिया है।

लेकिन यह बाद के बारे में कहानी नहीं हैं। यह उससे पहले के बारे में है।

मुझे ऑटिजम के बारे में ज्यादा जानकारी नहीं थी। इसके बारे में सबसे अधिक जानकारी मुझे मार्टी लिंबाक द्वारा लिखी पुस्तक, 'डैनियल इसनॉट टॉकिंग' से मिली, जिसे मैंने रात भर जागकर पढ़ा था और अपने सभी दोस्तों को वह पढ़ने का सुझाव दिया था। एक बार भी मैंने ऐसा नहीं सोचा था कि किताब में वर्णित छोटा लड़का वीर जैसा होगा। आखिरकार, डैनियल बात नहीं करता था; लेकिन वीर बोल सकता था।

भले ही वह हमेशा समझ में न आए। भले ही वह घंटो तक बिना रुके रोता रहता था। भले ही जब मैं उसे टी-शर्ट पहनाने की कोशिश करती, वह डरावनी आवाज से चिल्लाता था। भले ही उसकी जुड़वाँ बहन गायत्री की तुलना में, उससे जुड़ना मेरे लिए बहुत मुश्किल था।

गायत्री का अर्थ है वेदों की माँ, ऊर्जा और धूप। मेरी गायत्री, या गाया जिस नाम से हम उसे बुलाते है, ठीक वैसी ही थी; प्यारी, उदार, मेरी बाहों में छिपकर संतोष के साथ हंसती रहती। वीर, जिसके नाम का अर्थ है बहादुर, उसके विपरीत था। पकड़ने पर खुद को जकड लेता था, अक्सर बिना कारण रोता रहता था, मेरी ऑखों से ज्यादा

यहाँ-वहाँ देखता रहता था। वह मेरा बेटा था, मैं उसे प्यार करती थी, फिर भी वह मुझसे बहुत दूर लगता था, और उस तक पहुंचना मुश्किल लगता था।

और इसलिए, मैं अक्सर उसे मुझसे ज्यादा, आकर्षित करने वाली और मेरे से ज्यादा उसका ध्यान खींचनेवाली रेल गाड़ियां, खिलौने और कुछ घरेलू वस्तुओं के साथ, उसकी अपनी छोटी सी दुनिया में अकेला छोड़ देती थी। गायत्री के साथ जुड़ना बहुत आसान था, और उसके साथ खेलना बहुत मज़ेदार था। और इसलिए, जब हम तीनों खेलने बैठते थे, और मैं वीर को खेल में शामिल करने की कोशिश करती थी, तो ज्यादातर वह दूर चला जाता था। और मैं उसे जाने देती थी। यह उन चीजों में से एक है जिसका मुझे वीर के डायग्नोसिस के बाद, सबसे ज्यादा पछतावा होता है, और समय के साथ, मैं इस पछतावे की भावना से विभक्त हुई हूँ।

लेकिन यह डायग्नोसिस के बाद की कहानी नहीं है। यह उससे पहले की बात है।

मेरी ज़िंदगी भी किसी युवा माँ की तरह, अपने छोटे बच्चों पर केंद्रित थी। सुबह का वक्त, खाना खिलाने, नलहाने और फिर से खाना खिलाने में जाता था। शाम को मैं वीर और गायत्री को घर के पास के क्लब में या घोड़े के पार्क में ले जाती थी। मैं कार्यालय में काम नहीं कर सकती थी क्योंकि मैं इन दो छोटे बच्चों की देखभाल कर रही थी। और हालांकि यह बात कभी-कभी मुझे निराश करती थी, लेकिन मैंने इसके साथ जीना सिख लिया था। मेरे दिन का मुख्य आकर्षण, हर शाम, मेरी तीन सहेलियों से मिलना था। वे सब वीर और गायत्री के ही उम्र के बच्चों की माँ थी, और हम अपने बच्चों को देखते, और बातचीत करते थे। तीन लड़कियां और वीर एकमात्र लड़का होने के कारण, जब बाकी बच्चे रेत के महल, और राजकुमारियों और ड्रेगन की कहानियां बना रहे होते थे, तब कोई भी इस बात पर ध्यान नहीं देता था, कि वीर ज़्यादातर अकेला ही खेलता रहता।

मोहित और मैं अक्सर बाहर जाते थे, और उस समय, मेरे ससुराल वाले और माँ बच्चों की देखभाल करते थे। कभी-कभी, उनमें से कोई हमें बताता था कि वीर कुछ ज्यादा ही चिडचिडा था, जिससे उसे संभालना थोड़ा मुश्किल था, लेकिन इस बात पर भी हमने ज्यादा ध्यान नहीं दिया।

अगर आप हमें देखते तो आप एक खूबसूरत परिवार को देखते - हम दोनों, हमारे जुड़वाँ बच्चे - एक लड़का और एक लड़की, एक पूरा परिवार। लेकिन थोड़ा करीब से देखने पर, आप भी हमारे बीच के तनाव को महसूस कर सकते। कुछ तो ठीक नहीं था। मुझे नहीं पता था कि क्या गलत था, मोहित इनकार कर रहें थे कि कुछ भी गलत था और यह बात मुझे अंदर ही अंदर खाए जा रहा थी। अगर कोई बताता कि वीर, गाया की तुलना में चीजों को समझने में थोड़ा धीमा है, तो मैं सामान्य धारणा "लड़के लड़कियों की तुलना में धीमी गति से विकसित होते हैं" को दोष देती, और उनके साथ ठीक से बात नहीं करती थी। मोहित की चाची ने जब मुझे उसकी सुनवाई की जाँच करने के लिए कहा, क्योंकि वह उन्हें जवाब नहीं दे रहा था, तब मैं बहुत व्याकुल हुई थी। लेकिन अब, जब मैं इसके बारे में सोचती हूँ, मुझे एहसास होता है कि यह, मेरा बच्चा अलग होने, तुलनात्मक रूप में कम होने के अत्यधिक भय की वजह से आयी प्रतिक्रियाएं थी।

मेरा मानना है कि प्रकृति में मौजूद सभी पक्षियों में, मानव सबसे अधिक शुतुरमुर्ग से मिलता-जुलता है। ऐसा इसलिए, क्योंकि शुतुरमुर्ग जैसे अपना सिर रेत में छिपा लेता है ठीक वैसे ही हम वह नहीं देखते, जो हम देखना पसंद नहीं करते हैं। माता-पिता के रूप में हमारे जीवन के पहले तीन साल, मोहित और मैंने शुतुरमुर्ग की तरह व्यवहार किया। हम यह मानने से इनकार करते रहे कि हमारे परिवार में कहीं कुछ कमी है।

लेकिन फिर, जैसा कि मैंने पहले बताया, आमिर खान ने अपनी ब्लॉकबस्टर फिल्म बनाई। और बाकी जैसा कि लोग कहते हैं, इतिहास है।

ऑटिजम स्पेक्ट्रम कंडीशन या एएससी

ऑटिजम स्पेक्ट्रम कंडीशन (एएससी - आमतौर पर ऑटिजम स्पेक्ट्रम डिसऑर्डर के रूप में जाना जाता है, लेकिन मैं 'कंडीशन' का उपयोग करना पसंद करती हूँ) एक विकासात्मक विकलांगता है जो सामाजिक, संचार से जुड़ीं और बर्ताव संबंधी मुश्किलों का कारण बन सकती है। कई लोग ऑटिजम को अदृश्य विकलांगता के रूप में जानते है, क्योंकि अक्सर ऑटिस्टिक लोगों के रूप में ऐसा कुछ नहीं होता जो उन्हें दूसरों से अलग करता है। हालाँकि, करीब से देखने पर आप समझेंगे कि वे जिस तरह से संवाद करते हैं, बातचीत करते हैं, व्यवहार करते हैं, और सीखते हैं, वे तरीके अन्य लोगों से अलग हैं।

डायग्नोस्टिक एंड स्टैटिस्टिकल मैनुअल (पांचवा एडिशन) के अनुसार, ऑटिजम की विशेषताओं के दो मुख्य डायग्नोस्टिक (नैदानिक) मानदंड है। व्यक्तियों को ऑटिस्टिक बताए जाने के लिए निम्नलिखित दो क्षेत्रों में कमी या विशेषता होने की आवश्यकता होती है:

- **सामाजिक संचार और सामाजिक संवाद में लगातार मुश्किलें:** इसका मतलब सामाजिक-भावनात्मक परस्परिकता, मौखिक और गैर-मौखिक संचार और संबंधों को विकसित करने, बनाए रखने और समझने में कमी है।
- **व्यवहार, रूचि और गतिविधियों में प्रतिबंधित, दोहराए जानेवाले पैटर्न:** दोहराए जानेवाली हलचलों, वस्तुओं या बार-बार उसी भाषा का उपयोग करना, समानता या चीजें एक ही तरह हो इसपर जोर देना, प्रतिबंधित या निर्धारित रुचियाँ, और सेंसरी इनपुट के लिए हाइपर-रिएक्टिविटी (अतिसंवेदनशीलता) या हाइपो-रिएक्टिविटी (निम्नसंवेदनशीलता) ऐसे बर्ताव इसमें शामिल है।

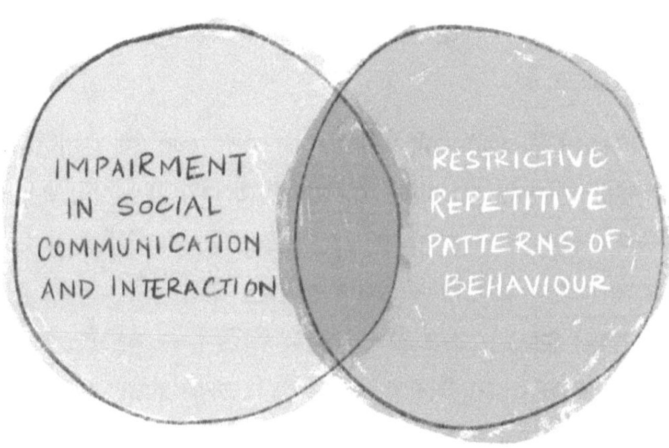

आसान बनाने के लिए, मैंने इसे एक बच्चे के संदर्भ में समझाया है, जिसके साथ मैंने काम किया है:

'र' एक लड़का है जो बोलता है, पढ़ और लिख सकता है, लेकिन उसे एक गिलास पानी मांगना मुश्किल होता है। वह पानी मांगने से पहले, यु ट्यूब पर कई बार सुना हुआ शब्द दोहराता है। वह उसे परिचित सवालों के जवाब दे सकता है, जैसे "आज तुमने स्कूल में क्या किया?", और हर दिन वह एक ही जवाब देता है - "खेला"। 'र' का केवल एक दोस्त है, जो उससे दो साल बड़ी एक लड़की है, जिसके साथ वह हर शाम एक कैचिंग का खेल खेलता है। अगर वह कोई और खेल का सुझाव देती है, तो वह चला जाता है। 'र' को पोम्पोम से तार खींचना और उनके साथ खेलना, और उन्हें उपर पकड़कर जमीन पर गिरते देखना पसंद है। वह हर दिन तकरीबन एक घंटे तक बार-बार ऐसा करता है। अगर उसके पिता उसके साथ एक अलग खिलौने से खेलने की कोशिश करते हैं, या यहां तक कि तार से अलग तरीके से खेलने की कोशिश करते हैं, तो 'र' चिल्लाता है, लात मारता है, यहां तक कि अपने पिता और खुद को काटता है। वह तभी शांत होता है जब तार उसे वापस मिलता हैं और लोग उसे अकेला छोड़ देते है। (मैंने अध्याय १९ में मेल्टडाउन के बारे में विस्तार से समझाया है।)

जैसा कि हम देख सकते हैं, 'र' ऑटिस्टिक है और ऑटिजम की सभी विशेषताओं को प्रदर्शित करता है। उसे अपने पिता और दोस्त के साथ संबंध बनाने और बनाए रखने में कठिनाई होती है। उसकी रुचियां बहुत सीमित हैं - एक चमकदार तार का टुकड़ा, जिसके साथ वह एक ही विशेष तरीके से खेलता है। जब इसे बदल दिया जाता

है या हटा दिया जाता है, तो वह अपना विरोध व्यक्त नहीं कर पाता, और इसलिए बहुत परेशान हो जाता है।

लोकप्रिय संस्कृति ने कभी-कभी ऑटिज़्म के अवधारणों को रोमांटिक बना दिया है, विशेष रूप से उन व्यक्तियों को लेकर जो सामाजिक रूप से अजीब केहलाए जा सकते है, लेकिन जिनकी बुद्धी अन्य लोगों से बहुत ज़्यादा है, या जिनके पास विशेष कौशल है। फिल्म 'रेनमान' एक ऑटिस्टिक व्यक्ति, रेमंड बैबिट की कहानी है, जो कोई भी नंबर याद कर सकते हैं। और हाल ही भारत में चित्रित की गई फिल्म "माय नेम इज खान" में, शाहरुख खान द्वारा निभाए गए पात्र 'रिजवान खान' को ऑटिस्टिक बताया गया है और वह असाधारण कौशल का प्रदर्शन करते है।

सच्चाई यह है कि बहुत कम ऑटिस्टिक व्यक्तियों में ऐसी अनन्यसाधारण क्षमताएँ होती हैं, और यहां तक कि जिन लोगों में होती हैं, उन्हें भी बहुत सारी सामाजिक मुश्किलें हो सकती हैं। ऑटिज़्म में प्रगति देखने के लिए जल्द से जल्द बच्चे का डायग्नोसिस करवाना और उसके साथ काम शुरू करना ज़रूरी है। जितनी जल्दी आप उसकी जाँच करवाएंगे, उतनी ही ज्यादा संभावना है कि आपका बच्चा अच्छी तरह से सीख पाएगा। यह कहते हुए, मैंने देखा है कि बच्चे किसी भी उम्र में नए कौशल सीखते हैं। हमें उन्हें सिखाना है - किसी भी तरह से और किसी भी माध्यम से।

अध्याय २

लाल झंडे (सूचक लक्षण)

बहुत सारे माता-पिता के लिए, यह आंख का ना मिलाना था। कईयों के लिए यह न मुस्कुराना था। या न बड़बड़ाना। या बार-बार एक ही शब्द कहना। या कई बार लगातार नर्सरी के राइम (अनुप्रास) बिना वजह या अर्थ के दोहराता था।

मेरे लिए यह पांच या छह बार, बढ़ती तीव्रता और निराशा के साथ उसका नाम "वीर!" कहने के बावजूद उसका नाम का जवाब न देना था। और यह भी कि वह सर्वनामों को उलटने पर जोर देता था, मुझे "मैं" और खुद को "आप" कहता था।

मैं यह क्या है वो समझ नहीं पाई, लेकिन मुझे यह पता था कि मेरे बेटे के विकास में कुछ गड़बड़ है। मुझे एहसास हुआ कि वह अपनी जुड़वां बहन और कक्षा के अन्य बच्चों से अलग था। भले ही मैंने उस छोटी सी आवाज़ को नजरअंदाज करने की कोशिश की, जिसने मुझे आधी रात में 'कुछ गलत है' यह बताने की कोशिश की।

'लाल झंडे' का उपयोग खतरे की चेतावनी देने के लिए किया जाता है - जैसे उच्च ज्वार के दौरान समुद्र तट पर। उसका उपयोग किसी आपात स्थिति या समस्या का संकेत देने के लिए भी किया जाता है। ऑटिजम के साथ, बहुत सारे लाल झंडे या सूचक लक्षण होते हैं जो बच्चे दिखा सकते हैं, और अब, जब मैं उस समय के बारे में सोचती हूँ, तो मैं समझती हूँ, वीर ने बहुत सारे लक्षण दिखाए थे।

मुझे याद है कि बच्चों के पहले जन्मदिन की पार्टी पर, गायत्री उसे दिए गए ध्यान में खुश थी, लेकिन वीर दुसरे बच्चों से दूर बैठकर अकेला खुद से खेल रहा था। मुझे याद है कि वीर को तितलियों का असामान्य डर था, और कैसे मैंने सभी प्रिंट वाली चादरों को निकालकर सादी चादरें डाली थी, क्योंकि एक पूरे सप्ताह के लिए वह हर रात डर से चिल्लाता था, यह कल्पना करते हुए कि कमरा डरावने तितलियों से भरा है। मुझे याद है कि वीर अपने पैर की उंगलियों पर सावधानी और नफ़ासत से चलता था, और हम उसे 'बैलेरीना' बुलाकर उसका मजाक उड़ाते थे। मुझे एक धूप-भरी दोपहर याद है जब वीर चुपचाप अकेला, हमेशा की तरह, वहीं ब्लॉक के सेट के साथ उसी तरह

से खेल रहा था, और मोहित और मैंने मुस्कुराकर कहा, कि वह कितना अच्छा लड़का था जो अकेला इतनी अच्छी तरह से खेल रहा था।

ज्यादातर माता-पिता, जिनके साथ मैंने काम किया है, उन्होंने मुझे बताया है कि उन्होंने अपने बच्चे में कुछ भी गलत नहीं देखा था, और जिन्होंने देखा था उन्होंने बताया कि वे इतने डरे हुए थे कि वे इन संकेतों को अनदेखा करते थे। मैं बहुत से डॉक्टरों और थेरपिस्ट को जानती हूँ जो माता-पिता को डॉटते हैं क्योंकि उन्होंने इससे पहले अपने बच्चे के साथ ज़्यादा काम नहीं किया है। लेकिन मैं सच में मानती हूँ कि यह सब एक प्रक्रिया का हिस्सा है। एक प्रक्रिया जहां आपको यह स्वीकार करने की आवश्यकता है कि आपका बच्चा दुसरे बच्चों से कुछ अलग है। और फिर आपको इस बात को एक डॉक्टर के साथ साझा करने का साहस जुटाने की जरूरत है, और संभावना है कि वे आपको बताएंगे कि आप सही हैं।

आप इस प्रक्रिया में जहां भी हैं, मेरी राय यह है कि कोई चीज़ जानना, न जानने और डर के साथ जीने से बेहतर है। यह डर चला नहीं जाता है, बल्कि इस मोड़ से, आपका और आपके परिवार का जीवन अलग होगा इस नए एहसास में बदल जाता है। भले उस समय यह वैसा लगता है, लेकिन अलग का मतलब बुरा नहीं है।

एहसास और जानकारी के साथ शक्ति मिलती है - अपने आप को सूचित करने के लिए, अपने बच्चे के साथ कार्य करने के लिए और उसे मदद करने के लिए, ताकि वह सबसे अच्छी तरह से सीख और जी पाए।

ऑटिजम के लाल झंडे (सूचित लक्षण)

ऑटिज्म को 'अदृश्य' विकलांगता कहा जाता है, क्यूंकि, जब आप किसी ऑटिस्टिक व्यक्ति को देखते हैं, तो कोई विशिष्ट विशेषताएं नहीं होती हैं जो उन्हें दूसरों से अलग करती हैं। हालांकि, उनके संवाद करने, बातचीत, व्यवहार करने और सीखने के तरीके ज्यादातर अन्य लोगों से अलग होते हैं। ये 'सूचक लक्षणों' का आधार बनते हैं, जिनके आधार पर डेवलपमेंटल पीडियाट्रिशियन (विकासात्मक बाल रोग विशेषज्ञ) ऑटिजम का डायग्नोसिस देते हैं।

आटिजम के बच्चों में निम्नलिखित विशेषताएं होती है:

- **१२ महीने की उम्र तक उनके नाम से बुलाने पर भी प्रतिक्रिया न देना:** ज्यादातर बच्चे पांच से सात महीनों के बीच अपने नाम का जवाब देना शुरू कर देते हैं। वे आपकी ओर मुड़ते हैं, और खुशी से प्रतिक्रिया देते हैं। सच कहूं, तो जुड़वाँ बच्चों के साथ मेरा जीवन इतना व्यस्त था, मेरी नींद भी पूरी नहीं होती थी, इसलिए मुझे स्पष्ट रूप से याद नहीं है कि हमें कब एहसास हुआ कि वीर उसके नाम पर उतनी प्रतिक्रिया नहीं दे रहा था जितना गायत्री देती थी।
- **१४ महीनों तक रुचि दिखाने के लिए वस्तुओं की तरफ ध्यान न देना (जैसे कि आसमान में उड़ता हवाई जहाज):** "इशारा करना सबसे महत्वपूर्ण पूर्व-मौखिक इशारों में से एक है और संचार संबंधी एक महत्वपूर्ण लक्षण है, जो जीवन के पहले वर्ष के भीतर उभरता है," ऐसा एरिका कार्डमोन, स्पीच-लैंग्वेज पैथोलोजिस्ट अपने 'द स्पिचिज' नामक ब्लॉग में लिखती हैं। वे यह भी कहती हैं कि इस उम्र में अधिक इशारे करने से, आगे जाकर अधिक शब्दावली आती है। इशारे न करना, विशेष रूप से, रूचिपूर्ण चीजें साझा करने के लिए, ऑटिजम के लिए एक सूचक लक्षण माना जाता है।
- **१८ महीने तक "काल्पनिक" खेल ना खेलना (जैसे गुड़िया को खिलाने का नाटक करना):** खेल - न सिर्फ काल्पनिक खेल - या इनकी कमी, उन पहले सवालों में से एक है, जिनके बारे में मैं माता-पिता से उनके बच्चे का मूल्यांकन करते वक्त पूछती हूँ। ज्यादातर ऑटिस्टिक बच्चों के लिए, खेलना बहुत मुश्किल होता है। यह उनके खेलने के तरीकों में स्पष्ट दिखता है: वस्तुओं को एक पंक्ति में रखना, खिलौने के साथ एक ही क्रिया बार-बार करना, या केवल वस्तुओं के एक निश्चित समूह के साथ खेलना जिनसे अन्य बच्चे नहीं खेलते, जैसे कि तार का एक टुकड़ा, एक खाली प्लास्टिक का डिब्बा या एक कप और चम्मच। ऑटिस्टिक बच्चे अक्सर उन खिलौनों से खेलते हैं, किताबें पढ़ते हैं या टेलीविजन पर शो देखते हैं (अगर वे टीवी देख सकते हैं) जो उनकी आयु से कम बच्चों के लिए उपयुक्त हैं।
- **दूसरों से आँखे ना मिलाना और अकेले रहना पसंद करना:** लोगों के आखों में नहीं देखना शायद ऑटिजम का सबसे अच्छा आम संकेतक है। ऑटिजम सेल्फ-एडवोकेट, जॉन एल्डर रॉबिन्सन द्वारा लिखी गई प्रसिद्ध किताब, लुक

मी इन द आई के शीर्षक कई माता-पिता का परहेज है जो अपने बच्चों के बारे में इस शिकायत के साथ डॉक्टरों के पास आते हैं, जो कि असल में ऑटिजम के निदान की ओर जाता है।

- **अन्य लोगों की भावनाओं को समझने में या उनकी खुद की भावनाओं के बारे में बात करना मुश्किल होता है:** ऑटिजम के बारे में एक आम गलतफहमी यह है कि ऑटिस्टिक व्यक्तियों को "कोई भावनाएं नहीं होती हैं"। सच्चाई सिर्फ इतनी है कि उन्हें दूसरों की भावनाओं को समझने और खुद की भावनाओं को व्यक्त करना मुश्किल लगता है।
- **बोली और भाषा कौशल आत्मसात करने में देरी:** यह ऑटिजम का एक महत्वपूर्ण संकेतक है, जो आंखों के संपर्क और अन्य संकेतकों के साथ जांचा जाता है, और ऑटिजम के डायग्नोसिस की ओर इशारा करता है।
- **शब्दों या वाक्यांशों को बार-बार दोहराना:** समान शब्दों या वाक्यांशों को दोहराने को 'इकोलेलिया' कहा जाता है। उदहारण के लिए, अगर ऑटिस्टिक बच्चे से पूछा जाता है, "आपका नाम क्या है?", तो वे उत्तर देंगे, "आपका नाम क्या है?"। इकोलेलिया के कारण शब्द या वाक्यांश कहने के बाद तुरंत दोहराए जाते हैं या देरी से दोहराए जाते हैं (सुनने के कुछ मिनट, घंटे, दिन या सप्ताह के बाद दोहराए जा सकते है), जहां व्यक्ति बार-बार कुछ कहता रहता है, या कुछ कहता है जो पूरी तरह असंबंधित है।
- **मामूली बदलाव से परेशान होना:** कुछ बच्चे अलग-अलग रास्तों से स्कूल जाने पर बहुत परेशान हो जाते हैं। दूसरे बच्चे अलग टी-शर्ट पहनाने पर परेशान हो जाते हैं। जब भी कुछ अलग होता है, तो ज्यादातर ऑटिस्टिक लोग अत्यधिक चिंता का सामना करते है, जो दृढ़तापूर्वक जाहिर होता है, और मेल्टडाउन का कारण बन सकता है।
- **रुचियों के बारे में जुनूनी होना:** यह कुछ ऑटिस्टिक लोगों में दिखाई देता है। वीर किसी भी रूचि को लेकर जुनूनी नहीं है, लेकिन मैं बहुत सारे बच्चों को जानती हूँ जो विमानों, ट्रेनों, डायनासोर या उन्हें पसंद करनेवाले अन्य वस्तु को लेकर जुनूनी हैं। यह बातचीत का एकमात्र विषय, समय व्यतीत करने का एकमात्र तरीका बन जाता है, और दूसरी तरफ, एक क्षेत्र जहां अगर थोड़ा सा

भी बदलाव होता है या अगर इस विषय से संबंधित कुछ, उनसे छीन लिया जाता है, तो उन्हें अत्यधिक चिंता और आपत्ति होती है।

- **अपने हाथों को फड़फड़ाना, शरीर को हिलाना, गोल-गोल घुमाना, उनके आस-पास के शोर या बदबू के प्रति असामान्य प्रतिक्रियाएँ देना:** ऑटिस्टिक व्यक्ति की संवेदी प्रणाली सामान्य व्यक्ति से अलग होती है। यह उनके महसूस करने, गंध, स्वाद, सुनने और/या देखने के तरीके को प्रभावित कर सकता है। उदहारण के लिए, जब मैं वीर को डॉक्टर के पास ले गई थी, तब मैंने उन्हें बताया था कि जब भी वीर प्रेशर-कुकर की सीटी या गुब्बारा फटने की आवाज सुनता है, तो वह अपने कान बंद कर लेता है और काफी परेशान हो जाता है, लेकिन ऊँची आवाज में बज रहे लाउडस्पीकर के आगे बहुत शांत रहता है, यहां तक कि उस स्पीकर को अपने हाथ से छूना और वाइब्रेशन महसूस करना उसे पसंद है।

सुचना: जबकि आपके बच्चे में ऑटिजम के सभी या कुछ संकेतक हो सकते हैं, लेकिन अपने आप निष्कर्ष पर आने से पहले कृपया एक औपचारिक निदान के लिए डेवलपमेंटल पीडियाट्रिशन (विकासात्मक बाल रोग विशेषज्ञ) के पास जाएँ।

अध्याय ३

वीर और गायत्री

"हे भगवान!"

यह मेरी प्रतिक्रिया थी जब मुझे पता चला कि मैं जुड़वा बच्चों की माँ बनने वाली हूँ। एक माँ की तरफ से ऐसी प्रतिक्रिया की आप उम्मीद नहीं करेंगे!

मैं पहले गर्भवती हुई थी, एक असफल गर्भाधारणा जो एक डीएनसी ऑपरेशन में समाप्त हुई। "पिछली बार का बच्चा इस बार आया है," मेरे डॉक्टर ने हंसते हुए कहा। मैंने अपनी गर्भावस्था की शुरुआत और अंत में दो-तीन महीनों के लिए आराम किया, और आखिरकार, एक शनिवार के दिन, वीर और गायत्री का जन्म हुआ।

जब वीर कुछ दिनों का था, तब उसका माथा रेखाओं से भरा था, जिससे वह बूढ़े परेशान आदमी की तरह लग रहा था। हमने मजाक में उसे 'चिंतामणि' बुलाया! इससे बिलकुल विपरीत गायत्री चुलबुली, गोल-मटोल, और खुश थी। उसे खिलाना आसान था, वह बेहतर तरीके से सोती थी और मुझे देखते ही मुस्कुराती और खुश हो जाती थी। जैसे जैसे वे बड़े होते गए, गायत्री अधिक संवेदनशील और बातूनी बन गई, जबकि वीर दूसरों से अलग होता गया और वह केवल कुछ असंगत शब्द कह सकता था।

मुझे गायत्री के साथ समय बिताना, और उसके साथ बात करना बहुत आसान लगता था और वह मुस्कुराते हुए प्रतिक्रियाएं भी देती थी। एक साल की उम्र होकर भी, वीर के साथ जुड़ना मुझे बहुत मुश्किल लगता था क्योंकि वह अपनेआप में ही रहना पसंद करता था। और इसलिए, मैंने आसान तरीका अपनाया: मैंने गायत्री पर ध्यान केंद्रित किया और वीर को उसके हाल पर छोड़ दिया। मैंने उसकी ज़रूरतों और इच्छाओं को नजरअंदाज नहीं किया, लेकिन वह अपने आप में रहना ज्यादा पसंद करता था, जबकि गायत्री मुझसे इतनी जुड़ीं हुई थी, कि मुझे उसके साथ ज्यादा समय बिताना ही पड़ता था। कम से कम, यह बहाना था जो मैंने अपने समय के असमान संतुलन को सही ठहराने के लिए दिया था।

अपनी-अपनी गति से विकास करते हुए, वीर और गायत्री बड़े हुए। जब लोग मुझे बताते थे कि गायत्री वीर से ज्यादा स्नेहशील और प्रतिक्रियाशील लग रही है, मैं बाहर ही बहार से मुस्कुराती तो थी, और फिर ऐसा क्यों है इस बारे में सोचते हुए देर रात तक जागती थी। ऐसा नहीं था कि मैं वीर के साथ समय बिताना नहीं चाहती थी; बस ये था कि मुझे पता नहीं था की मैं उसके साथ क्या करूँ। किसी भी तरह के खेल में उसे शामिल करना इतना मुश्किल था कि मैं हार मान जाती थी और उसे अपने तरीके से खेलने के लिए छोड़ दिया करती थी। जब मैं अपने बच्चों के बचपन के बारे में सोचती हूँ, मुझे यह विडंबना लगती है कि मैंने ट्रेनिंग प्रोग्राम के द्वारा, कम से कम सौ परिवारों को यह सिखाया है कि वे अपने बच्चों की दुनिया को कैसे समझ सकते हैं, और उनके साथ कैसे खेल सकते हैं, जब मुझे ही पता नहीं था कि मुझे अपने बेटे के साथ कैसे खेलना है।

खेल

बहुत से ऑटिस्टिक बच्चों के लिए, खेल काम है और काम खेलना है। इसका मतलब यह है कि कई ऑटिस्टिक बच्चे पज़्ज़ल, शेप सॉर्टर, लेगो किट और मैकेनिकल बिल्डिंग सेट जैसी संरचित खिलौनों के साथ बहुत अच्छी तरह से खेल पाते हैं। लेकिन अगर आप उन्हें खेलने के लिए, बिना इंस्ट्रक्शन मैन्युअल के डॉक्टर सेट या किचन सेट, या लेगो ब्रिक्स सेट जैसे काल्पनिक खिलौने देते हैं, तो उन्हें नहीं पता होता कि उन्हें क्या करना है।

खेल ज़्यादातर माता-पिता, विशेष रूप से भारतीय माता-पिता, द्वारा महत्वहीन माना गया है। वे इस बात पर अधिक ध्यान देते हैं कि उनके बच्चे अपने अक्षर, रंग और आकार को जानते हैं, इसके बजाय कि वे रचनात्मक तरीके से कैसे खेलते हैं। लेकिन हममें से जो लोग बाल विकास के क्षेत्र में काम करते हैं, वे जानते हैं कि जीवन के कई कौशल जो बाद में प्रकट होते हैं, जैसे कि समस्या सुलझाना, मोल भाव करना और प्रभावी तरीके से चुनना, इनकी उत्पत्ति खेल से ही होती है।

ऑटिस्टिक बच्चों को उनके साथ खेल में शामिल करने का प्रयास किए बिना, उन्हें अपने तरीके से खेलने के लिए अकेला छोड़ देना, माता-पिता के लिए न केवल अपने बच्चों के साथ जुड़ने का, बल्कि उन्हें नए शब्द, खेलने के नए तरीके और नए कौशल

सिखाने का एक अवसर खोने जैसा है। ऑटिस्टिक बच्चों के माता-पिता अक्सर मुझे बताते हैं कि वे अपने बच्चे के साथ खेलना चाहते हैं, पर वे यह नहीं जानते कि उनके साथ कैसे खेलना चाहिए।

इसलिए, यहां आपके बच्चे के साथ खेलने में आपकी मदद करने के लिए, कुछ युक्तियों की एक छोटी सूची दी गई है:

- **पता लगाएं कि आपके बच्चे को असल में क्या पसंद है:** जैसा कि मैंने पहले ही बताया है, ऑटिस्टिक लोग अक्सर सबसे मामूली चीजों से मुग्ध होते हैं जैसे कि तार का टुकड़ा, टब, शेविंग फोम, टैल्कम पाउडर - ऐसी चीजें जिनके साथ खेलने के बारे में अन्य बच्चों ने कभी नहीं सोचा होगा। हाँ, उनके लिए, यह चीजें बहुत दिलचस्प होती हैं। ज्यादातर माता-पिता (मेरे सहित), यह चीजें अनुचित या खेलने के योग्य नहीं हैं, ऐसा सोचने की गलती करतें है। अगर वस्तु हानिकारक है, तो निश्चित रूप से आपको वह दूर करनी चाहिए, लेकिन अगर नहीं है, तो क्यों न अपने बच्चे को इसके साथ खेलने दें - और उनके खेलने में शामिल हो जाए?

- **नीचे उतरें:** नीचे उतरने से मेरा मतलब दो चीजों से है: शारीरिक रूप से अपने बच्चे की ऊँचाई से नीचे आइये, जिससे भले ही कुछ क्षणों के लिए, उसके लिए आपको देखना आसान हो जाएगा। इसका मतलब ऐसा भी है कि उसके

खेलने के तरीके में उसके स्तर तक उतरना, और उससे यह अपेक्षा ना रखना कि, वह आप जैसे खेलना पसंद करेगा, या आपको जो सही लगता है, वैसे ही खेलेगा। इसलिए, अगर वह फर्श पर पेन्सिल मार रहा है, तो उसके साथ आप भी पेन्सिल जमीन पर मारिये; अगर वह अपनी कार को चलाने के बजाय पहियों को घुमा रहा है, तो आप भी उन्हें घुमाइए।

- **खेल मज़ेदार बनाएँ!** क्योंकि ऑटिस्टिक बच्चों के साथ खेलना कठिन होता है, थेरपिस्ट अक्सर (अच्छे इरादों के साथ) आग्रही होते हैं कि माता-पिता को दिन में १५ से ४५ मिनट अपने बच्चे के साथ खेलना ही चाहिये। ज्यादातर माता-पिता खेल को एक ऐसा काम मानते हैं, जिसे वे टाल नहीं सकते। उनके लिए, यह एक और काम है, जो उन्हें पूरा करना है। यह विडंबना है क्योंकि जब हम खेल के बारे में सोचते हैं तो हमारी पहली सोच है कि यह मजेदार होगा। पर, इन परिवारों के लिए इस तरह का खेल मजेदार नहीं होता है। वीर के साथ कैसे खेला जाए यह सीखने से पहले, मैं इसे एक अभ्यास के रूप में देखती थी, जिसमें मुझे सफल होना ही था। जब चीजें योजना के अनुसार नहीं हुईं, तो मुझे लगा कि मैं असफल हो गई। फिर मुझे पता चला कि वीर के साथ खेलने के लिए, मुझे और उसे, मौज-मस्ती करने की जरूरत है! इसका मतलब यह है कि अगर आपके बच्चे का खेल एक ही कपड़े को बार-बार उठाना और गिराना है, तो आप वैसा ही कीजिए, और जब आप कपड़ा गिराते हैं तो एक अजीब आवाज करके गिराइये। अगर वह एक झुनझुना या पोमपोम को हिलाता है, तो आप भी दुसरे पोम्पोम को हिलाइये, और डांस कीजिये। एक मज़ेदार गीत बनाऍ, आवाजें निकालें, अपना शरीर हिलाएँ, अपने आप को एक बच्चा बनने दें। ऐसा करने पर, आप पाएंगे कि न केवल आपका बच्चा आपसे जुड़ रहा है, आप भी निश्चिंत हो रहें हैं और मज़े कर रहे हैं!

सांप-सीढ़ी

बोर्ड गेम
सांप-सीढ़ी।
मैं अपने परिवार के साथ खेलता हूँ।
मेरी माँ, मेरे पिता और मेरी बहन।
मुझे उसके साथ खेलना पसंद है (बहन)
मैं आपको बताऊंगा कि मैं कौन से खेल खेलता हूँ
सांप-सीढ़ी

हलचल की तरह,
आप पासा फेकते हो
सीढ़ी चढ़ते हो
और सांप के मुंह तक पहुंच जाते हो
और सांप आपको काटता है
फिर आप सांप के नीचे आ जाते हो।
मुझे सीढ़ी पसंद है।
क्योंकि, सीढ़ी मुझे ऊपर ले जाती है।
फिर आप नीचे रह जाते हो।
फिर आप खेल हार जाते हो।
हुर्रे।

अध्याय ४
टी-शर्ट

३० दिसंबर, २००७ की सुबह बहुत ठंडी थी। हम मुंबई से अलीबाग अपने दोस्तों के साथ दिन बिताने जा रहे थे। नाव ८ बजे निकलने वाली थी और मैं जल्दी से बच्चों को तैयार कर रही थी। मैंने उनके लिए गर्म, लंबे बाजू की टी-शर्ट निकालीं थीं, जिसके ऊपर वे अपनी जैकेट पहनने वाले थे, क्योंकि समुद्र में ठंडी हवा चल रही थी। गायत्री ने आसानी से अपना गुलाबी, नरम जैकेट पहन लिया और अपनी दो चोटियों में प्यारी लग रही थी। अब मुझे वीर को उसका जैकेट पहनाना था। मैं आंसु, चीखें और चिल्लाने के लिए तैयार थी।

जैसे ही मैंने टी-शर्ट उसके सिर पर डाली, वीर चीखने लगा और टी-शर्ट दूर धकेलने लगा। मैंने मोहित को उसे पकड़ने के लिए कहा ताकि हम उसे टी-शर्ट पहना सकें, लेकिन वीर ने सुपरहीरो जैसी असामन्य ताकत से हमें और टी-शर्ट को दूर धकेल दिया। इस शोर के बीच, उसने मुझे खरोंच दिया और मैंने गुस्से से उसे पीठ पर जोर से मारा। इससे वह और चीखने लगा, जिससे मेरी सासुमॉ पूछने आईं कि कमरे में क्या हो रहा है।

वीर के चीखने के साथ ही गायत्री भी रोने लगी। मेरी सास ने मुझे उसे कुछ और पहनाने के लिए कहा। वह ऊंची आवाज़ में बोली, ताकि मैं सुन सकूं लेकिन इससे शोर और बढ़ गया। मैंने भी चिल्लाकर बताया कि मेरे पास कोई अन्य गर्म कपड़े नहीं है और मैं बस इसे पहनाने की कोशिश कर रही हूँ, और कृपया मुझे वह करने दें। मोहित और मैं वीर को पकड़कर उसके सिर से टी-शर्ट नीचे उतारने की कोशिश कर रहे थे।

यह पूरा दृश्य अगर किसी फिल्म का होता, तो यह एक कॉमेडी सीन जैसा दिखता, जहां सब कुछ गलत हो जाता है, लेकिन अंत में सब ठीक हो जाता है। लेकिन यहाँ ऐसा नहीं था। मैंने गुस्से में तड़पते हुए, वीर को टी-शर्ट पहनाया और अपना सामान उठाकर घर से बाहर निकल गई। मुझे बहुत बुरा लगा, लेकिन मैं बहुत गुस्से में थी।

उस पल मुझे ऐसा लग रहा था जैसे पूरी दुनिया मेरे बारे में राय बना रही होगी, कि मैं एक ऐसी माँ थी जो अपने बेटे को एक साधारण टी-शर्ट भी नहीं पहना सकती थी।

सौभाग्य से, बाकि का दिन अच्छा बिता। वीर को हमारे दोस्त के खेत पर कुछ बकरियाँ मिलीं और सारा दिन उसने, अन्य बच्चों के बजाय, उनके साथ खेलने में बिताया। हमने गर्व से जानवरों से उसके लगाव के बारे में बात की। पांच दिन बाद, हमें वीर की डायग्नोसिस रिपोर्ट मिलनेवाली थी। पांच दिन बाद, हमें पता चलनेवाला था कि उसे ऑटिजम है।

जब मैंने विभा को टी-शर्ट की घटना के बारे में बताया, तो उन्होंने मुझे समझाया कि ऑटिस्टिक बच्चों को संवेदी कठिनाइयाँ हो सकती हैं। यह बहुत ज्यादा या हल्की हो सकती हैं, और बच्चे को विभिन्न उत्तेजनाओं (स्टीम्युलाय) की तरफ हाइपोसेन्सिटिव या हाइपरसेंसिटिव बना सकती हैं - उनके शरीर या पर्यावरण से मिलनेवाली संवेदनाओं के लिए अंडर-रेस्पॉन्सिव या ओवर-रेस्पॉन्सिव कर सकती हैं। टी-शर्ट पहनने से घबराहट जुड़ी हो सकती है। यह किसी के सिर को किसी ऐसे होल में डालना जो कहांसे उभरेगा पता नहीं- जैसा हो सकता है। टी-शर्ट पहनते वक्त वीर ने ऐसा ही महसूस किया होगा।

जब मुझे इसके बारे में पता चला, तो मुझे उसे पकड़कर ज़बरदस्ती टी-शर्ट पहनाने के लिए, बहुत बुरा लगा। लेकिन सबसे ज्यादा मुझे इस बात का दुःख हुआ, कि मैं यह नहीं समझ पाई कि वीर डरा हुआ था। उस दिन, मैं घर गई और वीर के सभी टी-शर्ट मैंने दान में दे दिए। मैंने उसके लिए बटन वाली शर्टें खरीदी, जिन्हें वह आसानी से पहन सकता था। मैंने सब बनियान की गर्दन खींचना सीखा, और वीर को पहनाने से पहले, उसे चेतावनी देना या बताना सीख लिया।

समय के साथ, वीर ने टी-शर्ट पहनना सीख लिया, और पाँच साल की उम्र से, अपने कपड़े वह खुद पहनता है। यह घटना यह याद दिलाने वाली कई घटनाओं में से पहली थी कि ऑटिस्टिक लोग दुनिया को न्यूरोटिपिकल लोगों से अलग तरीके से देखते हैं। वे इन संवेदी धारणाओं को दूर करें या समाज के अनुरूप हो जाएं, ऐसी उम्मीद हम उनसे नहीं कर सकते हैं। हम सिर्फ यह समझने की कोशिश कर सकते हैं कि वे क्या महसूस करते हैं, और उनकी भावनाओं का सम्मान करते हुए, हमारी दुनिया में उनके लिए जगह बना सकते हैं।

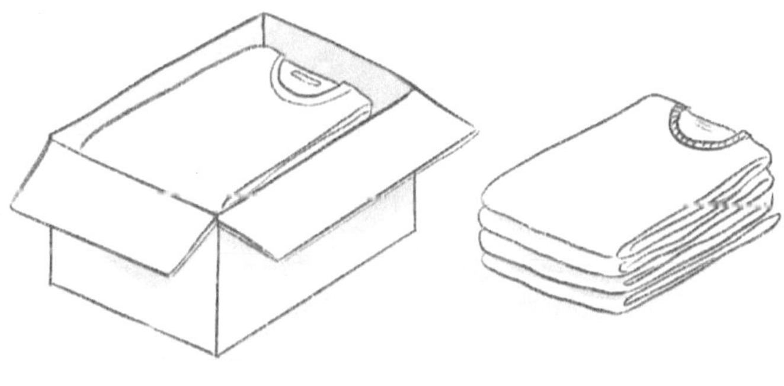

संवेदी यां सेन्सोरी व्यवहार

हम जानते हैं कि ऑटिस्टिक लोग सामान्य संवेदी जानकारी को अलग-अलग तरीके से संसाधित करते हैं। इस अंतर के परिणामस्वरूप, वे संवेदी इनपुट के लिए हाइपरसैंसिटिव (ओवर-रिएक्टिव) या हाइपोसैंसिटिव (अंडर-रिएक्टिव) हो सकते हैं। संवेदी भावनाओं के प्रति प्रतिक्रियाओं में भी हर दिन बदलाव दिख सकते हैं। ये संवेदी अनुभव, जो हमें बहुत साधारण लग सकते हैं, ऑटिस्टिक लोगों को बहुत परेशान कर सकते हैं, और बेहद भयावह और/या दर्दनाक हो सकते हैं । ये मेल्टडाउन (अत्यंत क्रोधित और परेशान होना) को भी ट्रिगर कर सकते हैं।

ओटावा विश्वविद्यालय में साइकेट्रि के एसोसिएट प्रोफेसर और ओटावा चिल्ड्रन्स हॉस्पिटल ऑफ ईस्टर्न ओंटारियो (CHEO), कैनाडा के चाइल्ड और फॅमिली साइकेट्रिस्ट, डॉ. माइकल चेंग ने अपने लेख, *सेन्सोरी प्रोसेसिंग डिसऑर्डर इन द एक्सप्लोसिव चाइल्ड* जो *कैनेडियन चाइल्ड एंड ऐडोलेसन्ट साइकेट्रि रिव्यु* में प्रकाशित हुआ था, में इसका वर्णन किया है। कल्पना करें कि आप शांति से बैठे हैं। और अचानक, आपके कान में एक तीव्र आवाज होता हैं, और कोई आपको बाह में घूंसा मारता है। यह भयावह, दर्दनाक और असहनीय होगा। संवेदी प्रसंस्करण समस्याओं (या सैंसरी प्रोसेसिंग मुश्किलों) वाले किसी व्यक्ति के लिए, ऐसी श्रवण संबंधित अतिसंवेदनशीलता एक शोरभरी कक्षा या दालान में हो सकती है। इस तरह की स्पर्श संबंधित अतिसंवेदनशीलता (टच हायपरसैंसिटीविटी) स्कूल कॉरिडोर में दिनचर्या के दौरान, या दुसरे युवकों द्वारा आकस्मिक स्पर्श के साथ हो सकती है। रोजमर्रा की ज़िन्दगी बहुत ही डरावनी और संभालने के लिए मुश्किल हो जाती है।

यह स्पष्ट है की ऑटिस्टिक लोग दुनिया को अलग-अलग तरीके से देखते हैं। उनकी इंद्रियां या तो उन्हें जानकारी अलग तरीके से देती हैं या अलग संदेश मस्तिष्क को भेजे जाते हैं, जो उनके अलग तरीके से कार्य करने और प्रतिक्रिया करने के कारण बनते हैं।

ऑक्यूपेशनल थेरपिस्ट का कहना है कि मनुष्य की कुल पाँच नहीं, सात इंद्रियाँ होती हैं - सामान्य पाँच (स्पर्श, गंध, स्वाद, दृष्टि और सुनवाई) और साथ ही एक वेस्टिबुलर सेंस (शरीर की संतुलन संबंधित जागरूकता) और एक प्रोप्रियोसेप्टिव सेंस (शरीर की जगह में अपनी स्थिति को महसूस करने की क्षमता)। ऑटिजम में, सभी या कम से कम कुछ इंद्रियां प्रभावित होती हैं, और ऑटिस्टिक लोग या तो इन इंद्रियों से अनुभव या इनपुट की तलाश करते हैं या उनसे बचने की कोशिश करते हैं।

जब ऑटिस्टिक व्यक्ति विभिन्न प्रकार के इनपुट पाने की कोशिश करते हैं, इसके परिणामस्वरुप संवेदी उत्तेजक या सेंसरी स्टिमुलेटिंग बर्तावों के रूप में होता है, जिन्हें "स्टिम्स" के रूप में जाना जाता है। यह अजीब लग सकते हैं लेकिन वे बच्चे

के अपने वातावरण में खुद को रेग्युलेट (खुद को संभाले रखना) रखने के तरीके हैं। आपने ऐसे बच्चों को देखा होगा जो खुद को दीवारों के खिलाफ धकेलते हैं, लगातार कूदते हैं या अपने माता-पिता या कभी-कभी अजनबियों को भी कसकर गले लगाते हैं। वे प्रोप्रियोसेप्टिप इनपुट पाने की कोशिश कर रहें हैं। कुछ हिलते हुए पंखे पर लगातार टकटकी लगाए रहते हैं, अन्य अपनी उंगलियों को अपनी आंखों के पास फड़फड़ाते हैं, या अपनी आंखों के कोनों से देखकर, दृश्यमान संकेत पाने की कोशिश करते हैं। कुछ लोग कुछ प्रकार के इनपुट या संकेतों से बचना चाहते हैं, और आप उन्हें प्रेशर कुकर या लाउडस्पीकर की आवाज़ से अपने कान बंद करते हुए, या भीड़ भरे, शोर-शराबे वाली जगहों से दूर जाने की कोशिश करते देख सकते हैं।

माता-पिता को स्टिम्स के बारे में जानकारी देते हुए, मैं अक्सर उन्हें बताती हूँ कि हम सब तनावपूर्ण या उबाऊ स्थितियों में अपने आप को रेग्युलेटेड रखने के तरीके ढूंढते हैं। हममें से कुछ लोग आगे-पीछे चलते हैं, दूसरे अपने हाथों को कुरोदते हैं, या अपनी उंगलिया मोड़ते हैं या अपने सिर पर किसी विशेष जगह खुजाते हैं। ये सभी क्रियाएं हमें जागृत, सतर्क और नियंत्रण में रहने में मदद करती हैं।

जब एक ऑटिस्टिक व्यक्ति अपनी आंखों के सामने अपने हाथों को फड़फड़ाता है या अपने शरीर को आगे-पीछे करता है या अपने आप से बातें करता है, तो वे ऐसे वातावरण में नियंत्रण में रहने की कोशिश कर रहे होते हैं जो अप्रत्याशित है। अंतर केवल इतना ही है कि उनमें से अधिकांश में यह समझने की क्षमता नहीं होती है कि सामाजिक रूप से क्या उपयुक्त है और क्या नहीं। इसलिए, अक्सर हम सिर्फ अजीब बर्ताव को देखते हैं, उसके पीछे उस व्यक्ति के रेग्युलेट और नियंत्रण में रहने की कोशिश को नहीं।

ऑटिस्टिक बच्चों के साथ काम करने के दौरान, मैंने सीखा है कि माता-पिता और थेरपिस्ट के साथ ऑटिस्टिक व्यक्ति को गरिमा और अपनेपन की भावना महसूस होना बहुत महत्वपूर्ण है। ऑटिजम को अक्सर छिपी हुई विकलांगता कहा जाता है - हमारे बच्चे अन्य बच्चों की तरह ही दिखते हैं। जब वे स्टिम करते है, तब वे दूसरों से अलग दिखते है, ऐसे समय पर ही माता-पिता के रूप में, हमें अपनी शर्मिंदगी, "लोग क्या कहेंगे?", इस बारे में हमारी अपनी भावनाओं को दूर रखकर, अपने बच्चों को खुले दिल से अपनाना चाहिए! मुझे याद है कि, एक्शन फॉर ऑटिजम (नई दिल्ली में स्थित शिक्षा, प्रशिक्षण और वकालत करने वाली एक संस्था जो ऑटिस्टिक व्यक्तियों को समर्थन और सेवाएं प्रदान करती हैं) की निदेशक, मेर्री बरुआ ने एक सम्मेलन में एक कहानी सुनाई थी। वहां उन्होंने बताया कि कैसे उनका बेटा सड़क पर अजीब तरीके से चल रहा था। वहाँ से गुजर रहे लोग उसे देखकर आश्चर्य कर रहे थे कि वह कर क्या रहा है। मेर्री, एक बहादुर माँ है जिसकी मैं बहुत प्रशंसा करती हूँ, उनहोंने, और वहां मौजूद उनके दोस्तों ने, उसी तरह चलना शुरू कर दिया। उनके बेटे ने इधर-उधर देखा, और बहुत खुश हुआ, इसलिए नहीं कि वे उसकी नकल कर रहे थे, बल्कि इसलिए कि वह एक ऐसे व्यक्ति समूह का हिस्सा बना था, जो असल में उसके साथ थे!

जब संवेदी धारणाओं और बर्तावों की बात आती है, तो यह कहावत, "अगर आप ऑटिज़्म के साथ एक बच्चे से मिले हैं, तो आप ऑटिजम वाले एक ही बच्चे से मिले हैं" वस्तुतः लागू होता है। हर ऑटिस्टिक व्यक्ति अपनी दुनिया अलग-अलग तरीके से देखता और महसूस करता है, और अलग-अलग प्रतिक्रिया देता है। हर एक की अलग-अलग संवेदी ज़रूरतें होती हैं जिन्हें वे अलग-अलग तरीकों से पूरा करते हैं। यह हम पर निर्भर है कि हम उन्हें उनकी जरूरतों को पूरा करने के लिए सामाजिक रूप से सबसे उपयुक्त तरीका सिखाएं।

अध्याय ५

उसके बाद

वीर का डायग्नोसिस पता चलने के अगले दिन, मैं डायग्नोसिस को समझने की कोशिश कर रही थी। मोहित सामान्य रूप से जीने की कोशिश कर रहे थे, लेकिन मुझे पता था के वीर का डायग्नोसिस उन्हें अंदर से खाये जा रहा था। मेरे देवर, जो ब्रिटेन से आए थे, उस रात वापस जा रहे थे, और घर में सारे रात के खाने के लिए बाहर जाने की योजना बना रहे थे। मुझे विश्वास नहीं हो रहा था कि कोई भी रात के खाने जैसे नगण्य चीज के बारे में कैसे सोच सकता है जबकि मेरी पूरी दुनिया उजड़ रही थी।

किसी तरह, मैंने यह दिन गुजार लिया। उस शाम, मैं बेतुकी नजर से खिड़की से बाहर देख रही थी जब मेरी सास मेरे कमरे में आईं। "चलो, तैयार हो जाओ, हमें बहार जाना है" उन्होंने कहा। मैंने अविश्वास में उनकी ओर देखा। क्या वे सचमुच मुझसे रात के खाने पर साथ चलने, मुस्कुराने, बात करने, सब ठीक होने का नाटक करने की उम्मीद नहीं कर थी? "तुम्हें अच्छा लगेगा। हम बच्चों को भी साथ लें जाएंगें", उनहोंने कहा। मैंने उन्हें समझाने की कोशिश की कि मैं परिवार के साथ खाना खाने के लिए नहीं जा सकती। लेकिन वह अडी रहीं। उन्होंने मेरे पहनने के लिए कुछ कपड़े भी निकाले।

नाराज होकर, बारी-बारी से रोते हुए, मैं तैयार हो गई। मैंने वीर को नई शर्ट और जीन्स पहनाई। "यू उनकंफर्टबले," उसने कहा। मैं रो पड़ी, जैसे मैं पूरा दिन रोई थी। रेस्तरां की सीढियाँ चढ़ते वक्त हम चार एक अजीब परिवार लग रहे थे, जिसमें माता-पिता तनावपूर्ण और गंभीर दिख रहे थे, जबकि उनके बच्चे खुश और मुस्कुरा रहे थे।

किसी तरह, मैंने रात का खाना ख़त्म किया। जब हम अपनी कार के इंतजार में बाहर खड़े थे, वीर ने रेस्तरां की दीवार पर रखे रंगीन पाउडर से भरे डिब्बों को देखा। "गुलाबी," उसने एक की ओर इशारा करते हुए कहा। "नीला, हरा" - वह सभी रंगों के नाम बोलता गया। मुझमें उम्मीद की छोटीसी किरण जाग उठी। तब तक, मुझे पता भी

नहीं था कि वह इतने सारे रंगों के नाम जानता था। अगर उसने इन नामों को अपने आप सिखा था, तो शायद एक उम्मीद थी कि वह सीख सकता था।

उस रात, जब मैं वीर को सुला रही थी, तब मुझे महसूस हुआ कि उसे बहुत तेज बुखार है। वह रात बहुत कठिन थी, जिसमें वीर का बुखार कम-ज्यादा हो रहा था। अगली सुबह, गायत्री को भी बुखार चढ़ा था और एक दिन बाद मोहित और मैं, हम दोनों को भी तेज बुखार था।

और फिर, जैसे अचानक आया था, उतनी ही गति से हमारा बुखार उतर भी गया। हम सब कमजोरी महसूस कर रहे थे लेकिन हमारा थर्मामीटर ९८.३ डिग्री रीडिंग दिखा रहा था। यह स्पष्ट था कि यह बुखार हमपर गुज़रे तनाव की वजह से आया था।

इस अनुभव ने मुझे एक और सबक सिखाया, जो ऑटिजम ने मुझे सिखाए पहले कई सबकों में से एक था: अगर मैं वीर की देखभाल करना चाहती थी, उसे पढ़ाना चाहती थी, उसके साथ खेलना और जुड़ना चाहती थी, तो पहले मुझे अपना ख्याल रखना होगा।

खुद की देखभाल करना

खुद की देखभाल करने का मतलब स्पा या सैलून में दिन बिताना, मालिश और पेडीक्योर करना, अपने दोस्तों के साथ चाय पीना या खरीदारी करना नहीं है। ऑक्सफोर्ड

डिक्शनरी ने खुद की देखभाल को ऐसे परिभाषित किया है: तनाव के दौरान विशेष रूप से अपने स्वास्थ्य और खुशी की रक्षा करने में सक्रिय भूमिका निभाने की प्रथा। इसमें 'सक्रिय भूमिका' और 'रक्षा' यह दो शब्द मेरे लिए महत्वपूर्ण हैं। यह दोनों ऐसे शब्द हैं जिन्हें हम आमतौर पर संगोपन के साथ जोड़ते हैं, खासकर एक ऑटिस्टिक बच्चे के।

ऑटिस्टिक बच्चे की माँ के रूप में, मुझे जल्द ही एहसास हुआ था कि मुझे ही अपने बच्चे को सिखाने में सबसे सक्रिय भूमिका निभानी होगी। थेरपिस्ट, विशेष शिक्षक और डॉक्टर मुझे सुझाव देते, जिनमें से कुछ वीर के लिए उपयुक्त होते, तो कुछ पूरी तरह से अनुपयुक्त होते। उसके विकास में मैं ही सबसे सक्रिय भागीदार बनना थी। मुझे यह भी एहसास हुआ कि निर्दयी बच्चे, हार मानाने वाले शिक्षक और 'इसे हम नहीं सिखा सकते' ऐसा कहकर अपनी जिम्मेदारी से मुकरने वाले खेल प्रशिक्षकों के खिलाफ मुझे ही वीर की सबसे बड़ी रक्षक बनना होगा।

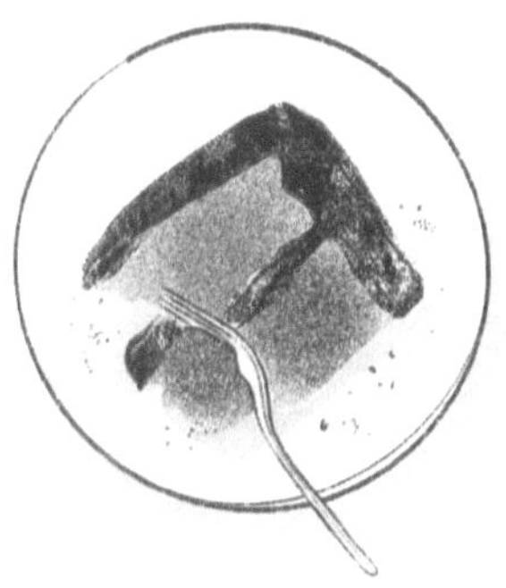

समय के साथ, यह रक्षात्मक वृत्ति मेरा एक अचेत हिस्सा बन गई थी, और अजीब बात यह है कि १५ साल बाद, आज जब मैं यह किताब लिख रही हूँ, तब अपने बेटे को स्वावलंबी बनाने के लिए, मैं इस सुरक्षात्मक अभिभावक की भूमिका से बहार निकलने की कोशिश कर रही हूँ।

सहायता, चिंता और सुरक्षा के बीच, हम अपनी देखभाल करना और स्वास्थ्य भूल जाते हैं। विशेष रूप से सभी माताओं द्वारा (यह पढ़नेवाले पिता के प्रति कोई दूजा भाव नहीं है!), अपना ख्याल रखने को दुय्यम स्थान दिया जाता है और इसके साथ दोषी भावनाएं जुड़ी हुई होती हैं। इन भावनाओं के मिश्रण में ऑटिजम जोड़ दिया जाए तो दोष की भवना असीम रूप से बढ़ जाती है। हमारे बच्चों को बहुत कुछ सीखाना बाकी है, और हम अपना ख्याल रखने के बारे में कैसे सोच सकते हैं?

ठीक इसी समय मैं माता-पिता को हवाई जहाज के बारे में बताती हूँ: जब आप हवाई जहाज में टर्ब्युलंस का सामना करनेवाले होते हैं और ऑक्सीजन मास्क नीचे गिर जाता है, तब आपको विशेष रूप से कहा जाता है कि अपने बच्चे या किसी अन्य की सहायता करने से पहले खुद अपना ऑक्सीजन मास्क पहनें। इसका कारण यह है कि जब आप सुरक्षित होंगे, आप आराम से सांस ले सकेंगे, तभी आप दूसरों की मदद कर सकेंगे।

ऑटिस्टिक बच्चों के माता-पिता के साथ ठीक ऐसा ही होता है। काफ़ी सारे अध्ययन रिपोर्ट और रिसर्च पेपर में दिखाया गया है कि खुद की देखभाल करनेवाले माता-पिता अपने बच्चों को अन्य माता-पिता की तुलना में ज्यादा अच्छे से सिखा सकते हैं। हालांकि, ४०० से अधिक परिवारों के साथ किये काम के दौरान, मैंने देखा है कि जो माता-पिता दिन में अपने लिए कुछ वक्त निकालते हैं, और खुद की पसंदीदा चीजें करते हैं, चाहे वह संगीत सुनना हो, फिल्मी पत्रिकाएँ पढ़ना हो या सैर करना हो, वे रोजमर्रा की जिन्दगी में बच्चों द्वारा प्रस्तुत सभी मुश्किलों से निपटने में बेहतर होते हैं। जो माता-पिता केवल अपने बच्चों पर ध्यान केंद्रित करते हैं, वे कुछ समय, या सालभर के लिए शायद अच्छा कर सकते हैं, लेकिन अंततः वे व्याकुल होने लगते हैं और अंदर ही अंदर टूटने लगते हैं।

जैसा कि उस बीमारी भरे सप्ताहांत ने मुझे सिखाया, आप केवल तभी अपने बच्चे की मदद कर पाएंगे, जब आप खुद की मदद करेंगे। खुद की देखभाल करना आवश्यक है - यह प्राथमिकता है, आसक्ति नहीं। खुद की देखभाल कैसे की जाए इस बारे में मैं आगे विस्तार में बात करूंगी, लेकिन पहला कदम, खुद की देखभाल करना महत्वपूर्ण है, इस बात को समझना और उसका स्वीकार करना है।

अध्याय ६

दु: ख के पांच स्तर - पहला स्तर

दुःख के पाँच स्तरों का कुब्लर-रॉस मॉडल, एलिजाबेथ कुब्लर-रॉस लिखित एक संकल्पना है। मॉडल गंभीर रूप से बीमार रोगी, या किसी अपने को खोनेवाले व्यक्ति की भावनाओं के बारे में है। आधुनिक मनोविज्ञान में इन भावनाओं को भावनात्मक रूप से कठिनाई से गुजर रहे लोगों के साथ साझा किया है, जिसमें बच्चा विकलांग होने की बात का पता चलना भी शामिल है।

इस बात को इनकार करना इसका पहला स्तर है।

वीर के डायग्नोसिस से पहले, मैं इन बातों का मजाक उड़ानेवालों में से एक थी! डायग्नोसिस के बाद, जल्द ही यह मेरा दृष्टिकोण बन गया।

“लेकिन वह नहीं हो सकता!”, वीर ऑटिस्टिक है यह जानने के बाद, यह मेरी पहली प्रतिक्रिया थी। इसके बाद वीर ऑटिस्टिक क्यों नहीं हो सकता इसके जवाबों की एक लंबी सूची मैंने बनाई, जैसे कि ‘वह मेरी आँखों में देखता है’, ‘कभी-कभी, वह बहुत खुश होता है’, ‘अपनी भावनाओं को व्यक्त करता है’, और आखिर में, ‘ऐसी चीजें हमारे परिवार में नहीं होती’।

दूसरा विचार जिसे मैं चिपक गई वह था कि उसे एस्परगर सिंड्रोम है, जिसका मूल अर्थ था कि वह ‘जीनियस’ है। वीर के डायग्नोसिस के समय, तीन नए सिंड्रोम पहचाने गये थे - पीडीडी-एनओएस (पेरवेसिव डेवलपमेंटल डिसऑर्डर - नॉट ओदरवाइज स्पेसीफाईड), ऑटिस्टिक स्पेक्ट्रम कंडीशन (एएससी) और एस्परगर सिंड्रोम। एस्परगर होने का मतलब है कि आपका बच्चा सामान्य ऑटिस्टिक बच्चे से ऊपर के स्तर पर है। इतिहास गवाह है ऐसे ऑटिस्टिक व्यक्तियों का, जिन्होंने ऐसे परिवर्तनशील आविष्कार बनाए हैं, जिनकी आवश्यकता के बारे में दुनियाने सोचा भी नहीं था। उसके दोस्त हैं या नहीं, या वह सामाजिक रूप से बातचीत कर सकता है या नहीं, यह मायने ही नहीं रखता था, क्योंकि उसे एस्परगर था!

इस बात पर अड़े रहने से मेरा बहुत नुकसान हुआ, क्योंकि मुझे यकीन था कि वीर को दूसरों की तरह ज्यादा मदद की आवश्यकता नहीं थी, और थोड़े समय के लिए ही सही, लेकिन मैंने अपनी धुन में रहना जारी रखा। हालाँकि, अंततः वास्तविकता सामने आ ही जाती है, और इसलिए वीर को ऑटिजम है इस बात को मेरा इनकार करना ज्यादा देर नहीं चला। जितना मैं वीर को ध्यान से देखती गई ओर डायग्नोसिस से पहले के तीन वर्षों में से, उसकी छोटी-छोटी बारीकियों के बारे में सोचती गई, मुझे मानना ही पड़ा कि विभा सही थी और वीर को ऑटिजम था।

हालांकि मेरे भावनात्मक घटक, मेरा मन, दुःख में डूबा हुआ था, लेकिन दिमाग सच बता रहा था। मुझे एहसास हुआ कि मैं चाहूँ तब तक इस बात से इनकार कर सकती हूँ, लेकिन ऑटिजम ठीक नहीं होगा। इसे देखने से इनकार करके, मैं केवल खुदको धोखा दे रही थी और दिखावा कर रही थी कि ऐसा कुछ है ही नहीं। इसे दूसरा नाम देने का मतलब ऐसा नहीं था कि वीर हर दिन चुनौतियों का सामना नहीं कर रहा था।

इससे महत्वपूर्ण बात तो यह थी की ज्यादा समय तक इनकार करते रहना खतरनाक साबित होता। अगर मैंने यह मानने से ही इनकार कर दिया की मेरा बच्चा अलग है, तो मैं मदद लेने से भी इनकार कर देती। और उसी मदद की उसे, मुझे और मेरे परिवार को सबसे ज्यादा ज़रूरत थी।

उस समझ के साथ मैंने अपने दुःख के पहले स्तर को पार किया।

इनकार करना

जब हम किसी चीज से इनकार करते हैं, तो हम उस चीज को अपने लिए गैरमौजूद कर देते हैं। हमारे सामने जो भी है उससे हम बेखबर हो जाते हैं और केवल उतना ही देखते हैं जितना हम संभाल सकते हैं। परिवार के किसी सदस्य को जब अचानक बताया जाता है कि उनका बच्चा, पति, पत्नी या माता-पिता का निधन हो गया है, तब उनके मुंह से निकलने वाला पहला शब्द होता है “नहीं”। उन्होंने इस स्थिति की कल्पना ही नहीं की होती है।

थेरपिस्ट के रूप में मैंने जिन परिवारों के साथ काम किया है उनमें से कई परिवार अपने बच्चे की स्थिति को इनकार करने के चरण से गुजर रहें हैं; कुछ परिवार लंबे

समय तक वहीं अटक जाते हैं। ऐसे परिवारों के साथ काम करते वक्त मैं इस बारे में बात ही नहीं करती हूँ। बच्चे के विकास में, दुसरे बच्चों की तुलना में, स्पष्ट अंतर पर ज़ोर नहीं डालती और भले ही स्पष्ट हो, लेकिन मैं सच्चाई का सामना करने के लिए उनपर कभी भी दबाव नहीं डालती हूँ।

एक थेरपिस्ट और माँ के रूप में, ऐसे परिवारों से परेशान होना और उन्हें कमजोर या कुंठित कहना बहुत आसान है। बच्चा हाथ फड़फड़ा रहा होता है या एक ही कविता को बार-बार दोहरा रहा होता है, फिर भी परिवार के सदस्य समझ नहीं पाते हैं, तब चिढ़ होती है। लेकिन, मैंने समझा है कि अपने बच्चे की स्थिति को स्वीकार करने की हर परिवार की यात्रा अलग होती है। अपने बच्चे के व्यवहार का कारण समझने में, जहाँ कुछ लोग रातों रात स्थिति को स्वीकार कर लेते हैं, वहीं कुछ लोग ऐसा करने में काफी समय लगाते हैं। आखिरकार, सभी परिवार अपने तरीके से स्वीकृति तक पहुँच ही जाते हैं।

इनकार शब्द के साथ मैं 'अपकार' शब्द का उपयोग करती हूँ, क्योंकि अपने बच्चे की स्थिति से इनकार करने में, परिवार अक्सर उन सेवाओं को अनदेखा कर देते हैं या उनका लाभ नहीं उठाते हैं जो उनके बच्चे की प्रगति और शिक्षा में मदद करेंगे। कुछ परिवार सामाजिक और पारिवारिक प्रतिक्रियाओं के बारे में चिंता करते हैं और इसलिए, वे अपने बच्चे की स्थिति को इनकार करते हैं।

दुनिया भर में हुए संशोधन बताते हैं कि प्रारंभिक उपचार के नतीजे अद्भुत और उपयुक्त होते हैं। मस्तिष्क पर किये गए संसोधन से यह साबित हुआ है कि हमारे मस्तिष्क का ८० प्रतिशत विकास हमारे जीवन के पहले तीन वर्षों में होता है। इसलिए, यह स्पष्ट है कि बच्चे को, विशेष कर ऑटिस्टिक बच्चे को, जितनी जल्दी नए पर्यावरण से जागरूक कराया जाता है (पढ़ने के लिए किताब देना, खेलने के लिए दिलचस्प खिलौने और वस्तुएं देना, और लोगों के साथ बातचीत करने का अवसर देना), उसका विकास उतना ही ज्यादा होता है।

हमारे ऑटिस्टिक बच्चों के लिए, यह एक दोहरी मार की तरह है: उनके साथ जुड़ना मुश्किल होता है और इसलिए माता-पिता (मेरे सहित) उनके साथ नहीं जुड़ते, जैसे वे न्यूरोटिपिकल बच्चों के साथ जुड़ेंगे। इसके अलावा, डायग्नोसिस मानने से इनकार करने से, बच्चे को आवश्यक सेवाएँ नहीं मिलती, और इसलिए यह दोहरी मार जैसा है।

इनकार, सभी भावनाओं में सबसे बुरी भावना कहा जाता है, लेकिन यह हमेशा सही साबित नहीं होता। इनकार कठिन वास्तविकता का सामना करने का एक मध्यम है जो तब काम करता है जब कोई गंभीर हादसा होता है और हम उसपर विश्वास नहीं कर पाते हैं, जैसेकि किसी की मौत, दुर्घटना या डायग्नोसिस। हम मानना चाहते हैं कि हम अपने अतीत में वापस जा कर सब पहले जैसा ठीक कर सकते हैं। थोड़ी देर के लिए ही सही लेकिन, यह सच्चाई से बचे रहने का तरीका है। सच का स्वीकार करने के लिए हम तैयार नहीं होते, तब तक के लिए इनकार, कठिन स्थिति को समझने का अपने दिमाग का एक तरीका होता है।

माता-पिता के लिए, हमारे बच्चे की स्थिति के बारे में एक पक्का डायग्नोसिस, एक अनजान दुनिया में प्रवेश करने जैसा है। कई थेरपिस्ट और उपचार होते हैं जिनके बारे में आपने कभी सुना नहीं होता है, और आपको उनकी आवश्यकता होगी, ऐसा

सोचा भी नहीं होता । ये सब इतना डरावना लगता है कि आप इनकार करना चाहते हैं कि ऐसा कुछ हुआ ही नहीं है।

आपसे मैं कहना चाहती हूँ: डरिये मत। कुछ देर इसी स्थिति में रुक जाइए। आपको तुरंत इस स्थिति से बाहर आने की आवश्यकता नहीं है। लेकिन अपने बच्चो की मदद करने के लिए, उन्हें थेरेपी के लिए ले जाने के लिए, सीखने में उनकी सहायता करने के लिए, आपको बाहर आना ही होगा। मुझे पता है कि यह अजीब और डरावना है, लेकिन आपको यह करना ही होगा। क्योंकि इसके दूसरी तरफ पर उम्मीद है। और उम्मीद पर ही तो दुनिया कायम है।

अध्याय ७

दूसरा स्तर

मुझे लगता है कि मैं हमेशा एक 'एंग्री यंग वुमन' रही हूँ (हालांकि 'यंग' या 'युवा' शब्द इन दिनों कम लागू होता है!)। मेरे पति गारंटी से कहते हैं कि मेरी एअरपोर्ट पर सिक्यूरिटी लाइन में जरुर लड़ाई होगी, क्योंकि किसी को लाइन काटते हुए देखकर मैं चुप नहीं रह सकती। मुझे लगता है मेरे गुस्से की जड़, मेरी आदर्शवादी लेकिन सच्ची सोच कि दुनिया को बराबर, निष्पक्ष और न्यायपूर्ण होना चाहिए, से प्रभावित हुई है। मुझे नहीं पता यह धारणा मैंने कहाँ से सीखी, लेकिन जब से मैंने विचार करना शुरू किया है, यह मेरे जीवन का हिस्सा है।

इसलिए, एक ऑटिस्टिक बच्चा होना, मुझे मेरे प्यारे, छोटे परिवार के लिए इतना असमान और अन्यायपूर्ण लगा कि, गुस्सा ही एकमात्र भावना थी जिसे मैंने महसूस किया। मैं अपने पति पर गुस्सा थी देर तक काम करते रहने के लिए, वीर को मेरी अपेक्षानुसार समय ना देने के लिए, यात्रा करने के लिए और हर दिन के दैनंदिन जीवन से बचने में सक्षम होने के लिए। मैं अपने भाई-बहन से उनके परिपूर्ण बच्चों को लेकर गुस्सा थी, जिनसे मैं बहुत प्यार करती थी, लेकिन वे इतने परिपूर्ण थे कि जब मैं उनके बारे में सोचती, तो प्यार और गुस्सा मिश्रित हो जाता था, और इससे मुझे बहुत दुख होता था। वीर और गायत्री के साथ असमान व्यवहार करने के लिए, गायत्री के साथ खेलने और वीर को अक्सर अकेला छोड़ने के लिए, मैं अपने परिवार पर गुस्सा कर रही थी। उनकी खुशहाल जिन्दगी के लिए, जहाँ उनकी चिंताए बस इतनी ही थी कि क्या उनके बच्चे को उनकी पसंद के स्कूल में दाखिला मिलेगा या नहीं, इस बात पर मैं अपने दोस्तों पर गुस्सा थी। मेरे बेटे की स्थिति को देरी से पहचानने ओर सिखाने के अजीब तरीकों के लिए, मैं थेरपिस्ट पर गुस्सा थी। आखिर, २० फ़्लैशकार्ड पहचानकर वह जिन्दगीभर के लिए कैसे तैयार होता? अन्य बच्चों से अलग होने के लिए, कोई भी दोस्त न होने के लिए, तेजी से न सीख पाने के लिए, मैं वीर पर गुस्सा थी। स्नेहशील और प्यारी होने के लिए, मैं गायत्री से नाराज थी, जिस वजह से लोग वीर को नजरअंदाज कर देते थे।

सबसे ज्यादा, मैं अपने आप पर गुस्सा थी। वीर से पूरी तरह से प्यार ना करने के लिए, उसका रोना, बर्ताव, और अलग होने का संकेत देनेवाली बातों को अनदेखा करने के लिए, पूरी जानकारी ना होने और ये स्थिति में होने के लिए, मैं गुस्सा थी। मैं गुस्से में रहती थी क्योंकि मेरे ना चाहते हुए भी मेरा जीवन बदल रहा था। मैं अब एक विशेष-ज़रूरत वाले बच्चे की माँ थी, और यह चिप्पी मुझे नहीं चाहिए था। मैं हर चीज से गुस्सा थी और यह गुस्सा मेरे व्यक्तित्व का डिफ़ॉल्ट सेटिंग सा बन गया था।

गुस्सा लंबे समय तक मेरे घर का हिस्सा बना रहा। मेरे सामने आनेवाली हर चीज को मेरा गुस्सा सहना पड़ता था। वीर के डायग्नोसिस के तुरंत बाद, हमने घर बदल दिया था और वहां मुझे कुछ प्यारे लोग मिले जो मेरे बहुत ही अच्छे दोस्त बन गए हैं। मुझे लगा कि मैं सेटल हो रही हूँ, नई शुरुआत कर रही हूँ और अपने बच्चों को बेहतर होने का वातावरण दे रही हूँ। अन्य बच्चे मेरे बच्चों के साथ, विशेषकर वीर के साथ, नहीं खेलते हैं, यह बात मुझे पता चलने तक सब ठीक चल रहा था। बेशक वे बच्चे ही थे, और ज्यादा कुछ नहीं समझते थे, और वही कर रहे थे जो ज्यादातर बच्चे करते हैं। लेकिन यह देखकर मुझे बहुत गुस्सा आया।

मैं उदास हुई, मैंने बच्चों और उनके माता-पिता को टालना शुरू किया और मेरे साथ अच्छा बनने की कोशिश कर रहे लोगों से खुद को दूर कर लिया। मैंने उनके बच्चों को 'बिगडैल' कहा जो मेरे प्यारे बच्चे के प्रति असंवेदनशील थे। मैंने तय किया कि मेरे बच्चों को बेहतर दोस्तों की ज़रूरत है, जो उन्हें पसंद करेंगे और वे जैसे हैं वैसे ही उन्हें अपनाएंगे, और उन्हें उन बच्चों के साथ खेलने से मना कर दिया। इस सब के माध्यम से, मेरी अन्याय की भावना उबर आयी। अगर वे मेरे बच्चों को उनके बराबर नहीं मानते, अगर वे उन्हें अपने घरों, अपने खेल, अपने जन्मदिन की पार्टियों में आमंत्रित नहीं करते, तो मैं उनसे गुस्सा हो जाती और फिर उनसे मेरा कोई लेना देना नहीं होता था।

इस गुस्से के पीछे डर की भावना छिपी हुई थी। अकेलेपन का डर (तब मैंने वीर के डायग्नोसिस के बारे में किसीको भी नही बताया था), अस्वीकार किए जाने का डर, पीठ पीछे मेरे बारे में बाते होने का डर। अब डर और नाराजगी तो जैसे मेरे घर का हिस्सा बन गए थे। उस सबसे ज्यादा, मैं तनाव महसूस कर रही थी, जो मुझे लग रहा था कि कभी मेरा पीछा नहीं छोड़ेगा। मैं जितना तनावग्रस्त होती गई, उतना ही मेरा डर बढ़ता गया, और गुस्सा मेरे लिए व्यक्त होने का एकमात्र जरिया हो गया था।

मैं सिर्फ अन्य बच्चे और उनके माता-पिता पर गुस्सा नहीं होती थी। मेरे घर के सदस्यों को भी इसका सामना करना पड़ता था। मुझे याद है कि एक बार बच्चों को लेकर दोस्त के घर जाते वक्त, मैं ट्रैफ़िक में फंसी थी। कोई जल्दी नहीं थी, लेकिन फिर भी ट्राफिक में फंसने और समय पर ना पहुँच पाने को लेकर मैं तनाव में थी। वीर और गायत्री आपस में बड़बड़ा रहे थे और उनकी आवाज़ से मुझे गुस्सा आ रहा था। कार के बाहर बजनेवाले हॉर्न और भीतर का शोर मेरे दिमाग पर हावी हो रहे थे। मैं काफ़ी देर तक एकाक्षरी जवाब देती रही, जबतक मेरा गुस्सा बाहर आया और स्थिति पूरी तरह नियंत्रण से बाहर हो गई। मैं बच्चों पर चिल्लाने लगी। बाकि यात्रा के दौरान बच्चे पूरी तरह से शांत थे और उस समय मुझे बहुत ही ज्यादा बुरा महसूस हो रहा था। बाद में, अपने बच्चों से माफ़ी मांगते वक्त, गायत्री ने कहा, "हम केवल बातें कर रहे थे, मामा, आपको इतना गुस्सा क्यों आया?"

मुझे यह बताते हुए दुःख होता है कि इस तरह का गुस्सा कुछ समय तक जारी रहा। वीर के बारे में खुलकर बोल पाने का आत्मविश्वास प्राप्त करने के बाद यह कम होता चला गया। अपने बेटे के बारे में खुलकर बात करने से, थोड़ी शांति और स्थिरता के साथ साथ, मुझे अस्वीकार करनेवाले लोगों के साथ ना होने से ज्यादा कुछ फर्क नहीं पड़ेगा, यह विश्वास भी मिला।

आजकल, गुस्सा कभी-कभार आता है, हालांकि इसके गिनेचुने और कम दौरे होते हैं। लेकिन, शायद मेरे घर की हँसी और शांति ही गुस्से को मेरे घर में आने से रोकते हैं, और जब वह आता है, तो घर का वातावरण उसे घर में टिकने ही नहीं देता।

गुस्से का व्यवस्थापन

गुस्सा दुःख का दूसरा चरण है। जब इनकार का कोहरा हट जाता है, केवल कठोर वास्तविकता रहती है। इसी स्थिति में गुस्सा उभर के आता है। ज्यादातर, गुस्से का पहला निशाना जीवन ही होता है। हमारे साथ ऐसा होने के लिए हम जीवन, भाग्य, धर्म, ईश्वर, ब्रह्मांड पर सवाल उठाते हैं, "मेरे साथ ही ऐसा क्यों? मेरा ही परिवार क्यों?" और हमें कोई जवाब नहीं मिलता।

जबकि कुछएक बार गुस्सा एक सामान्य प्रतिक्रिया होती हैं और समझने योग्य होता है, लेकिन अत्यधिक गुस्सा होना और विशेषकर बच्चे पर गुस्सा होना खतरनाक हो सकता है। बच्चों को संभालना मुश्किल हो सकता है, और अगर आप एक ऑटिस्टिक बच्चे को संभाल रहे हो, तो और मुश्किल हो सकता है। यूनिवर्सिटी ऑफ विस्कॉन्सिन-मैडिसन द्वारा किए गए एक अध्ययन में ऑटिजम संबंधित माताओं द्वारा अनुभव किए गए तनाव को लसैनिकों के तनाव के बराबर बताया गया है। मैं इस बात से पूरी तरह सहमत हूँ। इस तनाव के परिणामस्वरूप, ऑटिस्टिक बच्चे के प्रति थोडा सा गुस्सा भी स्वाभाविक है। लेकिन अगर आप अपने बच्चे के प्रति केवल नाराजगी और गुस्सा महसूस करते है और बच्चे को लेकर आपके मन में लगातार गलत विचार आ रहें हैं तो आपको सहायता पाने की जरुरत है। करीबी रिश्तेदार या दोस्त के साथ इस विषय पर बात करें, और काउंसेलर से संपर्क करें। जरूरत पड़ने पर मदद मांगने में कोई शर्म की बात नहीं है।

बहुत से माता-पिता सलाह देते हैं कि आप अपने गुस्से को अपने बच्चे को बेहतर सेवाएँ प्रदान करने के किसी प्रयास की ओर पुनर्निर्देशित करें। कृपया सुनिश्चित करें कि आप अत्यधिक आक्रामक और अधिकारिक नहीं हो रहें हैं, क्योंकि बहुत से माता-पिता का गुस्सा सहने के बाद, और किसी अभिभावक का गुस्सा सहने की क्षमता थेरपिस्ट में नहीं होती हैं। चाहे आप पसंद करें या न करें, थेरपिस्ट कितने भी अच्छे, निष्पक्ष और पेशेवर क्यों न हो, लेकिन अंततः आपका गुस्सा आपके बच्चे के साथ उनके व्यवहार को प्रभावित करेगा।

आखिरकार, आपको गुस्सा आयेगा ही और यह ठीक भी है। मैं आपको बहुत कुछ सुझाव दे सकती हूँ लेकिन, गुस्से पर काबू पाने से ही आपका गुस्सा कम हो सकता है। इसमें समय लग सकता है, और फिर भी आपको गुस्सा आता-जाता रहेगा। लेकिन जब आप सचेत रूप से गुस्सा रोकने का फैसला करेंगे और खुश रहना शुरू करेंगे, असल में तब ही वह आपका पीछा छोड़ देगा।

अध्याय ८
तीसरा स्तर

मुझे सौदेबाजी करना हमेशा से पसंद था। मोटे अक्षरों में लिखा 'सेल' शब्द हमेशा मेरा ध्यान खींचता है और मेरे लिए अच्छे सौदे से बढ़कर कुछ भी नहीं है। लेकिन वीर को लेकर ब्रह्मांड और ईश्वर के साथ मैंने जितनी सौदेबाजी की है उतनी और किसी चीज के लिए कभी भी नहीं की होगी।

आपने बिलकुल सही पहचाना, सौदेबाजी, दु:ख का तीसरा चरण है।

वीर के डायग्नोसिस के शुरुआती झटके से संभलने के बाद मैंने उसपर समाधान ढूंढना शुरू किया। थेरेपी शुरू हो गई थी, लेकिन शुरुआती प्रगति के बाद, ज्यादा कुछ बदलाव नहीं आ रहा था और लग रहा था जैसे थेरपिस्ट और वीर को फ्लैश कार्ड और पैटर्न सीक्वेंस की आदत पड़ गई थी। मुझे नए विश्वास की ज़रुरत थी।

भावनात्मक रूप से कमजोर अवस्था में, मैं किसी भी प्रकार की वैकल्पिक या प्रायोगिक चिकित्सा के लिए मैं तैयार थी। हर मंगलवार की सुबह, वीर की फोटो लेकर, मैं गोवा से आए हुए एक आरोग्य करनेवाले (हीलर) से मिलने जाती थी। उन्होंने मुझे बताया कि वीर को ऑटिजम नहीं था, बल्कि बेसल गैन्ग्लिया नामक चीज है। मैंने काफी दिनों तक इस बात पर विश्वास किया और फिर मुझे पता चला कि बेसल गैन्ग्लिया नाभिक का एक समूह है जो सेरेब्रल पाल्सी के लोगों में पाया जाता है। उन्हें नुकसान पहुंचाने से अनियंत्रित गतिविधियों की पुनरावृत्ति होती है जैसेकि शारीरिक हलचल, भाषण या रोना, जो वीर की स्थिति से बिल्कुल मेल नहीं खा रहीं थी। कई मंगलवार वहां जाने के बाद भी मेरे बेटे पर कोई फर्क नहीं पड़ रहा था, तो मैंने वहाँ जाना बंद कर दिया।

उसके बाद मैं पास्ट-लाइफ हीलर के पास गई, जिन्हें विश्वास था कि वीर और मेरे बीच अतीत में हुई किसी भी मतभेद को वे ठीक कर सकती हैं। उन्होंने मुझे अपने स्टूडियो में बुलाया, जहां उन्होंने मुझसे चिंतन करने के लिए कहा। मैं पूरी तरह से सचेत थी और विक्टोरियन कोट पहने पुरुष, साड़ियां पहनी हुई महिलाएं, सडक पर भीख

मांगता हुआ एक अनाथ बच्चा, ऐसी कुछ छवियाँ मेरे दिमाग में घूम रहीं थीं। हालाँकि, ये छवियाँ हमेशा मेरे दिमाग में टहलती थी लेकिन मुझे नहीं पता कि इनका संबंध मेरे पिछले जन्म से था या यह बस मेरी डरावनी कल्पनाएँ थीं। वीर को इससे कुछ भी फायदा नहीं हो रहा था और पैसे खर्च कर के, इसे जारी रखने का कोई मतलब नहीं था।

इसके साथ ही, मैं वीर के आहार के साथ भी कुछ प्रयोग कर रही थी। ऑटिस्टिक बच्चों के लिए ग्लूटेन-फ्री, कैसिन-फ्री (GFCF) आहार की चर्चा थी, और इससे अद्भुत परिणाम दिखे जा रहे थे। मेरी कई सहेलियां, जो ऑटिस्टिक बच्चों की माँ हैं, उन्होंने इसे आज़माया था, और अपने बच्चों के बर्ताव में, विशेषकर हाइपरएक्टिविटी में, सकारात्मक बदलाव देखा था। वीर कभी भी हाइपरएक्टिव नहीं था, लेकिन उस समय ज्यादा कुछ जाने बिना, मैंने उसके आहार से गेहूं और दूध से बने पदार्थ कम करने की कोशिश करने का फैसला किया। मेरे पति पंजाबी हैं, और मैं अपने ससुराल में रहती थी। सभी पंजाबियों के लिए गेहूँ भोजन का मूलतत्व होता है, और व्हिस्की के एक-दो पेग के बाद, भोजन ही सबसे ज्यादा महत्वपूर्ण होता है। किसी भी पंजाबी को यह बताने की कोशिश करें कि वे अपने खाने के साथ रोटी नहीं खा सकते हैं क्योंकि उनके पोते को वह खाने की अनुमति नहीं है! मेरे ससुराल वाले बहुत समझदार थे और उन्होंने अपने खान-पान के समय में ही बदलाव किया ताकि वीर को उन्हें खाना खाते हुए ना देखना पड़ें, लेकिन कई बार गड़बड़ हो जाती थी, और मेरा बेटा गरमागरम रोटियों की ओर इशारा करता और पूछता, “क्या मैं खा सकता हूँ?” और मेरा दिल पिघल जाता था।

इस समय के दौरान, मुझे असल में समझ आया कि आवश्यकता ही आविष्कार की जननी है। मैंने अलग-अलग आटों से रोटी बनाना सीखा, मैंने अंडे के सफेद हिस्से से आइसक्रीम बनाना सीखा, और सोया के साथ मैंने बहुत सारा खाना बनाया। तीन महीनों बाद भी, वीर में जरा सा भी बदलाव नहीं था, और इसलिए मैंने डायेट बंद कर दिया। वीर को रोटी देने की ख़ुशी उससे ज्यादा मुझे थी, लेकिन समय के साथ, उसने खुद रोटियों के बजाय चावल खाना जारी रखा।

मैं अब एक ऐसे मुकाम पर पहुँच रही थी जहाँ कुछ भी काम नहीं कर रहा था, और मैं प्रगति के लिए बेताब थी। हमें रिलेशनशिप डेवलपमेंट इंटरवेंशन (RDI) नामक एक नए थेरेपी का सुझाव दिया गया। इसमें उन माता-पिता को शामिल किया गया था, जो अपने बच्चे के साथ विश्वास और साझेदारी का रिश्ता बनाने के लिए, सप्ताह में करीब २० घंटे काम करते हैं। इसके संस्थापक डॉ. स्टीव गटस्टीन के अनुसार सभी ऑटिस्टिक व्यक्तियों को संबंध बनाने और जोड़ने के लिए इतना समय अवश्यक होता है। नियमित घरेलू कार्यों का उपयोग संबंध बनाने के अवसरों के रूप में किया जाना था जैसे कि वाशिंग मशीन से कपड़े निकालना, मेलबॉक्स तक चलना, या किराने का सामान सॉर्ट करना। थेरपिस्ट नियमित रूप से वीर से नहीं मिलते थे, लेकिन हर शुक्रवार, मैं और मोहित थेरपिस्ट से मिलने जाते थे और उन्हें हमारे सप्ताह का सारांश बताते थे। सप्ताह के दौरान, हम वीर और हमारी गतिविधियां रिकॉर्ड करते थे और वीडियो एक प्लेटफार्म पर अपलोड भी करते थे। हमें एक डायरी बनाए रखनी थी और हम वीर के साथ अपने संबंधों को कैसे बेहतर बना सकते हैं, इस विषय पर कई वेबिनरों में से कम से कम दो वेबिनार भी देखने थे।

एक कार्यक्रम के रूप में आरडीआई बहुत अच्छा था। हमने जो चीजें सीखी थीं उनमें से कुछ वीर की प्रगति में फायदेमंद साबित हुईं और हमने पाया की वीर पहले से ज्यादा आखों में देख रहा था, ज्यादा शब्द बोल रहा था और पहले से ज्यादा बदलाव को सहन कर पाता था। हालाँकि, इस कार्यक्रम से हमारे संबंधों और व्यक्तिगत जीवन पर भारी प्रभाव पड़ा। हमारी थेरपिस्ट बहुत सख़्त थीं। हर शुक्रवार सुबह उनके घर जाते वक्त, हमारे सप्ताह की गतिविधियों पर उनकी आनेवाली प्रतिक्रिया के बारे में सोचकर मैं मन ही मन घबरा जाती थी। मैं लगातार वीर के साथ काम कर रही थी, यहां तक कि फलों की दुकान तक पैदल चलना भी सिखाने का एक अवसर बन गया था। यह और अच्छा प्रोग्राम होता, सिवाय इसके कि मैं परिणामों को लेकर इतनी ज्यादा परेशान

थी कि मुझे यह अपने बेटे के साथ परीक्षा की तरह महसूस होता था, जहां मुझे उसे कुछ नया सिखाने का मौका मिलेगा।

हफ्ताभर अध्ययन करने के बाद, शनिवार की रात, बच्चों के साथ खेलने में बिताने के बजाय वेबिनार देखने में बिताई जाती थी क्योंकि अगले सप्ताह तक होमवर्क पूरा करना ही था। हमें हमारी ऑक्यूपेशनल थेरपी बंद करने के लिए कहा गया क्योंकि हमारी थेरपिस्ट आरडीआई प्रमाणित नहीं थी और वीर की मदद करने के बजाय उसका नुकसान हो सकता था। हम में से कोई अगर गलती करता था तो उसपर दूसरा चिल्लाता था और यह लड़ाई चलती रहती थी। कुल मिलाकर, यह हमारे जीवन का सबसे तनावपूर्ण समय था।

थेरपिस्ट हमारे पहचान के एक अन्य परिवार को भी थेरपी दे रही थी, और दूसरे बच्चे के साथ वीर की प्रगति की तुलना करती रहती थी। वे कुछ टिप्पणियाँ करती थी जैसे कि "अगर वीर को रिटालिन (अटेंशन डेफिसिट हाइपरएक्टिविटी की एक दवा) देना पड़ा तो सच में यह बुरी बात होगी" या "देखो वह कितना चिंतित है! यह सब आपकी चिंता के वजह से है"। अपने बेटे को चिंतित करने के विचार से ही मैं खुद चिंतित हो जाती थी। मुझे शुक्रवार और उससे ज़्यादा, सप्ताहांत का डर लगने लगा था, क्योंकि मुझे पता था कि मोहित और मेरे बीच, चीजें सही से ना करने की वजह से, कम से कम एक बड़ी लड़ाई होकर रहेगी।

आठ महीने और एक और झगडों से भरे सप्ताहांत के बाद, मैंने मोहित से कहा कि मुझे अपनी मानसिक स्थिति के लिए थेरेपिस्ट से मिलने की जरूरत है। कार्यक्रम से पहले, मैं काफी हद तक शांत हो चुकी थी, मुझे वीर की चिंता सताती थी, लेकिन हर समय नहीं। मैं वीर की थेरपी, गायत्री और खुद से अच्छी तरह संभालने में सक्षम थी, लेकिन अब मैं हर समय चिंतित और बेचैन रहने लगी थी।

इस समय के दौरान, उम्मीद बाल विकास केंद्र से हमारी डॉक्टर, विभा ने मुझे फोन किया और हमारी पूछताछ की। मैंने पिछले आठ महीनों की घटनाएँ, भावनाएं और चिंता उन्हें बताई और वह मेरी स्थिति जानकर अचंभित हैरान हुई। "क्या आपको लगता है कि हम यह प्रोग्राम छोड़ सकते हैं?" मैंने झिझकते हुए उनसे पूछा।

मैं किसी चीज को छोड़ देने से इतना डरती थी क्यूंकि मुझे लगता था कि वीर की मदद करने का दूसरा कोई जरिया मुझे नहीं मिलता। मैं सोचती रही कि अगर इस सबसे वीर की प्रगति होनेवाली है, तो हर शुक्रवार और सप्ताहांत में उभरने वाली हर

मुश्किल से मैं लड़ सकती हूँ। अब तक, मेरा आत्मविश्वास टूट चूका था, और मैं पहले जैसी अनिश्चित, संकुचित महिला बन गई थी। इसके अलावा, मैं हमेशा आत्मविश्वास से भरपूर और अपने बच्चों की भावनाओं और ज़रूरतों के प्रति एक सचेत माँ थी, लेकिन अब मुझे सही गलत का कुछ भी पता नहीं था।

जैसे ही विभा ने कहा, "बेशक! तुम्हें यह प्रोग्राम छोड़ना ही होगा! इससे तुम्हे कुछ भी फायदा नहीं हो रहा है!", मुझे बहुत राहत मिली। उन्होंने मुझे यह भी बताया कि मुझे ऐसी कोई भी थेरेपी नहीं लेनी चाहिए, जिससे मुझे या वीर को बहुत चिंता होती हो। उन्हें यकीन था कि थेरेपी बंद करने पर भी वीर का विकास ठीक ही तरीके से चलता रहता। उनकी ये बातें सुनकर मुझे लगा जैसे मैं जेल से रिहा हो गयी हूँ और फिर से खुली हवा में सांस ले सकती हूँ। हमने थेरपिस्ट को एक छोटा लेकिन दृढ़ ईमेल भेजा, जिसमें बताया था कि हम प्रोग्राम छोड़ रहे हैं, और जवाब में हमें वीर को शुभकामनाएं देने वाला उतना ही छोटा सा मेल मिला। मुझे ऐसा लग रहा था जैसे मानो मेरे जीवन से कोई बुरा साया हट गया हो! कुछ ही दिन बाद हमारी ऑक्यूपेशनल थेरपिस्ट, जो इन सारी बातों से अनजान थी, मेरे घर आयी थी और उन्होंने मुझसे कहा की मैं बहुत अच्छी लग रही थी और मेरा चेहरा काफी जवान लग रहा था!

इसी के साथ थेरपीज को लेकर सौदेबाजी और प्रयोग करने के मेरे दिन खत्म हो गए थे। मैंने अपनी कल्पनानुसार अगले छह महीनों में वीर को आवश्यक लगने वाले कौशल की एक सूची बनाई। और फिर वे कौशल उसे सिखाने का फैसला किया। उसकी थेरपी के लिए मेरा दृष्टिकोण पहले से ऐसा ही रहा है, और मैंने खुद पर और वीर संबंधित मेरी प्रवृत्ति पर संदेह ना करना सीखा है।

हालांकि मैंने भगवान या किसी अन्य शक्ति के सामने गिडगिडाना बंद कर दिया है, लेकिन मेरा विश्वास आज भी बरकरार है। कोई शक्ति या व्यक्ति से यह विश्वास, वीर की क्षमताओं में रखे जानेवाले विश्वास में बदल गया है। वीर ने कई बार मुझे उसके कौशल और समझ से पूरी तरह से आश्चर्यचकित किया है। उसके माध्यम से मैंने सीखा है कि ऑटिस्टिक बच्चों और लोगों को कभी भी कम नहीं समझना चाहिए; उन्हें बस थोड़ा समय दें, और वे आपको कल्पना से अधिक आश्चर्यचकित करेंगे।

सौदेबाजी

ऑटिजम डायग्नोसिस से संबंधित सौदेबाजी का अंतिम लक्ष्य इलाज पाना होता है। अपनी थेराप्युटिक प्रक्टिस के दौरान, मैंने माता-पिता द्वारा किए जानेवाले सभी प्रकार के सौदे, और साथ ही साथ उन्होंने अपने बच्चे को ठीक करने के लिए, विशेषकर उन्हें बोलना सिखाने के लिए किये हुए उपाय सुने हैं। तोते का जूठा पानी पीने से लेकर (क्योंकि तोते बातूनी होते हैं, माना जाता है कि ऐसा करने से बच्चा बोलने लगता है), पूजा करने तक, अपनी कलाई पर ताबीज बांधने से लेकर मंदिरों और दरगाहों पर जाने तक, माता-पिता कोई कसर नहीं छोड़ते जब बात उनके बच्चे से संबंधित होती है।

फिर माता-पिता स्वयं थेरपी से संबंधित धारणा बना लेते हैं जैसेकि अगर मेरा बेटा पूरा साल, ऑक्यूपेशनल थेरपी करता है, तो वह ठीक हो जाएगा। अगर वह सिर्फ बोलना भी सीख ले, तो सब कुछ ठीक हो जाएगा। प्रैक्टिस के दौरान मैंने देखा है कि, कमरे से जाते जाते, माता पिता सबसे कठिन लेकिन महत्वपूर्ण सवाल पूछते है। आमतौर पर, वह सवाल "क्या मेरा बच्चा कभी बोल पायेगा" या "क्या वे ठीक होंगे" इस प्रकार का होता है।

हम एक ईश्वर-भक्त राष्ट्र हैं, और इसलिए हमारे यहाँ सबसे गहरे, लाभकारी सौदे ईश्वर के साथ किये जाते हैं जैसेकि "अगर आपकी कृपा से मेरा बच्चा बोलने लगा तो हर मंगलवार मैं सिद्धिविनायक दर्शन करने आउंगी", "अगर मेरा बच्चा मेरी ओर देखता है, तो मैं अजमेर दरगाह जाकर मौली बाँधूंगी"।

यह आमतौर पर की जानेवाली सौदेबाजी से मुश्किल होता है क्योंकि, हम जो माँगते है वह शायद ही कभी हमें मिलता है। सौदेबाजी का उद्देश्य, सबकुछ पूर्ववत करना होता है। लेकिन ऑटिजम से छुटकारा पाने का कोई आसान शार्टकट नहीं है। इस अवस्था में, अपने बच्चे को सामान्य बनाने के लिए, हम हर संभव कोशिश करेंगे ऐसा आप सोचते हैं। 'वीर को ऑटिजम नहीं है', उस हीलर की बात पर जैसे मैंने विश्वास किया था, वैसे ही आपको दिखाए जानेवाली कोई भी आशा पर आपका विश्वास करना आम बात है। यहाँ खतरा इस सच में निहित है कि सौदेबाजी से आ रहा विश्वास हमें जड़ता के झूठे अर्थ में ढकेल देता है, जो हमारे बच्चों की क्षमताओं पर किए विश्वास से बिलकुल विपरीत है। मैं सोचने लगी थी की, "अब मुझे वीर के साथ मोटर संबंधित कसरत करने की कोई जरुरत नहीं है, उसे ऑटिजम नहीं है"। सौभाग्य से, कुछ ही समय बाद, मैं समझ गई कि वीर को ऑटिजम ही है, और इसलिए मैंने उसके साथ

काम करना जारी रखा। विश्वास एक मुश्किल चीज है, तर्क-संबंधी विचार जितना इसे हिलाने की कोशिश करते है, उतना ही यह गहरा होता जाता है। अगर विश्वास पहाड़ों को हिला सकता है, तो निश्चित रूप से यह माता-पिता को यह विश्वास दिला ही सकता है कि उनका बच्चा केवल शर्मीला है और कुछ चुने लोगों से ही बातें करता है, या हाथ फड़फड़ाना सिर्फ उस बच्चे का खुशी व्यक्त करने का तरीका है।

लोग सौदेबाजी करते हैं और उससे संबंधित विभिन्न चीजों पर विश्वास करते हैं, क्योंकि इन सब से दोशी भावनाएं जुड़ी होती हैं, जैसेकि पूरी तरह से अपने बच्चे के लिए जरूरते पूरी ना कर पाना, बच्चे के साथ पूरा समय ना बिता पाना या सूचक संकेत जल्दी ना पहचान पाना। दोशी भावनाएं ही हमें वैकल्पिक चिकित्सा, उपचारक और आहार पर हजारों रुपये खर्च करने पर मजबूर करती हैं। दोशी भावनाएं ही हैं, जो हमें सुबह के ४ बजे उठकर, बच्चे के दिमाग को तेज बनाने के लिए बादाम का दूध बनाने या अपने बच्चे के साथ फर्श पर रेंगते घंटो बिताने पर मजबूर करती हैं।

मैं जिन माता-पिता के साथ काम करती हूँ, उन्हें मैं सबसे पहले इन दोशी भावनाओं को भूलने के लिए कहती हूँ। उन भावनाओं से मुक्त होने के लिए कहती हूँ। दोशी भावनाएं अनावश्यक होती हैं। वे अतीत से संबंधित होती हैं और प्रगति भविष्य से। सभी को अतीत में की गई कुछ चीजों के बारे में दोशी भावनाएँ होती हैं, फिर चाहे वह कोई भी व्यक्ति हो। हालांकि, अगर आप अपने बच्चे के साथ काम करना चाहते हैं, तो आपको आगे बढ़ना होगा नाकि पीछे। क्योंकि दोशी भावनाएं आपको शारीरिक ओर मानसिक रूप से कमजोर बना सकती हैं, और आपको सोचने, योजना बनाने और अमल करने से रोक सकती हैं। और ये सभी गतिविधियाँ ऑटिस्टिक बच्चों के दैनिक जीवन के लिए बहुत महत्वपूर्ण होती हैं। दोशी भावनाओं में फंसे रहने और ईश्वर के साथ लगातार सौदेबाजी करने से किसी को भी या कम से कम आपके बच्चे को कुछ भी फायदा होने की संभावना ही नहीं है।

सुचना: उपरोक्त विभाग में, मैंने GFCF आहार, हीलर, पास्ट-लाइफ थेरेपी और रिलेशनशिप डेवलपमेंट इंटरवेंशन (RDI) प्रोग्राम से संबंधित अपने अनुभव साझा किए हैं। वे उन कार्यक्रमों से संबंधित मेरे व्यक्तिगत अनुभव हैं। उपर्युक्त उपचारों में से किसी को भी खारिज करने, या निंदा करने का मेरा बिलकुल इरादा नहीं है। मेरा मानना है कि हर एक ऑटिस्टिक बच्चा अलग होता है, और इसलिए मेरे बच्चे के लिए जो उपयुक्त साबित नहीं हुआ, वह आपके बच्चे के लिए उपयुक्त हो सकता है। मैं बस आपको बताना चाहूंगी की किसी भी थेरपिस्ट से मिलने या थेरपी शुरू करने से पहले

पूरी जानकारी इकट्ठा करें। अगर कोई चीज़ आपको सही नहीं लगती है, तो थेरेपी को बंद कर दिजिये। अगर कोई चीज आपके और आपके परिवार के लिए काम नहीं कर रही है तो वह बंद करने के लिए, आपको किसी की भी अनुमति की कोई जरुरत नहीं है। और सबसे जरूरी चीज, अपने आप पर और अपने बच्चे पर विश्वास रखें, और आपनी अंदरूनी आवाज सुनें, वह शायद ही कभी झूठ कहेगी।

अध्याय ९

चौथा स्तर

मैं हमेशा से जिंदगी की चुनौतियों का डटकर सामना करती आयी हूँ। कोई समस्या खड़ी होने पर, मैं तुरंत समस्या निवारण के दिशा में विचार शुरू कर देती हूँ और मेरा यही स्वभाव, मेरे पति और मेरे बीच की लड़ाई का कारण बनता है। मैं तुरंत सूचियां बनाना, कॉल करना, निर्देश देना शुरू कर देती हूँ और यही चीज मोहित को गुस्सा दिलाती है! आमतौर पर, संकट अपनेआप हल हो जाता है, और कुछ ही समय में सब फिर से ठीक हो जाता है। लेकिन वीर के मामले में, हम संकट से नहीं एक न्यूरोलॉजिकल स्थिति से जूझ रहे थे। जो अपनेआप सुलझने वाली नहीं थी। इसलिए, मुझे कोई अंदाजा नहीं था कि मेरा संकट-निवारण कौशल और समस्याओं का डटकर सामना करने का स्वाभाव इसे कैसे संभाल पायेगा।

वीर के डायग्नोसिस के बाद कई महीनों तक, मैं एक मशीन की तरह बिना रुके काम कर रही थी। इस दौरान, मैंने थेरेपी के लिए अपॉइंटमेंट ली, लेख, किताबें और जरनल्स पढ़े, जानकारी इकट्ठा की, उसे हर थेरेपी सेशन में लेकर गई, थेरपिस्ट से लड़ी, घर पर ही ऑक्यूपेशनल थेरेपी करवाई, खेल-कूद की, वीर को नए शब्द सिखाने के लिए उससे बात करती रही, गायत्री को अकेला महसूस ना हो इसलिए उसे अपने साथ रखा, वीर के शिक्षकों के साथ संपर्क किया और उन्हें उसे सिखाने के तरीकों के बारे में बताया, कुछ दोस्तों और परिवार के सदस्यों को वीर के डायग्नोसिस के बारे में बता दिया, लोगों की अजीब प्रतिक्रियाएं नजरअंदाज करने की कोशिश की, कुछ नए पदार्थ बनाए, ऑटिजम का सामना करनेवाली अन्य माताओं के साथ बातचीत की... जब तक मैं थकावट से रुक गयी।

मैं थक चुकी थी। थेरेपी के लिए जाते-आते, मैं गाडी में सो जाती थी। और जब मेरी आँख खुलती थी, तब वह सारा समय बर्बाद हो गया इस विचार से मुझे दुःख होता था। "क्या होगा अगर?" इस सवाल के बारे में सोचकर मैं रातभर सो नहीं पाती थी। मेरी आंखें थकावट से जलती थीं, मेरी त्वचा पर मुंहासे होने लगे, लेकिन मेरी भीतरी अवस्था उससे भी बुरी थी।

मैं अंदर से पूरी तरह से खोखली हो गई थी। मैं हर समय दुखी रहती थी। छोटी-छोटी चीजें मुझे भावनावश कर देती थीं, चाहे वीर को बस अपने जूते की लेस बांधते देखना हो या आसमान में बादल देखना। मुझे लगातार नींद आती थी, और फिर आँख खुलनेपर समय बर्बाद होने का अफ़सोस होता था। मैं हर समय थकी हुई रहती थी। मेरे शरीर में वीर को उसकी ओ. टी. व्यायाम या गायत्री को उसका होमवर्क करवाने की ताकत ही नहीं होती थी। कुछ भी करने की इच्छा नहीं होती थी ओर यह भावना बहुत ही बुरी थी। वीर का डायग्नोसिस पता चलते ही, मैंने तुरंत समस्या-निवारण शुरू कर दिया, लेकिन मुझे यह दृष्टिकोण लंबे समय तक बनाए रखना होगा ऐसा मैंने नहीं सोचा था। कुछ समय बाद, ऐसा लगता था जैसे मैं हार चुकी थी।

उसी समय के आसपास, मैं और मोहित रिलेशनशिप डेवलपमेंट प्रोग्राम में जाते थे। इस प्रोग्राम का वीर सहित हम सब पर असर पड़ रहा था, और मैं उदास और हार महसूस कर रही थी। और मेरे बच्चे की कुछ भी मदद ना कर पाने का दुःख मुझे मन ही मन सता रहा था। मैं इस सब का उद्देश्य ही नहीं समझ पा रही थी। मैं हमेशा यह कलपना करती थी कि मेरी जिंदगी एक सामान्य बेटे के साथ कैसी होती- वीर कैसा होता, वह मुझसे क्या कहता, हम एक परिवार की तरह क्या क्या करते।

मुझे कई पारिवारिक कार्यक्रमों में शामिल होना पड़ता था, लेकिन मन से, मैं कभी भी वहाँ नहीं होती थी। यहां तक कि मोहित, मेरी सास या माँ की थोड़ीसी डांट पर भी मैं रोने लग जाती थी। उस समय की तस्वीरों में, मैं अपने चहरे पर अपनी अंदरूनी भावनाएं और झूठी हँसी साफ़ देख सकती हूँ।

वीर की थेरपी और अभ्यास, गायत्री का होमवर्क या अन्य गतिविधि, परिवार की देखभाल यह सब करते करते ही मेरा पूरा दिन निकल जाता था। मैं मशीन की तरह ये सब कर्तव्य और जिम्मेदारियां निभा रही थी और मुझे केवल मेरे वेदान्त क्लास का इंतजार होता था।

मैं पांच साल से चिन्मया मिशन के साथ वेदान्त का अभ्यास कर रही थी और हम सब अच्छे दोस्त बन गए थे। शायद वे सभी जानते थे कि मेरे जीवन में कुछ गड़बड़ थी, लेकिन ना किसी ने मुझसे कुछ पूछा और ना ही मैंने कुछ बताया। उस समय, हम भगवद् गीता के दूसरे अध्याय का अध्ययन कर रहे थे, जहाँ भगवान कृष्ण अर्जुन को कुरुक्षेत्र के युद्ध के मैदान में यह कहते हुए समझाते है कि, "आपने उनके लिए शोक किया है जिनके लिए शोक नहीं किया जाना चाहिए; फिर भी आप बुद्धि की बातें करते हो। परन्तु ज्ञानी पुरुष मृत और जीवित दोनों के लिये शोक नहीं करते हैं।" ये शब्द शक्तिशाली योद्धा अर्जुन के लिए थे, जो डर से पीड़ित थे और युद्ध के मैदान में अपने शिक्षकों और चचेरे भाइयों से लड़ने में असमर्थ थे, लेकिन मुझे लग रहा था जैसे वे शब्द सीधे मुझसे बात कर रह थे। ऐसा कहा जाता है कि निराश होनेपर जब आप गीता का कोई भी श्लोक खोलते हैं, वह श्लोक, आपकी समस्या सुलझाने में आपकी सहायता करता है। इस मोड़ पर, मेरे लिए इससे बड़ा सच और कोई हो ही नहीं सकता था। मुझे एहसास हुआ कि मैं वीर के लिए शोक नहीं कर रही थी, वह पूरी तरह से ठीक, स्वस्थ और खुश था, अकेला खेल रहा था आनंद ले रहा था। कभी-कभी, वह गायत्री के पास जाता था और उन दोनों में पलभर बातचीत होती थी और फिर से वह अपनी दुनिया में लौट जाता था। उसे सहानुभूति की आवशयकता ही नहीं थी।

फिर भी, साफ़ तौर पर मैं शोक कर थी। मैं अपनी ही अपेक्षाओं के बारे में सोच रही थी जैसेकि मुझे कैसा बेटा होना चाहिए था, मेरा परिवार कैसा होना चाहिए था, मैं कैसी जिन्दगी चाहती थी, मैं कैसी माँ बनना चाहती थी। मैं अपनी उदास दुनिया में इतनी उलझी थी, कि मैं इसमें सुंदरता और आनंद देख ही नहीं पा रही थी।

हालात रातोरात नहीं बदले थे। मुझे अभी भी बहुत उदासी महसूस हो रही थी। लेकिन हर बार जब मुझे उदासी महसूस होती, मैं खुद को शोक करने से रोकने और जिन्दगी जीने की कोशिश करती थी।

धीरे-धीरे चीजें बेहतर होती गईं। मेरी चिंता कम होने लगी और मैं ज्यादा सोने लगी। मैंने अपनी बेटी, अपना बेटा और ऑटिजम का आनंद लेना शुरू कर दिया (हाँ, ऑटिजम के अपने कुछ मजे होते है, लेकिन वह एक अलग अध्याय है!) मेरी हंसी वापस आ रही थी। उदासी कम होती गई, लेकिन इसकी छाया हमेशा के लिए मेरे साथ रहती है। इसलिए जब मैं वीर को अन्य बच्चों से विपरीत अकेले खेलते हुए देखती हूँ, या जब मैं किसी शादी में जाती हूँ और गायत्री की शादी की कल्पना कर पाती हूँ, लेकिन वीर के लिए ऐसी कल्पना नहीं कर पाती, तब मुझ बुरा लगता है। लेकिन फिर

मैं उसकी उपलब्धियों के बारे में सोचती हूँ, और सोचती हूँ कि "मैं किसी ऐसी चीज के लिए शोक कर रही हूँ जिसके लिए शोक नहीं होना चाहिए"। और मैं फिर से ठीक हो जाती हूँ।

उदासी

ऑटिस्टिक बच्चों के सबसे सकारात्मक, सबसे आशावादी माता-पिता ने भी, अपने बच्चे के डायग्नोसिस और स्थिति को लेकर कुछ हद तक उदासी का सामना किया है। कुछ माता-पिता के साथ, यह उदासी सभी को दिखती है, जैसे कि 'अ' की माँ के लिए था। थेरपिस्ट बनकर काम शुरू करने के बाद, 'अ' मेरे पास आनेवाला तीसरा बच्चा था। वह प्यारा था, संवाद करने के लिए आवाज़ करता था और कभी कभी हलके से हँस देता था। असेसमेंट के समय, उसके पिता ही ज्यादातर बोल रहे थे; उसकी माँ चुप्पी लगाकर कोने में बैठी थी। उनके चेहरे पर उदासी थी और आंखें सोने के लिए बेकरार लग रही थीं। मैंने देखा कि उन्हें शरीर हिलाने में भी दिक्कत हो रही थी और उनके पति द्वारा कहेने पर ही उन्होंने अपने बेटे के साथ, बिलकुल हल्केपन से बातचीत की।

क्योंकि मैंने अभी अभी प्रैक्टिस करना शुरू किया था, उनका ऐसा बर्ताव मेरी समझ से बहार था, लेकिन कुछ तो गलत है ये मैं समझ चुकी थी। मेरे सुपेर्विसेर से बातचीत करने के बाद ही मुझे पता चला कि वे अवसाद से गुजर रही थीं और वे संबंधित दवाइयां भी ले रही थीं। अगले कुछ महीनों में उनके बेटे के साथ काम करने के दौरान, मैंने न केवल बच्चे में बल्कि उसकी माँ में भी बहुत बड़ा बदलाव होते देखा। जैसे जैसे 'अ' की प्रगति हो रही थी, वैसे वैसे उसकी माँ की स्थिति में भी सुधार आ रहा था। उनके कपड़ों का बदला हुआ रंग, मेरे लिए उनकी स्थिति में हो रहे सुधार का पहला संकेत था। थेरेपी शुरू करते समय, वे भूरे रंग के फीके, आकारहीन कुर्ते पहना करती थीं। समय के साथ, वे चमकीले रंग के कपडे पहनने लगीं, उनके बाल साफ थे और जब भी मैं उनको अभिवादन करती, उनके चेहरे पर एक हल्की सी मुस्कान आ जाती थी।

मुझे अच्छा महसूस हो रहा था की बच्चे की मां के साथ काम करने वाले काउंसलर के साथ मिलकर उन्हें अवसाद से उबरने में मैं भी उनकी मदद कर पाई। लेकिन फिर मैं 'ड' की माँ से मिली। अच्छे कपडे, मुँह पर लाल रंग की लिपस्टिक, कानों में हीरे की बालियाँ, पीठ पर घुन्गरातें बाल, 'ड' की माँ बहुत ही सुंदर लग रहीं थीं। वे हर हफ्ते 'ड' को लेकर आती थी, कोने में बैठती थी और निरंकारी हावभाव से बस थेरपी देखती

रहती थीं। जब मैं उनसे सवाल पूछती, तो उनके जवाब बिल्कुल सही होते थे। लेकिन उन्हें बस देखकर भी आप बता सकते थे की वे बस मुखौटा पहने सच छुपा रही थीं।

ऑटिस्टिक बच्चों के माता-पिता में उदासी और अवसाद के कई रूप दिखाई देते हैं। उनके द्वारा महसूस किए गए दुःख को अक्सर "अस्वीकृत दुःख" कहा जाता है, एक ऐसी भावना जिसे उनके आस-पास के समाज द्वारा उन्हें अनुमति नहीं दी जाती है। क्योंकि उनका बच्चा जीवित है, तो समाज के अनुसार, उनके पास शोक करने का कोई कारण नहीं होता है। फिर भी, मैं कई माता-पिता को जानती हूँ, जो अपने बच्चे की स्थिति को मृत्यु की तरह देखते थे। दोने में फर्क यह है कि मौत, भले कितनी भी दर्दनाक क्यों न हो, लेकिन उससे चीजें ख़त्म हो जाती हैं, और ऑटिजम जारी रहता है, और अपने साथ दुःख, अनिश्चितता और भविष्य की चिंता लेकर आता है। माता-पिता जब उनके बच्चे और उनकी अपेक्षानुसार सामान्य बच्चे के बीच का अंतर महसूस करते हैं तब उन्हें दुःख होता है। उनका ऑटिस्टिक बच्चा जीवित होता है, लेकिन जिस बच्चे से उन्हें उम्मीद थी, जिस बच्चे पर उन्होंने सारी आशाएं संजोए रखी थी, वह काल्पनिक बच्चा मर चुका होता है।

सभी माता-पिता अपने बच्चे की स्थिति पर किसी ना किसी प्रकार का अवसाद और शोक महसूस करते हैं। यह डायग्नोसिस के तुरंत बाद, कुछ महीने बाद जैसा कि मेरे साथ हुआ था, या डायग्नोसिस के वर्षों बाद भी महसूस हो सकता है। यह एक सप्ताह, एक महीना, एक वर्ष या जीवन भर भी महसूस हो सकता है।

अवसाद का स्वरुप जटिल होता है, और उस पर बात करने के लिए मैं मनोवैज्ञानिक नहीं हूँ। हालाँकि, मेरे व्यक्तिगत और व्यावसायिक अनुभव की वजह से, मेरे पास कुछ सुझाव हैं जो अवसाद कम करने में मदद करते हैं, और वे मैं आपके साथ साझा कर रही हूँ:

- **हर दिन एक काम अपने खुद के लिए करें:** अवसाद तब हम पर हावी होता है जब हम अपने आपको भूल जाते हैं, और सिर्फ किसी की माँ या पिता बन जाते हैं। हालांकि ऐसा विशिष्ट माताओं (और कभी, पिता) के साथ होता है, लेकिन ऑटिस्टिक बच्चों के माता-पिता में यह ज्यादा दिखाई देता है। सिर्फ बच्चे के माता या पिता बनने के परिणामस्वरूप, आपका पूरा ध्यान बच्चे पर केंद्रित हो जाता है। जल्द ही, यह आदत बन जाती है और इससे पहले कि आपको पता चले, आप उसमे खो जाते हैं। जब भी ऐसा होता, मैं माता-पिता को हर दिन अपने लिए सिर्फ एक छोटी सी चीज करने की कोशिश करने के लिए कह देती थी। यह कोई भी छोटा काम हो सकता है जैसे कि पौधे को पानी देना, मैगज़ीन पढ़ना, बुनाई करना, टेलीविजन पर शो देखना, यहां तक कि आपके बच्चे सोने के बाद अंधेरे में बस बैठे रहना। यह काम करने के लिए पांच मिनट का समय निकालें, और इसे अपना रूटीन बनायें। अध्ययनों से पता चला है कि स्वयं के लिए लगातार समय निकालते रहने से तनाव कम होता है और स्वास्थ्य में सुधार आता है। बहुत सारे माता-पिता खुद के लिए वक्त निकालने के बारे में दोषी महसूस करते हैं (इस विषय पर ८वें अध्याय में चर्चा की गई है)। हालाँकि, कृपया यह समझ लें कि ये पाँच मिनट न केवल आपकी, बल्कि आपके बच्चे की मदद करने के लिए भी आवश्यक हैं।
- **एक समुदाय बनाएँ**: पहले के समय में, और आज भी कुछ समुदायों में, परिवार के सारे सदस्य बच्चे का ख्याल रखते हैं और बच्चे की जिम्मेदारी उठाते हैं। आजकल ऐसा नहीं दिखता है, लेकिन हम अपना 'समुदाय' या समर्थन प्रणाली तैयार कर सकते हैं। मैंने कई परिवारों को अपने बच्चे की स्थिति के बारे में, अपने पड़ोसी और दोस्तों को समझाते देखा है। ज्यादातर मामलों में, प्रतिक्रियाएं सकारात्मक और सहायक होती हैं। मैंने पाया है कि सच बताना सबसे अच्छी नीति है। हालांकि अपने बच्चे की स्थिति के बारे में बात करना मुश्किल हो सकता है, लेकिन यह पहला कदम फायदेमंद भी साबित हो सकता है। कुछ लोगों ने समर्थन समूहों (support groups) में जाना और समान स्थिति से गुजर रहे माता-पिता के साथ अपने अनुभव साझा करना शुरू किया है, जिससे उन्हें बेहतर महसूस हुआ है। समर्थन समूहों में जाते समय याद रखें कि अगर समूह में समाधान खोजने की बजाय भावना व्यक्त करने पर जोर दिया जाता है, अगर सत्र में सकारात्मकता पर ज्यादा

जोर नहीं दिया जाता, अगर समूह सत्र के बाद आपको ज्यादा उदास महसूस होता है, तो कृपया वहाँ जाना तुरंत बंद करें। मैंने देखा है कि विशेष जरूरतों वाले बच्चों के माता-पिता के बीच भी जबरदस्त प्रतिस्पर्धा होती है, जैसेकि GFCF आहार के साथ सबसे अच्छा परिणाम किसे मिलता है, चीलेशन थेरपी या बाक फ्लावर रेमिडी का उपयोग कौन करता है, प्रति सप्ताह सबसे ज्यादा ओ.टी कौन करता है। अगर ऐसे समूहों का हिस्सा बनने से आपको पहले से ज्यादा चिंता और उदासी महसूस होती है, तो कृपया वह समूह छोड़ दें। याद रखें, समूह की स्थापना समर्थन पाना और देना, दुःख और तनाव बढ़ाना नहीं है।

- **सकारात्मक चीजों पर ध्यान दें:** आपके बच्चे की थेरपी शुरू होने के बाद, उसमे कुछ बदलाव आएंगे। याद रखें कि धीरे-धीरे ही सही, लेकिन हम सब आगे बढ़ रहे हैं। छोटे छोटे बदलावों पर भी नजर रखें और उन्हें मनाएं। छोटासा बदलाव महत्वहीन लग सकता है, लेकिन प्रगति के दिशा में बढ़ाया छोटे से छोटा कदम भी बहुत मायने रखता है।
- **मनन करें:** मैं जब बुरे मानसिक स्थिति में थी, तब मेरी वेदान्त क्लासेस से मुझे काफी आराम मिला। कुछ ऑटिस्टिक बच्चों के माता-पिता ने मुझे बताया है कि उन्होंने अपने बुरे दिनों में उनकी मदद करने के लिए आध्यात्मिकता को चुना था। आध्यात्मिकता हमें अपने बच्चे और उनकी स्थिति को अच्छे से समझने में मदद करती है। इससे चीजों को देखने का दृष्टिकोण मिलता है, ताकत मिलती है और अपने बच्चे के जीवन में अपनी भूमिका को समझने में मदद मिलती है। वेदान्त का अध्ययन करने से मुझे, कई नई चीजों का एहसास हुआ। समय के साथ, कौनसी चीजें मेरे हाथ में हैं और कौनसी नहीं हैं इसका मुझे एहसास हुआ, और इसलिए हर समय भाग्य से लड़ने के बजाय, मैंने प्रवाह के साथ आगे बढ़ने का फैसला किया। इससे मुझे तनाव कम करने और अपने जीवन और अपने बेटे का ज्यादा आनंद उठाने में काफ़ी मदद हुई।

कुछ माता-पिता का दुःख बहुत ही गहरा होता है, और उन्हें लगता है कि उन्हें पूरा जीवन ऐसे ही बिताना होगा। इन परिवारों को बाहरी मदद लेने की जरूरत होती है। अगर आपको लगता है कि आपको सहायता की आवश्यकता है, तो कृपया मदद के लिए पूछें। हमारी संस्कृति मानसिक स्वास्थ्य समस्याओं के लिए मदद मांगने के लिए प्रोत्साहित नहीं करती है। लेकिन कृपया इस बात को समझें कि थेरेपिस्ट से

मदद मांगने से आप कमजोर, अजीब या पागल साबित नहीं होते हैं जैसा कि हमारी संस्कृति में माना जाता है। बल्कि आपको एक थेरपिस्ट या काउंसेलर के पास जाने की जरूरत है यह मानना, आपको जानकार और प्रबल बनाता है, इसलिए कृपया एक अच्छा थेरेपिस्ट खोजें और मदद लें।

अध्याय १०

पांचवा स्तर

स्वीकृति एक बहुत ही आकारहीन अवधारणा है। आपको कैसे पता चलेगा कि आप अपने जीवन की किसी स्थिति का स्वीकार करने के चरण में पहुँच चुके हैं? क्या हम ऐसा कह सकतें हैं कि, एक अलग परिणाम की उम्मीद करना बंद करने पर आप उस स्थिति में होते हैं? या तब जब आपको चीजें जैसी हैं, उससे ज्यादा कुछ फर्क नहीं पड़ता हैं? या तब जब आप सचेत रूप से आगे बढ़ने का निर्णय लेते हैं? या इन सब चीजों के साथ और भी कुछ है?

कुबलर-रॉस के अनुसार स्वीकृति, दु:ख का अंतिम चरण है, और इस स्थिति तक पहुंचने में आमतौर पर समय लगता है। इसके अलावा, स्वीकृति धीरे धीरे बढती है, अचानक एक रात में उस स्थिति तक नहीं पहुंचा जा सकता है। ज़्यादातर प्रक्रियाओं की तरह, उस स्थिति तक आने में समय लगता है।

मुझे ऐसा लगता है की मेरे दोस्तों को वीर के ऑटिज़्म के बारे में बताना स्वीकृति की ओर मेरा पहला कदम था। हमारे परिवारों को शुरु में ही बताया गया था और परिवार के सदस्य और वीर के शिक्षक तब से ही काफ़ी सहायक रहें हैं, लेकिन हमारे सभी दोस्त सोच रहे थे कि, हम कहाँ गायब हो गए हैं और हम इतने गुप्त क्यों हो रहे हैं। इसलिए, मैंने आखिरकार हिम्मत जुटाई, और जिन्हें मैं बताना चाहती थी, उन दोस्तों की मन में गिनती की, और फोन के पास बैठकर, एक गहरी सांस ली और सबको फोन करना शुरू कर दिया। परिवार, अन्य दोस्त और अन्य विविध मामलों पर चर्चा होने के बाद, "सुनो, मुझे तुम्हें कुछ बताना हैं" ऐसा कह कर मैं चीजें बताना शुरू करती थी। पहली कॉल मेरे लिए सबसे मुश्किल थी। मेरी सांसे रुक रहीं थीं और बात करना मेरे लिए बहुत ही कठिन हो रहा था। पहली कॉल खत्म हो जाने के बाद, मैं हल्का और प्रबल महसूस कर रही थी। इसके बाद जो कॉल हुए, वे आसान थे, और उन सभी की सकारात्मक प्रतिक्रियाओं पर मुझे आश्चर्य हो रहा था।

समय बीतता गया, और मैं इनकार, निराशा, क्रोध और कभी कभार उभरती स्वीकृति के बीच झूल रही थी। मुझे याद है, वीर को पहली कक्षा में शैडो टीचर के लिए अनुमति दी गई थी। मैं अन्य माताओं के साथ कॉफ़ी पी रही थी। वे कक्षा में लाये गए नए शिक्षक के बारे में बातें कर रहे थे। मैं अनजान बनने का नाटक कर रही थी, लेकिन अंदर से, मैं तनावग्रस्त थी, मुझे डर था कि मेरा झूठ पकड़ा जाएगा और मैं अकेली पड़ जाउंगी। अब पीछे मुड़कर देखने पर मुझे पता चलता है कि, मुझे सिर्फ वीर की स्थिति का स्वीकार नहीं करना था। मुझे खुद को एक ऑटिस्टिक बच्चे की माँ के रूप में स्वीकार करने की भी ज़रूरत थी। एक ऐसी माँ जो अन्य माताओं से अलग हो सकती है और जिसके बच्चे को हमेशा अतिरिक्त मदद की ज़रूरत होगी। इसके अलावा, मुझे इस सब की आदत डालनी थी, और उस समय, इतनी सारी चीजों के लिए मैं तैयार नहीं थी।

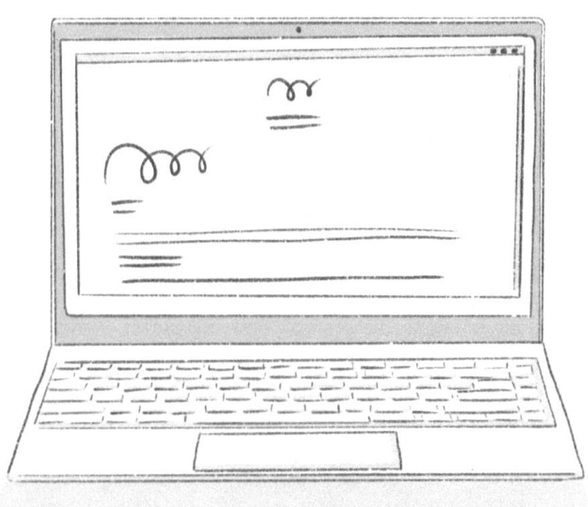

ऐसा कहा जाता है कि परिवर्तन के लिए कुछ बड़ी घटना होना जरुरी होता है। मेरे लिए, यह जुलाई २०१४ में घटी एक घटना थी, जब एक छोटी लड़की, जिसे अल्बिनिज़म है, को मुंबई के एक प्ले एरिया में प्रवेश करने से मना कर दिया गया। मुझे प्ले एरिया के मैनेजमेंट पर बहुत गुस्सा आया था और माता-पिता के लिए, मैं बहुत बुरा महसूस कर रही थी और इस विषय को लेकर मुझे कुछ करने की इच्छा थी। मैं जिस ऑनलाइन पेरेंटिंग पोर्टल के लिए लिखती थी, वहां मैंने इस विषय पर एक लेख लिखा। यह लेख मेरे लिए एक ऐसा मंच था, जहाँ मैंने सार्वजनिक रूप से वीर को ऑटिजम होने की बात का स्वीकार किया था।

लेख ज्यादा लोगों तक नहीं पहुंचा लेकिन मेरे भीतर हुआ परिवर्तन बहुत बड़ा था। मैं अचानक हल्का महसूस कर रही थी। हालांकि, मैंने वीर, एक न्यूरोटीपिकल और एक ऑटिस्टिक ऐसे दो बच्चों के साथ अपने परिवार की संरचना और अपने आप का असल में स्वीकार किया था। उससे बढ़कर, मुझे एहसास हुआ था कि यह स्थिति कभी भी नहीं बदलेगी, लेकिन मुझे इससे कोई शिकायत नहीं है। परिवार को लेकर मेरी कल्पना कुछ अलग थी, लेकिन यह स्वस्थ परिवार है और यह मेरा परिवार है। मुझे धीरे-धीरे इस बात का एहसास हुआ कि वीर, ऑटिजम और बाकि चीजों ने ही हमारे परिवार की गति को बदल दिया है, और इसे मैजूदा आकार दिया है।

इससे पहले जब मैं वीर को देखती थी, तो मुझे एक छोटा, टूटा हुआ लड़का दिखाई देता था, जो संवाद कैसे करना है नहीं जानता था, जिसे लगातार मेरी मदद की ज़रूरत होती थी, जो दुखी था, और जो उसकी जीवन के हर पहलू को प्रभावित करनेवाली ऑटिजम की छाया में रहता था। मेरे लिए वीर और ऑटिजम को, और अपनी जिंदगी को उस रूप में स्वीकार करना खुद को एक उपहार देने जैसा था। मैं अब स्पष्ट देख सकती थी।

अब मैं वीर को देखती हूँ, तो मुझे एक सुंदर युवा लड़का दिखता है। अब मुझे सुंदर भूरी आँखें, चेहरे की मुस्कान, जोरों की हंसी और दिन में कई बार मुझे गले लगाने के लिए आगे बढ़नेवाले हाथ दिखतें हैं। मुझे कंप्यूटर से लगाव होनेवाला कोडिंग करता एक लड़का दिखाई देता है। मुझे उसमे बड़ी बड़ी पज़्ज़लस सुलझाता एक तेज दिमाग दिखाई देता है। मुझे उसमे ऑटिजम भी दिखाई देता है। लेकिन वह बस उसका एक हिस्सा है, ना की उसकी पहचान। क्योंकि मुझे उसमे मजाक-मस्ती भी दिखती है, हँसी भी दिखती है, और प्यार भी दिखता है।

स्वीकृति

स्वीकृति संबंधित मेरा दृष्टिकोण और मेरे अनुभव आप के अनुभव से अलग हो सकते हैं। फिर भी, चलो स्वीकृति का मतलब समझते हैं।

स्वीकृति दु:ख के पाँच स्तरों में से सबसे सूक्ष्म स्तर है, जिसका आना जाना चालू रहता है। यह बच्चे की स्थिति को स्वीकार करने में योगदान देने वाले कई अन्य कारणों

पर निर्भर होता है जैसेकि बच्चा, माता-पिता, पारिवारिक और सामाजिक समर्थन या उसकी कमी।

नीचे मैंने "क्या होता है जब आप अपने बच्चे को ऑटिजम होने का स्वीकार करते हैं" इस विषय से संबंधित अपने कुछ अनुभव साझा किये हैं:

- **आप अपने जीवन की नई वास्तविकता स्पष्ट रूप से देख पातें हैं।** आप हालत के बारे में बुरा महसूस कर सकते हैं, और अपने जीवन में होने के लिए आप शायद कभी भी इसकी सहारना नहीं करेंगे। लेकिन आप समझ जाते है इसे बदला नहीं जा सकता। आप समझ पाते है कि यह आपके जीवन को कैसे प्रभावित करेगा और आपको क्या करना होगा।
- **आप वर्तमान और भविष्य को स्वीकार कर रहे हैं।** स्वीकृति के स्तर तक पहुंचने का मतलब है कि आपके बच्चे की स्थिति से आप बिल्कुल इनकार नहीं करते है। इसका मतलब है कि आपने तय कर लिया है कि यही आपकी वास्तविकता है और आप इसके साथ अच्छे से जिएंगे। जब आप ऐसा करते हैं, आप न केवल अपने लिए बेहतर आज बना रहे हैं; आप बेहतर भविष्य की योजना भी बना रहे हैं। जब आप अपने बच्चे के ऑटिजम को स्वीकार करते हैं, तो आप वर्तमान और भविष्य का स्वीकार कर रहे होते हैं।
- **आप अपने बच्चे, अपने परिवार के बाकी लोग और खुद की जिम्मेदारी को स्वीकार कर रहे हैं।** इनकार करते रहना, गुस्सेल रहना, लगातार सौदेबाजी या अवसाद की स्थिति में रहना, मानसिक और शारीरिक रूप से बहुत ही हानिकारक हो सकता है। आपमें किसी भी अन्य चीज़ के लिए मानसिक या शारीरिक ऊर्जा ही नहीं बचती है, और यह तनाव, निराशा और अंततः अपने बच्चे के साथ प्रगति ना कर पाने का डर पैदा कर देता है।

स्थिति को स्वीकार करने के बाद, आप उसकी ज़िम्मेदारी ले पातें हैं, और हालांकि आपको वास्तविकता पसंद नहीं होती है, फिर भी आप इसके साथ जीना सीख लेते हैं। अभी भी बुरे दिन होते हैं, लेकिन जल्द ही आप समझ जाते हैं कि अच्छे दिन भी हैं। जैसा कि आप जानते हैं, आपका जीवन हमेशा के लिए बदल दिया गया है। जीने के इस नए तरीके में आपको नई प्राथमिकताओं और रिश्तों को ऐसा आकार देने की आवश्यकता होगी, जो आपको फिर से एक अच्छा जीवन प्राप्त करने में आपकी मदद कर सकता है।

अध्याय ११

स्कूल

“मीसेस कपूर, हमें आपसे वीर के बारे में बात करनी है”, यह वाक्य सुनकर मैं हमेशा डर जाती थी। महीने में कम से कम दो बार मुझे ये शब्द सुनने पड़ते थे और यह मेरे हृदय स्वास्थ्य के लिए बिलकुल अच्छा नहीं था। जैसे ही मैं फोन पर वीर के स्कूल का नाम देखती, मैं घबरा जाती और सोचने लगती कि इस बार उसने क्या किया होगा। स्कूल का विषय हमारे लिए शुरू से ही चुनौतीपूर्ण रहा था। जब वीर और गायत्री प्लेस्कूल में जाने लगे, तो मैं उन्हें कुछ घंटों के लिए अपने से दूर रखने के लिए इतनी खुश थी कि असल में वह स्कूल का सामना कैसे करेगा यह सवाल ही मेरे मन में नहीं आया। अब मैं सोचती हूँ कि मैंने कैसे उसे आनेवाली चीजों के लिए तैयार भी नहीं किया था और उनका मुकाबला करने के लिए उसे कुछ सिखाया भी नहीं था।

इसके बजाय, मैं बस उसे नई इमारत में नए लोगों के साथ छोड़ देती थी, जहां वह अपनी बहन से अलग हो जाता था और उससे नियमों और सूचनाओं का पालन करने के लिए कहा जाता था। इसीलिए, इसमें कोई आश्चर्य की बात नहीं है कि मुझे स्कूल से नियमित फोन कॉल आते थे!

स्कूल जाने से पहले वीर बहुत रोता था। वह मुझसे ऐसे लिपट जाता था कि उसे मुझसे अलग करना मुश्किल हो जाता था। मैं उसे शिक्षक को सौंप देती थी। बाकी बच्चों को छोड़ने के लिए आए हुए माता-पिता मेरे बारे में क्या सोच रहें होंगे इस विचार से मुझे शर्मिंदगी महसूस तो होती थी, लेकिन मैं मानती हूँ कि अगले दो घंटों के लिए, वह किसी और की ज़िम्मेदारी है, इस बात से मुझे थोड़ी राहत भी मिलती थी।

शुरुआत से ही वीर और गायत्री के बीच तुलना होती रही है। शिक्षक अच्छे थे और उन्होंने अपनी तरफ से पूरी कोशिश भी की, लेकिन वीर ध्यान ही नहीं देता था, यहाँ वहां देखता रहता था, सर्कल के किनारों के चारों ओर घूमता रहता था, जबकि बाकी विद्यार्थी किताबों में देखते हुए कवितायें गाते थे। इसके विपरीत, गायत्री, अन्य लड़कियों में घुलमिल गई थी, और शिक्षकों की प्यारी बन गई थी।

दोनों में बहुत ही अंतर था, और अब फोन कॉल के अलावा, मैं पिक-अप समय से डरने लगी थी, जिस समय वीर के शिक्षक हमेशा मुझे अच्छे सुझाव देते थे, जिससे मेरा डर और बढ़ जाता था। वीर के साथ क्या करना है इस बारे में सोचने की कोशिश करने और कई बार असफल होने के बाद, शिक्षकों ने उसे अकेला छोड़ दिया था। उसका ख्याल रखने के लिए उन्होंने मुझसे एक सहायक भेजने के लिए कहा, और उस सहायक से मुझे पता चला था कि वीर अक्सर सारा दिन स्कूल में यहाँ वहां घूमने में बिताता था और कोई भी उसपर ध्यान नहीं देता था। मैं व्यथित थी कि मेरे बेटे पर कोई ध्यान नहीं दिया जा रहा था, और साथ ही मैं खुद भी नहीं जानती थी कि उसे कैसे समझाना चाहिए। मैं सोच रही थी कि अगर मैं खुद ही नहीं जानती कि उसके साथ क्या करना है, तो मुझे शिक्षकों से कुछ भी कहने का क्या अधिकार है? और इसलिए वीर का डायग्नोसिस मिलने तक, उसका ऐसा भटकना चालू रहा।

डायग्नोसिस मिलने के अगले ही दिन, मैं वीर के शिक्षकों से मिली, और उन्हें सारी स्थिति बताई। उन्होंने मुझे आश्वासन दिया कि वे मदद करने के लिए हर संभव कोशिश करेंगे। अचानक, शिक्षकों के रवैये और व्यवहार में बदलाव आया था। अचानक, हर शिक्षक वीर पर ध्यान देने लगा था। लग रहा था जैसे उन्होंने वीर को अपने साथ जोड़ने और उससे जुड़ने का जिम्मा खुद पर लिया हो। और अचानक वीर में बदलाव आने लगा।

स्कूली शिक्षा

आमतौर पर, उनके बच्चे बोल पाएंगे या नहीं यह पूछने के बाद अपने बच्चों को लेकर माता पिता का अगला प्रश्न होता है, कि क्या उनका बच्चा स्कूल जा पायेगा। उनके लिए मेरा जवाब है, बेशक, आपका बच्चा स्कूल भी जाएगा! और वह सीखेगा भी! हमें बस एक ऐसा स्कूल खोजने की जरुरत है जो अच्छा, संवेदनशील और उनके लिए उचित है।

मेरा कहना कुछ हद तक सच है कि सभी बच्चे सीख सकते हैं और उन्हें सीखना ही चाहिए। सभी बच्चों में कौशल सीखने और अपनी योग्यता तक पहुंचने की क्षमता होती है। शिक्षा का अधिकार अधिनियम २००९ (RTE Act 2009), बच्चों को करीबी स्कूल में प्रारंभिक और अनिवार्य मुफ्त शिक्षा लेने का अधिकार प्रदान करता है। हालांकि यह

कागज पर सही लगता है, लेकिन असल में, ऑटिस्टिक बच्चों के लिए, बहुत ही कम स्कूल इसे उचित रूप से लागू करते हैं। अक्सर एक बच्चे को आरटीई की आवश्यकता को पूरा करने के लिए ४० से ५० अन्य बच्चों की कक्षा में छोड़ दिया जायेगा। बच्चे को बिना प्रोत्साहन या बातचीत के अकेला छोड़ दिया जाता है, जब तक कि ऊबकर और ध्यान की कमी की वजह से, वे नकारात्मक व्यवहार प्रदर्शित करते हैं। इससे वे शिक्षक का ध्यान आकर्षित करते हैं और उन्हें कक्षा से बहार जाने के लिए कहा जाता है। ये दोनों ही परिणाम उनके उद्देश्य के अनुरूप हैं, और इसलिए यह बर्ताव आदत बनने तक दोहराया जाता है। इस मुकाम पर, स्कूल प्रशासन अपनी जिम्मेदारी लेने से इनकार करता है, और माता-पिता को बताया जाता है कि वे बच्चे को अपनी स्कूल में नहीं रख सकते क्योंकि उससे अन्य बच्चों का नुकसान हो सकता है। और बस ऐसे ही, एक और बच्चा शिक्षा से वंचित हो जाता है।

सौभाग्य से, कुछ स्कूल हैं जो सच में अच्छा काम कर रहें हैं, और हर बच्चे की व्यक्तिगत जरूरतों और क्षमता पर विचार कर रहें हैं। इनमें से ज्यादातर विशेष स्कूल्स हैं जिनके समर्पित शिक्षक, अपने विद्यार्थियों के जीवन में बदलाव लाना चाहते हैं। लेकिन इससे माता-पिता के मन में एक और दुविधा पैदा होती है, और वे सोचने लग जाते हैं कि “लोग क्या कहेंगे”। जब उन्हें बताउंगी कि मेरा बच्चा एक विशेष स्कूल में जाता है, तो वे क्या कहेंगे?

मैं खुद इस स्थिति से गुजर चुकी हूँ। जैसा कि मैंने पहले बताया है, मैंने खुद माँओं के सामने अपने बेटे की शैडो टीचर को ना जानने का नाटक किया था क्योंकि उसे अतिरिक्त सहायता की आवश्यकता थी इस सच के प्रति मैं बहुत गुप्त थी और मैं दूसरों के सामने विशेष जरूरतों वाले बच्चे की माँ के रूप में नहीं आना चाहती थी। सौभाग्य से (या दुर्भाग्य से, आपके नज़रिये के अनुसार), कुछ समय बाद, मुझे वीर को एक विशेष स्कूल में भेजना ही पड़ा, जहाँ उसे आवश्यक मदद मिल सके, और मेरे दिमाग में चल रहें “लोग क्या कहेंगे” इस सवाल को पूर्णविराम मिल गया।

अगली दुविधा यह होती है कि स्कूल में अपने बच्चे के डायग्नोसिस के बारे में बताएं या ना बताएं। यह एक मुश्किल सवाल है और इसका जवाब कई कारणों पर निर्भर करता है जैसेकि आपके मन की तैयारी और स्वीकृति, स्कूल के प्रिंसिपल और/या इन्टरव्यू कमिटी, विशेष बच्चों को शामिल करने की तरफ स्कूल का रवैया, विशेष शिक्षक, संसाधन कमरों की मौजूदगी और विशेष जरूरतों वाले बच्चों के साथ उनके काम करने का तरीका, और सबसे महत्वपूर्ण, स्कूल में ऑटिजम और अन्य विकास

संबंधी विकलांगता होनेवाले और कितने बच्चे हैं। मैंने खुद इस स्थिति की कड़वाहट को चखा है। हमने मान लिया था और हमें आश्वस्त किया गया था कि कोई एक स्कूल उदार और प्रगतिशील है और हम वीर की स्थिति के बारे में उन्हें बता सकते हैं, लेकिन फिर इन्टरव्यू के दौरान हमें असुविधा और तिरस्कार का सामना करना पड़ा था। इससे आप समझ ही चुके होंगे कि फिर हमारे एक भी बच्चे को उस स्कुल में दाखिला नहीं मिला। इस स्थिति का सामना करने के बाद, मैं आपको सुझाव देना चाहूंगी कि पहले ही तैयारी कर लें। अगर वे बात करने के लिए तैयार हैं, तो स्कूल में मौजूद अन्य ऑटिस्टिक बच्चों के माता-पिता से बात करें। स्कूल के बर्ताव के बारे में पता करें। इसके बाद ही निर्णय लें की आपको अपने बच्चे के डायग्नोसिस के बारे में बताना है या नहीं।

एक २३ वर्षीय ऑटिस्टिक युवा की माँ ने मुझे एक बढ़िया सलाह दी थी। एक छोटी स्कूल ढूंढे जो बहुत प्रतिष्ठित नहीं है, लेकिन जहाँ आपके बच्चे को स्कूली जीवन के हर पहलू में शामिल किये जाने को लेकर, आप सीधे प्राचार्य या प्रशासन से बातचीत कर सकती हैं। इसलिए, विशेष स्कूल हो, नियमित स्कूल हो या समावेशी स्कुल, मैं केवल इतना कहना चाहूंगी कि आपके बच्चे की सुरक्षा, खुशी और स्कूली जीवन में उनकी पूरी तरह से भाग लेने की क्षमता, यह चीजें बाकि सभी चीजों में सबसे ज्यादा महत्वपूर्ण हैं। क्योंकि अंततः, किसी भी अन्य बच्चे की तरह उन्हें भी, अपने बचपन का आनंद लेने और स्कूल जाने का अधिकार है।

मेरी अच्छाईयां

मैं गेम खेलने में अच्छा हूँ।
मैं तैरने में अच्छा हूँ।
मैं जिम जाता हूँ।
कोडिंग में अच्छा हूँ।
अच्छा गाता हूँ।
अंग्रेजी गाने।
और हिंदी गाने।
मेरा पसंदीदा गाना हैं।
मैंने एलन वॉकर का 'फेडेड' सुना है।
मैंने स्कूल में एक हिंदी गाना सीखा है।

अध्याय १२

भाई-बहन

जब मैं वीर और गायत्री के संबंध के बारे में सोचती हूँ, तब कुछ अच्छे और कुछ बुरे समय याद आते हैं। अच्छे समय तब होते हैं जब गायत्री कहती है कि वह वीर से प्यार करती है, उसे गले लगाने देती है और बदले में खुद भी उसे गले लगाती है (यह हाल ही में शुरू हुआ है), जब वे मजाक कर रहे होते हैं और एक साथ मज़े कर रहें होते हैं। मेरी सबसे बुरी याद है जब वीर और गायत्री लगभग आठ साल के थे और हम दुबई मेरी बहन से मिलने गए थे। मुझे मेरे पसंदीदा स्वीडिश होम स्टोर, आइकिया में जाना ही था। आइकिया स्टोर में जाना एक अलग ही अनुभव होता है। वहां घरेलु बर्तनों से लेकर फर्नीचर तक सभी चीजें मिलती हैं। वहां तेज रोशनी होती है, और बड़े आवाज में लगातार घोषणाएं होती रहती हैं। आज जब उस बारे में सोचती हूँ, मुझे लगता है कि वह अनुभव मेरे लिए जितना रोमांचक था, वीर के लिए वह उतना ही दर्दनाक रहा होगा। और ऊपर से हम दो घंटों तक उसे यहाँ से वहाँ, इधर से उधर घुमाते रहे थे।

इसमें कोई आश्चर्य नहीं है कि मेरा ध्यान खींचने के लिए वीर नखरे कर रहा था, चेहरे बना रहा था और आवाजे निकाल रहा था। मेरी प्रतिक्रियाएं गलत थी - मैं थक चुकी थी और उसपर चिल्ला रही थी, जबकि मुझे उसे इयरफ़ोन पहनाकर शांत गाने सुनाने चाहिए थे, और हाथ में एक फिजेट टॉय देना चाहिए था जिससे उसके हाथ और दिमाग, दोनों व्यस्त रहते। फिर, आइकिया स्टोर के बीच में ही, वीर का मेल्टडाउन हुआ। मोहित परेशान हो गए थे (उन्हें वैसे भी शॉपिंग पसंद नहीं है) और हमने जल्दबाजी में कुछ चीज़ें खरीदी, बाकी सब चीज़ें छोड़ दी थीं (जिससे मुझे बहुत गुस्सी में थी), और हम कार की तरफ निकल पड़े। गरमी बहुत थी। तनावपूर्ण माहौल में वापस घर जाते वक्त, पूरे समय वीर मुझसे लिपटकर रो रहा था। इस पूरी घटना के दौरान गायत्री चुप थीं, इसलिए घर जाने और माहोल शांत होने के बाद, मैं उसकी पूछताछ करने गई। वह कमरे के एक कोने में चुपचाप बैठी रो रही थी। मैंने उसे अपनी गोद में उठाया। "मुझे उससे नफरत है," उसने धीमी आवाज में कहा। "काश वह कभी पैदा ही नहीं हुआ होता!"

माता-पिता के लिए अपने एक बच्चे को दूसरे के लिए ऐसा कहते सुनना, दिल दहला देनेवाला अनुभव होता है जिसे शब्दों में बयां नहीं किया जा सकता। मैं उसकी स्थिति समझ सकती थी और उसके लिए मुझे बुरा भी लग रहा था, लेकिन दोपहर के कोलाहल के बाद, मैं यह भी समझ सकती थी कि वीर ने ऐसा बर्ताव क्यों किया होगा। गायत्री को समझाने के लिए मेरे पास कुछ भी नहीं था इसलिए उसे अपनी बाहों में जकड़ कर, मैं अपने हाथ से उसकी पीठ सहला रही थी। थोड़ी देर बाद, वह शांत हो गई। बाद में उस शाम, शुरू में भले ही वह वीर के साथ ज्यादा बात नहीं कर रही थी लेकिन, दिन के अंत तक वे हमेशा की तरह खेल रहे थे। लेकिन जो कुछ हुआ था, उसे मैं नहीं भूल सकती थी। दुबई से लौटने के बाद भी कई दिनों तक यह बात मेरे दिमाग में रही। मैं सोच में थी कि इस स्थिति को सही करने के लिए मैं क्या कर सकती हूँ।

हमें वीर को ऑटिजम होने के बारे में पता चलने से पहले, हमें पता था कि जुड़वा बच्चों के रूप में, हमारे बच्चों को एक-दूसरे से अलग हो कर हमारे साथ समय बिताना होगा। वे जब एक ही स्कूल में जाते थे, तो हमने इस बात पर जोर दिया था कि उन्हें अलग-अलग कक्षाओं में रखा जाए। हर साल, एक दिन के लिए मोहित बारी-बारी से एक बच्चे को लेकर होटल में जाते थे; जबकि दूसरे बच्चे के साथ मैं घर पर दिन बिताती थी, और दिन भर हम उनकी पसंदीदा चीजें करते थे। अगली सुबह, हम चारों नाश्ते के लिए मिलते थे और एक-दूसरे को बीते दिन के बारे में बताते थे।

हम उन्हें अलग-अलग दोस्त बनाने और अलग-अलग गतिविधियों में भाग लेने के लिए प्रोत्साहित करते थे, और हम हर बच्चे के साथ कम से कम एक घंटा अलग से बिताने पर जोर देते थे। वीर के साथ, उसकी थेरेपी की वजह से मैं ज्यादा समय बिताती थी। हालांकि, मैं इस बात का भी ध्यान रखती थी कि गायत्री और मुझे लाड-प्यार और बाते करने के लिए समय मिले।

गायत्री सात साल की थी जब हमने उसे वीर ऑटिस्टिक होने के बारे में बताया था। हमने उसे बिठाया, और पूछा कि क्या उसे कभी लगा कि उसका भाई उससे अलग है। और फिर उसे बताया कि वीर का दिमाग उसके दिमाग से अलग है। इस वजह से वह कई बार अलग बर्ताव करता है। हमने उसे बताया कि इस स्थिति को ऑटिजम कहा जाता है और फिर उससे सवालों के लिए पूछा। वीर का डायग्नोसिस सुनने के बाद जो हमारी प्रतिक्रियाएं थी, मुझे गायत्री से ठीक वैसी ही भवनात्मक प्रतिक्रियाओं की उम्मीद थी, जैसे कि सदमा, आँसू, क्रोध, भय। इसके बजाय, उसने सिर्फ अपना सिर हिलाया और कहा कि उसे कोई सवाल नहीं पूछना है। उसने बस इतना ही पूछा

कि क्या वह अपनी किताब पढ़ने के लिए जा सकती है! यह हमारी उम्मीद से बिलकुल अलग प्रतिक्रिया थी। लेकिन हमने जो कहा था वो उसे याद हो गया था क्योंकि कुछ महीनो बाद, हमारे घर के आसपास रहनेवाला एक लड़का जब वीर को तंग कर रहा था, तब वह उस पर चिल्लायी और उससे कहा कि वह उसके भाई को तंग ना करे क्योंकि "उसका दिमाग हमसे अलग तरह से जुड़ा हुआ है"।

शुरुआत से, हम इस बात से बहुत खुश थे कि हमें जुड़वाँ बच्चे होने वाले थे। जैसे-जैसे बच्चे बड़े होते गए, हम नियमित रूप से उन्हें बताते थे कि वे कितने भाग्यशाली है कि उन्हें एक दुसरे का साथ है। शायद इस दृष्टिकोण पर हमने कुछ ज्यादा ही जोर दिया था, और यही कारण था कि हम इस अस्वीकार और गलतफहमी के अजीब मोड़ पर थे। सच्चाई से कहा जाए, तो वीर बड़ा भाई था, लेकिन ऑटिस्टिक होने के कारण, वह भूमिका हर समय गायत्री को निभानी पड़ती थी। एक दिन, दोनों में बहुत लड़ाई हो गई थी और गायत्री बार-बार मुझे पूछ रही थी कि वीर ऐसा क्यों है। मैं उसे समझाते समझाते थक चुकी थी कि यह उसके ऑटिजम के कारण है, तभी अचनक से मेरे दिमाग में एक विचार आया। "उसे अपना छोटा भाई समझो," मैंने गायत्री से कहा। "मुझे पता है कि आप दोनों एक ही दिन, सिर्फ एक मिनट के अंतर से पैदा हुए हैं, लेकिन सभी व्यावहारिक कामों के लिए वह उम्र में तुमसे छोटा है, और तुम उसका ख्याल रख रही हो। उसके बारे में इसी तरह से सोचो।"

किसी कारण, यह बात गायत्री के समझ में आई। उसे कुछ एहसास हुआ और वह धीरे-धीरे वीर के प्रति अधिक समझदार होने लगी। कभी-कभी वह वीर से नाराज हो जाती थी, और अभी भी होती है, लेकिन उसके भीतर एक बदलाव आया था। अचानक, वह खुद को बड़ी बहन के रूप में देखने लगी थी, और वीर को समझाने लगी थी की उसे क्या करना चाहिए और कैसे बर्ताव करना चाहिए।

तब से, हालांकि, उनके बीच छोटी मोटी नोकझोक होती रहती है, लेकिन उनका रिश्ता शांतिपूर्ण है। एक रात गायत्री और मैं वीर के बारे में चर्चा कर रहे थे, और मैंने उससे पूछा कि क्या वह अपना भाई बदलना चाहेगी। अनजाने में, मैं अपनी सांस रोक कर खुद को उसके जवाब के लिए तैयार कर रही थी। उसने थोड़ी देर सोचा, फिर सिर हिलाकर कहा, "किसी भी हाल में नहीं!"

भाई-बहन

इस बात में कोई दो राय नहीं है कि ऑटिस्टिक बच्चे के भाई/बहन के लिए, जीवन न्यूरोटिपिकल बच्चे की तुलना में अधिक मुश्किल हो सकता है। ऐसे कई मेडिकल रिपोर्ट और रिसर्च आर्टिकल हैं, जो बताते हैं कि ऐसे बच्चे चिंतित या उदास होने के लिए अधिक प्रवृत्त होते हैं। हालाँकि, मैंने पढ़े हुए सभी आर्टिकल में यह भी बताया गया है कि ऑटिस्टिक बच्चों के भाई-बहन, अपने भाई या बहन के प्रति बहुत लगाव महसूस करते हैं। उनका मानना है कि इस अनुभव से उन्हें सहानुभूति सीखने में मदद मिलती है, और अपने ऑटिस्टिक भाई या बहन के प्रभाव के कारण, उनमें से कई, अपने करिअर के लिए मनोविज्ञान या मेडिसिन का क्षेत्र चुनते हैं। कई भाई-बहनों में, दुसरे बच्चों की तुलना में, अधिक परिपक्वता और जिम्मेदारी की भावना भी विकसित होते दीखते है, जैसे कि अपने भाई या बहन की सफलताओं पर गर्व करना और उनके प्रति निष्ठा की भावना दिखाना।

इससे जुड़ीं सूचक बात ऐसी है: जिन भाई-बहनों में कोई विकलांगता नहीं थी, उनका अपने ऑटिस्टिक भाई या बहन के साथ रिश्ता सकारात्मक और प्रेममय था, जब उन्हें उनकी विकलांगता के बारे में पूरी जानकारी और समझ थी। उन्होंने इससे संबंधित समस्याओं से डटकर मुकाबला करने के लिए रणनीतियां बनाई थीं क्योंकि उनके माता-पिता और परिवार के अन्य सदस्य, ऑटिस्टिक भाई या बहन के प्रति सकारात्मकता

और प्यार जताते थे। इसके बाद ही ये भाई-बहन धैर्य, सहिष्णुता, करुणा सीख पाए थे और चुनौतीपूर्ण परिस्थितियों को प्रभावी ढंग से संभालने का आत्मविश्वास रखते थे।

रिसर्चर्स के आगे की जाँच से पता चला है कि, माँ का मानसिक और शारीरिक स्वास्थ्य एक और कारण था, जिसने सामान्य भाई-बहनों की मदद की थी। अपने ऑटिस्टिक भाई या बहन को स्वीकार करने में मदद करनेवाला यह सबसे स्पष्ट, और सबसे अहम् कारण था। यह साबित करता है कि मातृ स्वास्थ्य कितना महत्वपूर्ण है।

इस रिसर्च के हवाले से, आपके अन्य बच्चे खुश और समायोजित इंसान बने, और अपने ऑटिस्टिक भाई या बहन के साथ रहना, उनसे प्यार करना सीखे, इसलिए आप क्या कर सकते हैं?

सबसे पहले आपको उन्हें स्थिति पूरी तरह से समझानी होगी। भले ही वे उनसे छोटे हों, लेकिन शायद उन्होंने पहले ही महसूस किया होगा कि उनके भाई या बहन में कुछ अलग है। अपने बच्चे को कुछ भी समझाने से पहले, क्या आप खुद इस विषय को लेकर बात करने के लिए तैयार हैं या नहीं, यह जानना जरुरी है। कुछ माता-पिता अपने न्यूरोटिपिकल बच्चे के साथ, उनके भाई-बहन की स्थिति के बारे में बात करने को लेकर बहुत चिंतित होते हैं, और थेरेपिस्ट से उन्हें वह बताने के लिए कह सकते हैं। अगर आप ऐसा करने में सहज महसूस करते हैं, तो यह भी ठीक है, लेकिन याद रखें कि आप बातचीत नहीं करते हैं इसका मतलब ऐसा नहीं है कि बाद में आपको सवालों का जवाब नहीं देना होगा। सवालों के लिए तैयार रहें।

अगर आप अपने बच्चे को खुद बताने का फैसला करते हैं, तो वातावरण शांत और तनावमुक्त रखें। आप चलते समय, या ड्राइविंग करते समय, या यहाँ तक की एक साथ गतिविधि करते हुए भी बात कर सकते हैं। वे पहले से क्या जानते हैं यह जानना अच्छा होता है। आप कुछ आसान सवाल पूछकर यह पता कर सकते हैं, जैसे कि "मुझे बताओ कि तुम अपने भाई / बहन के बारे में क्या सोचते हो" और फिर उनके बात करने का इंतज़ार करें। अगर आप अपने बच्चे को बोलने के लिए समय दे रहें हैं, तो रुकने और चुप रहने में कुछ गलत नहीं है।

जब वे सवाल पूछतें हैं, तब अपने जवाब आसान और वास्तविक रखें। मैं आपको सलाह देना चाहूंगी कि आप अपने ऑटिस्टिक बच्चे को "विशेष" या "ईश्वर की ओर से देन" का लेबल ना दें। इससे आपके अन्य बच्चों को अधिक नुकसान हो सकता है, जो सोच में पड़ सकते हैं कि वे विशेष क्यों नहीं हैं।

उनसे पूछें कि वे इस बारे में कैसा महसूस करते हैं। उन्हें महसूस होना जरुरी है कि वे आपके साथ किसी भी सवाल को लेकर या अपनी भावनाओं पर चर्चा कर सकते हैं, फिर चाहे वे कितने भी नकारात्मक क्यों न हों। उनके लिए यह जानना भी महत्वपूर्ण है कि कई बार, आप अपने ऑटिस्टिक बच्चे पर ज्यादा ध्यान केंद्रित करेंगे, लेकिन इसका मतलब ऐसा नहीं है कि आपको उनका ख्याल ही नहीं हैं। मेरे परिवार में, हम आर. जे. पलासियो की सुंदर किताब, 'वंडर' का उदहारण देकर ऐसा करते हैं (अगर आपने यह किताब नहीं पढ़ी है, तो जरुर पढ़ें)। 'वंडर' औग्गी नामक एक बच्चा, जिसे मैंडीबुलोफेशियल डाइसोस्टोसिस है, और उसके परिवार की कहानी है। यह एक ऐसी स्थिति हैं जिसमें चेहरे की हड्डियां और अन्य ऊतकों के विकास पर असर होता हैं। औग्गी की बहन विआ ऑगी को सूर्य, और परिवार के बाकी लोगों को ग्रहों के रूप में वर्णित करती है, जो उसके चारों ओर घूमते हैं। कई बार ऐसा हुआ है जब वीर की ज़रूरतों को गायत्री की जरूरतों से ज्यादा प्राथमिकता दी गई है खासकर तब, जब कोई बड़ा बदलाव होता है और हमें बिना किसी चिंता या मेल्टडाउन के इसे लागू करना होता है। बाद में, गायत्री ने आकर मुझे बताया है कि वह "एक ग्रह" की तरह महसूस करती है, और मैं तुरंत समझ गई हूँ कि वह कैसा महसूस कर रही है और मैंने उसे थोड़ा अतिरिक्त समय देना शुरू किया है।

बिना आटिज्म के बच्चों के लिए भी नियमित रूप से अपने माता-पिता के साथ अकेले समय बिताना महत्वपूर्ण होता है। यह सिर्फ उनका और माता-पिता का समय होना चाहिए। जब वे छोटे थे, हम कभी-कभी गायत्री को स्कूल से एक दिन की छुट्टी करवाते थे, जबकि वीर हमेशा की तरह स्कूल जाता था, और पूरा दिन हम गायत्री के साथ बिताते थे। जैसे-जैसे वे बड़े होते गए और अब क्योंकि वे अलग-अलग शेड्यूलवाले विभिन्न स्कूलों में जाते हैं, ऐसा करना आसान हो गया है। ऐसे दिनों में, गायत्री पूरा प्रोग्राम बनाती है और हम उसका पालन करते हैं; यह पूरी तरह से उसका दिन होता है।

माता-पिता के साथ अकेले समय बिताने के साथ ही, बच्चों को अपनी कीमती वस्तुओं को रखने के लिए एक सुरक्षित जगह भी दी जानी चाहिए। ऑटिस्टिक बच्चों के लिए अक्सर वस्तुओं के स्वत्व को समझना मुश्किल होता है, और वे नहीं समझ पाते कि उन्हें वो चीजें नहीं लेनी चाहिए जो उनकी नहीं है। एक ओर जहां हम दृश्यों और खेलों के माध्यम से उन्हें यह सिखा सकते हैं, हमें यह भी देखना चाहिए कि उनके भाई-बहन अपनी चीजों को सुरक्षित स्थान पर रख सकें, जहां कोई भी उन तक नहीं पहुंच सकता है।

हमने गायत्री को उम्मीद द्वारा आयोजित दो दिवसीय सिबलिंग कार्यशाला में भी भेजा था। वहाँ, वह विभिन्न विकलांग बच्चों के भाइयों और बहनों से मिली, और उन्होंने एक साथ में बैठकर अपने आप का ख्याल रखने के लिए तरीकों पर मंथन किया। अगर आपको अपने आस-पास ऐसा कोई कार्यशाला या सहायता समूह नहीं मिल रहा है, तो अपने थेरपिस्ट से पूछें कि क्या वे आपको किसी और माता-पिता के साथ जोड़ सकते हैं, जिनका सामान उम्र का बच्चा है।

ऑटिस्टिक और गैर-ऑटिस्टिक भाई-बहनों के बीच, अनुशासन एक संघर्ष की बात बन जाती है और गैर-ऑटिस्टिक बच्चे माता-पिता पर अक्सर ऑटिस्टिक बच्चे को छूट देने का आरोप लगाते हैं। शुरुआत में ही, विभा ने मुझे वीर को अनुशासित करने के बारे में बताया था कि, "सिर्फ इसलिए कि वह ऑटिस्टिक है, इसका मतलब यह नहीं है कि उसे बिगड़ैल बनने देना चाहिए!"। मैंने इन शब्दों को दिल से अपना लिया, और सुनिश्चित किया कि गायत्री पर लागू होनेवाले सभी अनुशासनात्मक उपाय वीर पर भी लागू हों। इससे न केवल वीर को नियमों और परिणामों को सीखने में मदद मिली, इससे गायत्री ने भी देखा कि अगर वीर गलत व्यवहार करता है तो उसे भी परिणाम का सामना करना पड़ता है, और दोनों के बीच कोई पक्षपात नहीं है।

सबसे ज्यादा, हमारे परिवार में, हम ऑटिजम को जीवन का एक हिस्सा मानते हैं और मुझे लगता है इसी बात की वजह से वीर और गायत्री का रिश्ता उन्नत हुआ है। चूंकि मैं ऑटिस्टिक बच्चों के साथ काम करती हूँ, इसलिए उनके बारे में बात करना या उनसे संबंधित मैंने पढ़े नए आर्टिकल के बारे में बात करना मेरे लिए कोई बड़ी बात नहीं है। ऑटिजम हमारे सिर पर लटकती तलवार नहीं है, यह हमारे परिवार का हिस्सा है, क्योंकि इसने हम सभी को अलग-अलग तरीकों से प्रभावित किया है। मुझे लगता है, क्योंकि हम इसे हमारे साथ खाने की मेज पर बैठने के लिए आमंत्रित करते हैं, हम एक-दूसरे के साथ गहरे, करीबी बंधन बनाने में सक्षम हैं।

अध्याय १३

हम

मोहित और मैं पहली बार मिले थे जब हम १६ साल के थे और २६ साल की उम्र से हमने डेट करना शुरू किया। इन १० सालों के दौरान, कुछ लोग हमें अच्छे लगे थे, कुछ को डेट किआ था और किसी वजह से ब्रेकअप भी हुए थे। जब हम एक साथ हो गए, तो हमारे दोस्त पहले इस पर विश्वास नहीं पा रहे थे, लेकिन कुछ देर हमें एक साथ देखने के बाद सोच रहे थे कि एक साथ आने में हमें इतना समय क्यों लगा। मोहित की चाची जब पहली बार मुझसे मिली थी, उन्होंने कहा था हम "एक ही पहेली के दो टुकड़े थे जो अब जुड़ रहें थे"।

हमारी शादी के पहले कुछ साल खुशहाल थे, एक-दूसरे को समझना और समय बिताना, हम माता-पिता बनने जा रहे हैं, वह भी जुड़वाँ बच्चों के साथ, इस बात का पता चलना, और फिर साथ में गर्भावस्था की खुशियों का आनंद लेना। मोहित हर डॉक्टर अपॉइंटमेंट और सोनोग्राफी के लिए मेरे साथ आए थे, मेरे तीन महीने के बेड रेस्ट के दौरान मेरे साथ ताश खेलकर, मेरे लिए ब्लूबेरी चीज़केक लाकर और मेरी देर रात कुछ ख़ास खाने की इच्छा को पूरा करने के लिए हनी मस्टर्ड एंड पनीर सैंडविच बनाकर, उन्होंने मेरे हौसले को बनाए रखा था। जैसे-जैसे हम अपने बच्चों की नियत तारीख के करीब आते गए, हम उत्साहित और आशान्वित होते गए, यही मानकर कि हम दुनिया के सबसे अच्छे माता-पिता बनेंगे और अपने बच्चों को किसी भी माता-पिता से ज्यादा प्यार करेंगे।

वीर और गायत्री का जन्म एक शानदार शनिवार की सुबह हुआ था, जब सूरज चमक रहा था और आसमान कुछ ज्यादा नीला लग रहा था। शुरुआती दिन कठिन थे, एक ही समय दो बच्चों की देखभाल करना, भले ही हमारे पास मदद थी, लेकिन हम इस समय में एक साथ थे, और यही सबसे ज्यादा मायने रखता था।

फिर वीर का डायग्नोसिस पता चला। मैं मोहित से चिपक कर बैठी थी और उनके चहरे पर उम्मीद खोजने की कोशिश कर रही थी। वे हमेशा मेरा सहारा, मेरे साथी, मेरी

समस्याओं के जवाब थे, लेकिन मैंने देखा कि वे भी उतने ही टूट चुके थे जितनी मैं। शुरुआती दिनों में हम एक-दूसरे से और हमारी तरफ आती हर उम्मीद, से चिपके रहे।

जैसे-जैसे समय बीता गया, हमारे संबंध बदलने लगे। ऑटिजम नाम के दुश्मन पर विजय प्राप्त करने के लिए, हम एक साथ लड़ रहे थे। सिवाय इसके कि दुश्मन कहीं नहीं जा रहा था, और हमें बस इसके साथ रहना सीखना था। जैसे-जैसे समय बीतता गया, स्थिति की गंभीर वास्तविकता एक एक कर सामने आने लगी। मोहित काम पर जाते क्यूंकि थेरेपी मेहेंगी थी और उसके लिए उन्हें पैसे कमाना ज़रूरी था, और मुझे घर पर रहकर वीर के साथ काम करना ज़रूरी था। हम में से हर कोई दूसरे से थोड़ा नाराज होने लगा था।

समय के साथ, यह नाराजगी बढ़ती ही जा रही थी। ताने मरना अब जोरदार बहस में बदल गए थे। हम दो अलग-अलग जिन्दगियां जी रहे थे। गायत्री के दोस्तों के माता-पिता के साथ हम एक सामान्य परिवार थे जिनकी चिंताएं सामान थी जैसे कि स्कूल एडमिशन, टेनिस क्लास, अपने बच्चे के जन्मदिन की पार्टियाँ कहा मनायें। मैं थेरेपी के सेशन और वीर के स्कूल में कुछ अन्य माता-पिता से मिली थी, और उनके साथ मेरी बात-चीत पूरी तरह से अलग थी। वे चिलेशन, GFCF डाइट, विटामिन, शहर के सबसे अच्छे स्पीच थेरपिस्ट ऐसे विषयों पर बातें करते थे। ऐसा लगता था जैसे हम दोहरे अस्तित्व का सामना कर रहे हैं।

जब हम दोस्तों से मिलते थे, और उन्होंने इस बारे में बात की कि यह तय करना कितना तनावपूर्ण था कि उस गर्मी में छुट्टी कहाँ लेनी है, या वे कितने चिंतित थे जब उनके बच्चे के गणित के ग्रेड पाँच अंक गिर गए, तो मैं नाराजगी के साथ घर आती थी। कितने मूर्ख और तुच्छ थे वे, मैंने ऊँची आवाज में मोहित से कहा। कड़वाहट और ईर्ष्या मुझे एक 'सामान्य' जीवन से रोक रहे थे, जो मुझे खाए जा रहा था। बुरे समय में, मोहित हमेशा मुझसे ज्यादा शांत और क्षमाशील रहें हैं, और समझ नहीं पा रहें थे कि उनकी सामान्य तौर पर शांत रहनेवाली पत्नी ऐसा बर्ताव क्यों कर रही है। मैं जब मोहित के साथ कुछ मामूली बात लेकर उलझ जाती थी, वे अचानक गुस्सेल हो जाते थे, जो उस उलझन को पूरी तरह से लड़ाई में बदल देता था। हम हर विषय को लेकर झगड़ते थे।

तब तक मैंने उम्मीद में थेरपिस्ट के रूप में काम करना शुरू कर दिया था, और काम से संबंधित अपने अनुभव और जितने लेख मैं पढ़ रही थी, उससे मुझे लगने लगा

था कि मैं एक्स्पर्ट बन गयी हूँ। मोहित काम पर पहले से कहीं अधिक जोर दे रहे थे, अपना ऑफिस स्थापित कर रहे थे, और उस वजह से उन्हें बच्चों के साथ मुश्किल से थोडा समय मिलता था। यह भी एक बात थी जिससे मुझे चिढ़ थी, और जब वे वीर के साथ खेलने बैठे भी, तो मैं उनकी गलतियां सुधारने और उन्हें खेलने का सही तरीका बताने से खुद को रोक नहीं पाती। फिर वे मुझ पर चिल्लाते और कहते कि मैं दखल दे रही हूँ, मैंने भी ऊँची आवाज में जवाब दिया कि मुझे पता है कि हमारे बेटे को क्या चाहिए, और उनके सारे तरीके गलत थे। हम दोनों तनावग्रस्त और दुखी थे और हमें नहीं पता था कि हमें क्या करना है या कैसे एक दूसरे को समझना है।

सौभाग्य से, हमारे लिए धीरे-धीरे कुछ बदलाव हुआ। अगर आप सोच रहे हैं कि यह सब एक रात में हुआ, तो आप सपना देख रहें हैं! वीर ने धीमी लेकिन स्थिर गति से प्रगति की, या ऐसा कहें, हमने उसकी (और गायत्री की भी) छोटी छोटी सफलताओं को ढूँढना और जश्न मनाना शुरू कर दिया। हम उसके डायग्नोसिस के बारे में खुलकर बात करने लगे थे, और हम सौभाग्यशाली थे कि हमारे दोस्त संवेदनशील थे, और उनहोंने हमारा साथ दिया। हमने फैसला किया कि ऑटिजम को छोड़कर भी हमारी एक जिन्दगी है, और हमने उन लोगों से खुद को दूर रखा जो सिर्फ थेरपीज और इलाज के बारे में बातें करते थे। हमने महसूस किया कि मज़े करना, प्यार में रहना और हर समय दुखी ना रहना जरुरी है और ठीक भी।

हमारे दोस्त जब इस बारे में बात करते हैं कि उनके बच्चे घर से बाहर जाने के बाद कैसे वे एक साथ दुनिया घूमेंगे, तो मोहित और मैं, एक-दूसरे की तरफ देखकर मुस्कुराते हैं। हमारे लिए, ऐसा हो भी सकता है और नहीं भी। हम अपना बुढ़ापा वीर की देखरेख में बिता सकते हैं, या शायद वह हमें आश्चर्यचकित कर देगा और स्वतंत्र रूप से जीने लगेगा, और हम दुनिया की सफ़र कर पाएंगे। कल किसने देखा है? हम बस इतना जानते हैं कि हम एक साथ हैं, हम मज़े करते हैं, हम हँसते हैं, और कभी-कभी हम रोते भी हैं। ऑटिजम ने हमें नहीं हराया है। इसने हमें कई सबक सिखाए हैं, लेकिन हर एक से हम ज्यादा मजबूत और करीब होकर बाहर आए हैं।

शादी का संबंध

ऑटिजम एक पारिवारिक स्थिति है। यह न केवल ग्रस्त व्यक्ति पर प्रभाव डालता है, बल्कि उसके परिवार के हर एक सदस्य पर इसका गहरा और स्थायी प्रभाव पड़ता है।

माता-पिता, जो ज्यादातर प्राथमिक देखभालकर्ता होते हैं, और इसलिए बच्चे में सबसे अधिक निहित होते हैं, उनपर ज़्यादा प्रभावित पड़ता है।

ऑटिजम का डायग्नोसिस न केवल विवाह, बल्कि पूरे परिवार के आपसी संबंधों को बदल देता है। हालाँकि भारत में बहुत से परिवार केंद्रित इकाइयों के रूप में रहते हैं, कई लोग संयुक्त परिवारों में भी रहते हैं जिनमें एक ही छत के नीचे दो, या तीन पीढ़ियां और दूर के रिश्तेदार भी हो सकते हैं। इसके अलावा, ऑटिस्टिक बच्चा परिवार में होना सामाजिक रूप से भी रिश्ते बदल सकता है। एक युगल जो परिवार और समुदाय के भीतर बहुत सम्मिलित है, वह खुद को एकान्तिक पा सकता है, या सबसे खराब परिस्थिति में, अपने बच्चे की वजह से समाज द्वारा उन्हें नकारा जा सकता है। ये सभी कारण निश्चित रूप से, परिवारों के भीतर बड़ी मात्रा में तनाव पैदा कर सकते हैं, जो संगोपन और विवाह को प्रभावित कर सकते हैं।

गूगल पर जब आप 'ऑटिजम डायग्नोसिस एंड मैरेज' सम्बंधित विषय पर जानकारी पढेंगे, तो पाएंगे कि ऑटिजस्टिक बच्चा होनेवाले ८० फीसदी से अधिक जोड़े तलाकशुदा हैं। कई अन्य अध्ययनों में ८० फीसदी से २३.४ फीसदी तक के विभिन्न आंकड़े बताये गए हैं। सच यह है कि, ऑटिजम डायग्नोसिस ज़िन्दगी बदलनेवाला अनुभव होता है। अध्ययनों ने साबित किया है कि तलाक होने का अनुपात उन युगलों में अधिक होता है जो पहले से ही अपनी शादी में एक कठिन समय बिता रहे होते हैं, और ऑटिजम डायग्नोसिस इस मामले में शादी टूटने की वजह बन जाता है। इससे पहले कि आपका विवाह इतनी नाजुक स्थिति तक पहुँचे, ऐसी कई चीजें हैं जो आप और आपके साथी साथ रहने, एक जोड़े के रूप में अपने जीवन का आनंद लेने और अपने रिश्ते को मजबूत बनाने के लिए कर सकते हैं।

- **अपने आप को और अपने साथी को शोक करने का समय दें:** अपने बच्चे को ऑटिजम है यह जानने के बाद की स्वाभाविक प्रतिक्रिया दुःख या शोक के विविध रूप और स्तर हैं। अक्सर साथीदारों में से एक अधिक साहसी, समाधान-चालित और व्यावहारिक होता है, जबकि दूसरा अपराधबोध, क्रोध, दुःख और हानि महसूस करते हुए खुले तौर पर शोक मनाता है। युगलों को अपने समय, गति और अपने तरीके से शोक करने की आवश्यकता होती है। एक साथी इसके बारे में बात करना चाह सकता है, जबकि दूसरा नहीं चाहता है; हो सकता है कि एक साथी स्थिति के बारे में सबकुछ पढ़ना और साझा करना चाहे, जबकि दूसरा साथीदार "ऑटिजम पैरेंट" बनने के लिए तैयार ही

नहीं हो। जब तक वे स्वीकृति तक नहीं आते हैं, तब तक उन्हें जीवन जैसे था, वैसे ही उसे जारी रखना पड़ सकता है। ये मतभेद शादी पर दबाव डाल सकते हैं। एक दूसरे से खुलकर बात करें, किसी भी चीज को लेकर अनुमान ना लगायें, और सामनेवाली व्यक्ति को दोष दिए बिना अपनी बात कहने दें। उदाहरण के लिए, अगर आप ऑटिजम के बारे में बात करना चाहते हैं और आपके साथी अभी भी तैयार नहीं है, तो आपको बिना बुरा माने यह स्वीकार कर लेना चाहिए.

- **अपने आप को बदलाव को समझने के लिए समय दें:** ऑटिजम अपने साथ बहुत सारे बदलाव लाता है। वीर की स्थिति के बारे में जानने के बाद, मुझे तुरंत अपनी प्ले स्कूल की नौकरी छोडनी पड़ी। हमने रात में बाहर जाना बंद कर दिया। हमारा बहुत सारा पैसा थेरपी में जा रहा था, और हमें अपनी वित्तीय प्राथमिकताओं पर पुनर्विचार करना पड़ रहा था। उदाहरण के लिए, क्या हम एक लक्जरी खरीद सकते हैं, हमें छुट्टी मानने के लिए कहाँ जाना चाहिए, हर रात खाने के लिए किस तरह का भोजन खाना चाहिए - इन सब चीज़ों पर हमें सोचना पड़ा। क्योंकि मैं प्राथमिक देखभालकर्ता थी, मेरा जीवन बहुत ही बदल गया था, मैं हर समय बच्चों के साथ रहती थी। मोहित हर दिन ऑफिस के लिए बाहर जाते थे, और उनकी क्लाइंट मीटिंग भी होती थी, जो कभी सुबह, कभी दोपहर या कभी रात के समय होती थी। उन्हें ऐसा लग रहा था कि यह मेरे लिए आसान है, क्योंकि मेरे ऊपर पैसे कमाने के लिए कोई दबाव नहीं था, खासकर तब, जब पैसा कम था। मेरे लिए, उनका जीवन रोमांचक और ग्लैमरस था, जबकि मैं दो चिड़चिड़े बच्चों के साथ घर पर फंस गई थी। एक दूसरे के दृष्टिकोण को समझने में, हमें बहुत समय लगा। खुद पर और एक-दूसरे पर गुस्सा ना होना, और चीजे कुछ समय के लिए मुश्किल रहेंगे, लेकिन अंत में आसान हो जाएँगे, यह समझाने की वजह से ही हम ऐसा कर पाए थे।

- **सीमाएं निर्धारित करें:** यह प्रभावी संगोपन की कुंजी है। ऑटिजम जैसी किसी एक चीज से अपने जीवन पर होनेवाले प्रभाव की सीमा निर्धारित करना महत्वपूर्ण है। मैं देखभाल के साथ सीमाओं की बराबरी नहीं कर रही हूँ; आपको शायद पूरे दिन अपने बच्चे की देखभाल करनी होगी, और यह आपका प्राथमिक व्यवसाय बन सकता है। हालांकि, अगर आप केवल ऑटिजम पैरेंट

के रूप में पहचाने जाने का विकल्प चुनते हैं, तो संभावना है कि आपके पास अपने साथी के लिए समय नहीं होगा, जो फिर आपके जीवन में एक उपांग बन जाते है। ऑटिजम और जीवन के सकारात्मक पहलुओं पर ध्यान दें। इससे, आपके खुद के खुश रहने की, और अपने साथी के साथ एक बेहतर रिश्ता बनाने की संभावना कहीं ज़्यादा हो जाती है, और साथ ही साथ आप अपने जीवन की उत्तमता को भी बनाए रख सकते हैं ।

- **एक साथ समय बितायें:** जब आप अपनी सभी अन्य जिम्मेदारियों के अलावा अपने बच्चे की देखभाल करते करते, उदास होते हैं और थक जाते हैं, तो अपने साथी के साथ समय बिताने के बारे में आप सोच भी नहीं सकते। यही कारण है कि आप दोनों के लिए कुछ समय निकालना इतना महत्वपूर्ण है, फिर भले ही यह अपने साथी के साथ सिर्फ आधा घंटा अकेले रहना क्यों न हो। जिन्दगी गुजर जाती है, और कभी-कभी हम अपने बच्चे को 'ठीक' करने की कोशिश पर इतने केंद्रित हो जाते हैं, कि जब हम नजर उठाकर देखते हैं, तो हम पाते हैं कि हमने अपने रिश्ते को भूल ही गए हैं। आप जैसे एक डॉक्टर या थेरपी अपॉइंटमेंट को महत्त्व देते हैं वैसे ही इस समय को प्राथमिकता दें। अगर आवश्यक हो, तो इसे अपने कैलेंडर में लिखकर रखें। मैंने सच में जिन माता-पिता के साथ काम करती हूँ उनको होम प्रोग्राम पर "हर शाम एक साथ टहलना" या "महीने में एक बार कॉफी के लिए बहार जाना" लिखा है, जो उनकी फाइलों में रहता हैं। जब आप टहलने, कॉफी पीने या खाना खाने के लिए साथ होते हैं, या केवल अपनी बाल्कनी या छत पर बैठे होते हैं, तो कुछ नियम निर्धारित करें: यह समय अतीत की दलीलें सामने लाने या आरोप लगाने के लिए नहीं है। जितना हो सके, ऑटिजम या अपने बच्चे के बारे में बात न करने की कोशिश करें। इस समय को आप दोनों के लिए एक-दूसरे को फिर से समझने के लिए रखें।

सूचना: माता-पिता अक्सर मुझे बताते हैं कि वे अपने बच्चे के बिना अकेले कुछ समय बिताने के लिए बाहर जाना पसंद करेंगे, लेकिन घर पर कोई सहायक या परिवार नहीं है। हो सकता है कि जब आप कुछ समय के लिए बाहर जाते हैं, तब आप अपने भरोसेमंद पार्टटाइम हेल्पर को कुछ समय ज्यादा रुकने के लिए पूछ सकते है। या दयालु, भरोसेमंद पड़ोसी महीने में एक बार मदद कर सकते हैं। याद रखें कि घर से बाहर जाना उपयुक्त है (ताकि आपको बदलाव मिले), लेकिन आप घर पर भी समय

बिता सकते हैं। किसी ने एक बार मुझसे कहा था कि "हमारे पास कभी भी समय नहीं होता; समय तो निकलना पड़ता है"। इसलिए, इस समय को अपने जीवन में प्राथमिकता बनाना आपके ऊपर है।

अध्याय १४

आध्यात्मिकता और लचीलापन

मेरे बच्चों ने मुझे आध्यात्मिकता से परिचित कराया। मैं लगभग एक या दो सप्ताह की गर्भवती थी जब मुझे मोहित की मौसी द्वारा लिए जानेवाले वेदांत अध्ययन समूह में शामिल होने के लिए आमंत्रित किया गया था। आम तौर पर, मैं इस से इनकार कर देती, लेकिन किसी चीज ने मुझसे हाँ कहलवाया। मुझे लगता है कि वह 'चीज' मेरे बच्चे थे। मैंने अपनी गर्भावस्था के दौरान अध्ययन किया, और उनका जन्म होने के छह सप्ताह बाद, मैंने फिर से कक्षा में जाना शुरू किया। दो शिशुओं का संगोपन करते हुए थका देनेवाले दिन और नींद के बिना रातों के बावजूद, मेरी ज़िंदगी में तब सब कुछ एकदम सही लग रहा था। मैं अक्सर इस बात पर विचार करती थी कि वेदांत का ज्ञान मेरे जीवन को कैसे प्रभावित कर रहा है।

इसमें कोई संदेह नहीं था कि जुड़वा बच्चों की माँ के रूप में, मैं बहुत शांत थी, और मैंने पाया कि मैं अपने सीखी को जीवन के उस स्थिति पर लागू कर सकती हूँ। मेरे शिक्षक हमेशा कहते थे कि वेदांत न केवल हमें हर दिन एक बेहतर जीवन जीने में मदद करते है, बल्कि हमें जीवन के सभी उतार-चढ़ावों के बीच एक समान रहने के लिए भी तैयार करते है। वीर के डायग्नोसिस की वजह से मेरी दुनिया टूट चुकी थी। और वेदांत के माध्यम से ही मैं खुद को उस स्थिति से बाहर निकाल पाई।

वेदांत में कहा गया है कि हमारी असली पहचान हमारा परिवार, दोस्त, नौकरी, घर, कार, यहां तक कि हमारा शरीर नहीं हैं। हमारी असली पहचान देवत्व है, और पृथ्वी पर हमारे जीवन का उद्देश्य, हमें पृथ्वी से जोड़नेवाले सभी धागों को तोडना और उस दिव्यता की तलाश करना है। यह हमें सिखाता है कि हर कोई एक उद्देश्य के साथ पैदा होता है, और हमें कभी भी ऐसी स्थिति में नहीं रखा जाता है जिसे हम संभाल नहीं सकते। समता, अनुग्रह और वियोग के साथ परिस्थिति का सामना करने से ही हम विकसित हो सकते हैं।

यह पवित्र ज्ञान व्यावहारिक और किसी अन्य के जीवन में लागू करना आसान लगता है, लेकिन अपने जीवन में इसे अपनाने में समय लगता है। नियमित अध्ययन और अभ्यास से मदद मिलती है, और मैं भाग्यशाली थी कि मेरे जीवन में दोनों थे। बहुत सी कहावते है, जो बताती है कि कैसे विकलांग बच्चों के माता-पिता भगवान द्वारा उन विशेष बच्चों के लिए चुने गए हैं। हालाँकि, कई वर्षों के अध्ययन और सोचविचार के बाद, जो आज भी जारी है, मैं अभी भी इसे समझने की प्रक्रिया में हूँ, और वो है कि:

- वीर का ऑटिजम उसके साथ-साथ, उसके आसपास के सभी लोगों को प्रभावित करता है। हमारे परिवार में एक ऑटिस्टिक बच्चा होना हमारा सामूहिक कर्म है।
- भगवान, शक्ति, ब्रह्मांड, ऊर्जा, जो भी नाम आप इसे देना चाहते हैं, के साथ साथ अपने आप पर और वीर पर होनेवाला विश्वास ही है जो मुझे हौसला देता है, और मुझे पूरी तरह से जीवन जीने की ताकत देता है।
- हर एक चीज किसी कारण से और कारण के लिए होती है - मुझे, अपने परिवार के साथ, इससे सीखने के लिए इस स्थिति में डाल दिया गया है। स्थिति से सीखना है, या इसके लिए अफ़सोस करना है, यह हम पर निर्भर है, लेकिन, इससे स्थिति नहीं बदलेगी।
- जितना अधिक मैं अच्छी चीजें ढूंढने की कोशिश करुँगी, मुझे उतनी ही कम चिंता होगी।
- जीवन एक नाटक की तरह है; हम सभी कलाकार हैं जिन्हें अपनी अपनी भूमिकायें निभानी हैं। यह सीखने से मुझे जीवन को सहजता से जीने में मदद मिली। और जैसा की वेदांत बताते है, मैं इसे एक गवाह या साक्षी के रूप में तटस्थता से देखने लगी।

सबसे ज्यादा, वेदांत ने मुझे एक बहुत महत्वपूर्ण सच्चाई सिखाई है कि खुशी एक विकल्प है जिसे हम हर एक पल चुनते हैं। जीवन, अनुभवों की एक श्रृंखला है, और उनके बारे में हमारी धारणा उन्हें अच्छे या बुरे, उमंगी या दुःख और तनावपूर्ण बनाती है। इसका मतलब यह है कि ज़िंदगी को अलग नज़रिये से देखें तो हम अपनी भावनाओं को भी बदल सकते हैं। शुरुआत में ही, मैंने खुश रहने का फैसला किया। इसका मतलब यह नहीं है कि मैं पूरे दिन हँसती रहती हूँ; इसका मतलब सिर्फ इतना है कि हर

परिस्थिती और हर किसी के बावजूद, मैंने सचेत रूप से सकारात्मक नजरिया रखने का फैसला किया है। ऐसे भी दिन होते हैं जब बहुत सी चीजें नकारात्मक लगने लगती है, लेकिन फिर मैं अपने आप को याद दिलाती हूँ कि मुझे ज़िंदगी की अच्छी चीजों के लिए आभारी होना चाहिए, और धीरे-धीरे, फिर से सकारात्मक दृष्टिकोण उभरने लगता है।

आध्यात्मिकता और ऑटिजम

आध्यात्मिकता और आध्यात्मिक होने को, अक्सर पुरानी पीढ़ी के "कूल" होने के तरीके के रूप में देखा जाता है। अपने गहरे आध्यात्मिक सीख के बारे में इन्टरव्यू देने वाली फ़िल्मी हस्तियों से लेकर अपने व्यवसाय और कार्य नैतिकता को नियंत्रित करनेवाली शक्तिशाली आध्यात्मिक मूल्यों पर बात करनेवाली व्यावसायिक हस्तियों तक, यह एक ऐसा मूलमंत्र है जिसकी वजह से विशिष्ट व्यक्ति 'विकसित' और साथ ही साथ व्यवहारिक लगता है।

व्यावहारिक रूप से, हम असल में कौन हैं, जीवन में हमारा क्या उद्देश्य है और हमारे अनुभवों का हमारे जीवन में क्या मूल्य है, ऐसे सवाल पूछना ही आध्यात्मिकता है। यह सवाल दैवीय शक्ति या ईश्वर संबंधित हो सकते हैं और नहीं भी हो सकते, और अक्सर, आध्यात्मिक होने को धार्मिक होने के साथ भ्रमित किया जाता है। धार्मिक होना या किसी धर्म में विश्वास करने का मतलब एक समूह या समुदाय द्वारा साझा की जाने वाली संगठित मान्यताओं और प्रथाओं का पालन करना होता है। इस बात से कोई इनकार नहीं है कि मुश्किल परिस्थितियों का सामना करते समय, हम सभी को सहारे के लिए किसी चीज की आवश्यकता होती है, फिर चाहे वह अनुष्ठान और प्रथाओं से जुड़ा धर्म हो, या अनाकार रूपी आध्यामिकता।

कई साल परिवारों के साथ काम करने के बाद, मुझे माता-पिता और बच्चों के प्रति उनके दृष्टिकोण और रवैये को देखने के अवसर मिले है। मैंने देखा है कि जो लोग किसी भी प्रकार के धार्मिक या आध्यात्मिक समूह का हिस्सा होते या मानते हैं, वे तुलना में ज्यादा शांत, अधिक यथार्थवादी और अपने बच्चे और उनकी चुनौतियों के प्रति ज्यादा स्वीकृत होते हैं।

यह अवलोकन केवल मेरा नहीं है। अनुसंधान अध्ययनों ने भी बढ़ती आध्यात्मिकता और कम पारिवारिक चिंता के बीच का संबंध पाया है। गहरी आध्यात्मिकता होनेवाले

परिवार अपने ऑटिस्टिक बच्चे को अपने जीवन में एक सकारात्मक घटक के रूप में देखते हैं, जो परिवार को करीब लाते हैं और उनके व्यक्तिगत विकास में योगदान करते हैं। इन माता-पिता ने बताया है, कि उनके ऑटिस्टिक बच्चों ने उन्हें जीवन के गहरे अर्थ समझने में मदद की है।

अगर आप पहले से ही आध्यात्मिक या धार्मिक प्रथाओं का पालन कर रहें है, तो मुझे यकीन है कि आपको इससे बहुत ताकत मिलती होगी। लेकिन, अगर आप ऐसा कुछ नहीं कर रहें हैं, तो शुरुआत करने से आपको जीवन की सच्चाई जानने या आपके बच्चे की स्थिति के पीछे के कारण का पता लगाने के लिए मदद मिले ना मिले, लेकिन आपको अपने बारे में, अपने बच्चे और अपने जीवन के बारे में बेहतर महसूस कराने के लिए जरुर मदद मिलेगी। भले ही दिन में पांच मिनट ही सही, लेकिन आप शांत बैठकर अपनी सांस पर ध्यान केंद्रित करने के आसान अभ्यास के साथ भी शुरुआत कर सकते हैं। अगर आपको यह बहुत अधिक चंचल और असंरचित लगता है, तो खूबसूरती से निर्देशित किए जानेवाले मेडिटेशन ऐप और ऑनलाइन मेडिटेशन वर्ग हैं जो आपकी मदद करेंगे।

आध्यात्मिक ग्रंथों को पढ़ना भी मुझे लाभकारी लगता है। यद्यपि वे भारी और कठिन प्रतीत हो सकते हैं, मैं आसान भाषा में लिखी गईं एकहार्ट टोल की *द पॉवर ऑफ़ नाउ* और दीपक चोपड़ा की किताबें पढ़ने की सलाह देती हूँ, जो आध्यात्मिकता और जीवन का अर्थ योग्य भाषा में समझाती हैं। आध्यात्मिक रूप से विकसित होने की एक और विशेषता, उत्साह और हमेशा प्रसन्न रहना है। हालांकि यह बहुत आसान लग सकता है, और जीवन के उतार चढ़ावों से बेख़बर, यह संतुलन में रहने के लिए मजबूर करता है। जबकि आप इस वक्त खुशी महसूस नहीं कर रहे होंगे, यह एक आदत बन जाती है। अपनी ज़िंदगी में सभी अच्छी चीजों के बारे में सोचना शुरू करें। वह चीजें कुछ भी हो सकती हैं जैसे की आपका घर, घर पर मिल रही सहायता, या यह जिन्दगी।

मेरी दोस्त बहुत बुरा महसूस कर रही थी और किसी ने उसे सुझाव दिया कि हर दिन पौधों को पानी देना वह अपना रूटीन बनाये, और ऐसा करते समय, दिमाग में आनेवाली किसी भी चीज के लिए आभार प्रकट करें। उसने संदेह के साथ ऐसा करना शुरू किया, लेकिन कुछ ही दिनों में, उसने पाया कि उसके पास धन्यवाद देने के लिए बहुत कुछ था, और जितना अधिक वह धन्यवाद देती गयी, उतनी ही अच्छी चीजें उसके सामने आने लगी। कुछ दिनों बाद उसे एहसास हुआ कि उसने काफी समय से अपने पहले की तरह बुरा महसूस नहीं किया था; वह खुशी के साथ बदल गई थी।

आध्यात्मिकता अच्छा जीवन जीने का एक नुस्खा है। आध्यात्मिक प्रथाएं हमें यह महसूस करने में मदद करती हैं कि हमारे सामने आने वाली चुनौतियों के बावजूद, और कभी कभी उनके कारण भी, जीवन सुंदर हो सकता है।

मेरी माँ

मुझे अच्छा लगता है कि उन्होंने ऑफिस जाना बंद कर दिया
मुझे वह पसंद है क्योंकि वह लायब्रेरी में जाती हैं
वह लाइब्रेरी में किताबें लिख रही हैं
क्योंकि अब वह नौकरी नहीं करती है
मुझे यह बात पसंद है कि
वह लाइब्रेरी में है
उन्हें नौकरी करना पसंद नहीं है। उन्हें नौकरी करना पसंद नहीं है।
अच्छा लगता है कि वह लिख रही हैं

मैं खाना बनाने में उनकी मदद करता हूँ,
मैं उन्हें बेक करने में मदद करता हूँ... मुझे उसकी मीठी सुगन्ध पसंद है
सभी गहने हटा दिए जाने चाहिए।
मुझे पहनना है:
एप्रन / ओवन ग्लोव / शेफ कैप / शेफ कोट
ताकि कपड़ों पे दाग न लगे
ओवन ग्लोव - क्योंकि खाना बहुत गर्म है
एक शेफ टोपी - ताकि आपके खाने में बाल न गिरे
हम बनातें हैं
केक, कुकीज़, कप केक, पेस्ट्री
केक पकाने में मम्मा की मदद करते समय
हम कुछ पाउडर, कोको पाउडर और आटा डालते हैं
मिक्सर में
मैं उसे ओवन में डालने में मदद करता हूँ
मेरी माँ वह ओवन से बाहर निकालती है
मैं वह खाता हूँ

अध्याय १५

मज़े

वीर के साथ मेरी पहली मजेदार यादें तब की हैं जब वह और गायत्री नौ महीने के थे। हम उन्हें छुट्टी मानाने के लिए गोवा ले गए थे। विमान में दो शिशुओं के कोलाहल का सामना करना पड़ेगा, इस विचार से डरते डरते मैंने योजना बनाई थी। फ्लाइट पर एयर होस्टेस हमारे बच्चों से इतनी मगन थी कि उनहोंने हमें बिज़नेस क्लास में बिठाया, इससे हमारी ख़ुशी दुगनी हो गई थी। हम आराम से बिज़नेस क्लास में बैठे थे (भले ही यात्रा सिर्फ ४० मिनट की थी)। मैं एक बच्चे को और मोहित दूसरे को खिला रहे थे। सब कुछ ठीक था। मैंने सोचा था कि भरे पेट बच्चे सो जायेंगे, लेकिन छुट्टियों के उत्साह की वजह से वह जागते रहकर, मज़े कर रहे थे। वीर आवाज़ेन कर रहा था और हमारे पीछे बैठे, माँ-बेटी की जोड़ी को हँसा रहा था। मैं मन ही मन सोच रही थी, “वाह, “हम मज़े करने के लिए गोवा जाने वाले परिवारों में से एक हैं! सब कुछ वैसा ही है जैसे होना चाहिए!”

सालों से, अब तक, हमने वीर के साथ बहुत मज़े किये हैं। गर्मियों में, हम एक पैडलिंग पूल को फुलाते थे, उसमे पानी भरते थे और दोनों बच्चों को उसमें छोड़ देते थे। वीर घंटों तक पानी में खेलता रहता और उसकी हँसी पूरे घर में गूंजती रहती थी।

जैसे-जैसे वह बड़ा होता गया, यात्रा का ज्यादा से ज्यादा आनंद उठाने लगा। एअरपोर्ट या रेलवे स्टेशन जाने की सवारी से लेकर खिड़की की सीट पर कौन बैठेगा यह तय करने तक और पूरी छुट्टियों के दौरान, वीर हमेशा से ही सबसे अच्छा, सबसे मजेदार रहता चला आया है। जब बच्चे तीन साल के थे, हमने एक परंपरा शुरू की, जो वे १२ साल के (और इस परंपरा के लिए बहुत बड़े) हो जाने तक, जारी रही। होटल में चेक इन करने के तुरंत बाद, विशेष रूप से गोवा में (जहाँ हम साल में तीन बार जाते थे), हम तुरंत बने बनाये बिस्तरों की तरफ दौड़ते थे और हँस हँस कर, हाथ पकड़े, हम चारों ऊपर निचे कूदते थे।

वीर हमेशा से ही मजाकिया और हास्य उल्हास से भरा रहता आया है। जब वह तीन साल का था, उसके डायग्नोसिस के कुछ समय बाद, हम मुंबई के नजदीक के अपने पारिवारिक घर पर गए थे। मैं बेहद व्यथित और तनावग्रस्त थी, और मेरी माँ ने सोचा कि मुझे छुट्टी मनाने की आवश्यकता है, और हम चारों को जबरदस्ती से वहां पहाड़ियों के बीच एक रात के लिए रोका गया। वीर को प्रकृति से प्यार है और यह उभर कर आता है जब वह उससे घिरा होता है, बगीचे में घंटों भटकता रहता है, पौधों को देखता है, खुदाई करता है और कीड़े मकौड़े उठाता है, जो की गायत्री को बेचैन करने के लिए काफ़ी है। उस दिन, उसने एक मरे पतंगे को उठाया था और मुझे दिखाने के लिए लेकर आया था। अपनी सीमित शब्दावली के साथ, उसने कहा, "तितली"। गायत्री जो पास में ही थी, चीखने लगी, और वीर, इस अवसर का फायदा उठाते हुए, एक झंडे की तरह पतंगे को पकड़े हुए उसके पीछे दौड़ने लगा। उन्हें इधर-उधर भागते हुए देखकर, मैं हंस पड़ी। किसी भी न्यूरोटिपिकल भाई-बहन की जोड़ी की तरह, वे बहुत खुश लग रहे थे।

जीवन ने हमें ऐसे कई क्षण दिखाए है जब वीर बहुत मजाकिया रहा है या उसने मजेदार चीजें की हैं। हमने उसके साथ, और कभी-कभी उस पर भी हंसना सीखा है। शुरू में, हमने समझा कि वीर के बारे में तरस खाने जैसा कुछ भी नहीं है, और जैसे हम गायत्री पर हंसते हैं, हम उस पर भी हंसते हैं, और वह भी हमारे साथ हँसता है। जब वे छह साल के थे, तब बच्चों में कला के प्रति प्यार और प्रशंसा बढ़ाने के लिए, मोहित बच्चों को एक संगीत समारोह में ले कर गए थे। वीर को संगीत पसंद था, और हमने सोचा कि उसे संगीत के नए प्रकार से परिचय कराने का यह एक शानदार तरीका होगा। मोहित शाम को घर लौटे, तब उनकी आँखे और चेहरा लाल हो चुका था। उनहोंने बताया कि वीर और गायत्री इंटरवल तक पूरी तरह से ठीक थे, और अपनी सीट पर चुपचाप बैठे थे। इंटरवल के बाद, एक ओपेरा गायक मंच पर आयीं। शायद वीर उब चुका था या शायद ओपेरा गायक की आवाज इतने ऊँचे स्तर पर थी जो उसके लिए सहना मुश्किल था, या शायद वह बस उस परफॉरमेंस का हिस्सा बनना चाहता था। कारण जो भी हो, लेकिन वीर बहुत ज़ोर से उनके साथ गाने लगा! उनकी सीटें मंच से दूसरी ही पंक्ति में थीं, और इसलिए गायक दर्शकों से आनेवाली अजीब आवाज तुरंत सुन सकते थे। मोहित ने मुझे बताया कि उन्होंने अपनी हंसी रोकने की कोशिश की, और उन्हें थिएटर से बाहर निकाल दिए जाने से पहले, उन्होंने खुद ही बाहर निकलने

का फैसला किया। वे, दोनों बच्चों को पकड़ कर बाहर भागे, और कार में बैठते ही जोरों से हंस पड़े, और घर आने तक हँसते रहे।

वीर के साथ जीवन हमेशा आसान नहीं रहा है, लेकिन ज्यादातर, मजेदार रहा है। उसने हमें लज्जित न होना, लोग क्या सोच रहे हैं इस विचार से परेशान ना होना और, जिन्दगी हमारे सामने कोई भी चुनौती खड़ी कर दे, उसके बीच ज़िन्दगी से आनंद लेना सिखाया है। वीर हमारे जीवन में मासूम मज़ा लेकर आया था जो कोई और नहीं कर सकता है। और यह मेरे लिए दुनिया की सबसे मौल्यवान चीज है!

मज़े करना

मानो या न मानो, ऑटिस्टिक बच्चों के परिवार भी मज़े करते हैं! डायग्नोसिस मिलने के सदमे से गुजरने के बाद, जब यह आपके जीवन का एक हिस्सा बन जाता है, तो आपके बच्चे, आपको मज़े करना सिखा सकते हैं। आपको बस उनका कहना सुनने, देखने और उनसे सीखने के लिए तैयार रहना है, और एक साथ आप कितने मज़े कर सकते हैं यह देखकर आप आश्चर्यचकित हो जायेंगे।

- **पता लगाएँ कि उन्हें क्या पसंद है:** मैंने अध्याय ३ में इससे संबंधित अपने कुछ विचार प्रस्तुत किये है। जैसे आपने अपने बच्चों के साथ संवाद करने के लिए किया था, वैसे ही उनके साथ खेलने और अच्छा समय बिताने के लिए उनकी पसंदीदा गतिविधियां ढूंढें।
- **उनके स्तर पर उतरें और उनके साथ खेलें:** शारीरिक और शाब्दिक रूप से उनके स्तर पर जाना एकमात्र तरीका है जिससे आप दोनों आनंद ले पाएंगे।
- **मज़े करने पर ध्यान दें, गतिविधि पूरी करने पर नहीं:** खेलने का समय सिर्फ और सिर्फ खेलने का समय है। जबकि यह नए शब्दों और कार्यों को सिखाने का एक शानदार मौका है, लेकिन मुख्य एजेंडा मज़े करना है!
- **आपके नहीं बल्कि उनके एजेंडे के साथ चले:** हम अपने बच्चों के साथ जुड़ाव से कौनसा निश्चित परिणाम चाहते हैं, यह तय करना हमारे लिए बहुत आसान होता है। ज्यादातर बार, हम परिणाम से निराश हो जाते हैं और कुछ असफल प्रयासों के बाद, हम हार मान लेते हैं। हम कितनी चीजों से चूक जाते हैं! इसके

बजाय, आपका बच्चा क्या कर रहा है, वह क्या खेल रहा है और कैसे खेल रहा है, यह समझने की कोशिश करें। आपके प्रति उनकी प्रतिक्रियाएं देखकर आप चकित हो जायेंगे। मेरा विश्वास करें, मैंने यह बहुत सारे बच्चों के साथ देखा है, और हर बार यह एक चमत्कार जैसा लगता है!

- **चीजों को ज्यादा गंभीरता से न लें!** अगर आप मुझसे पूछेंगे कि वीर ने मुझे कितनी बार लज्जित किया है, तो मैं बता नहीं पाऊँगी। लिफ्ट में एक सज्जन को अपनी नाक खोदते देखकर, "मम्मा, वह आदमी क्या कर रहा है?" यह जोर से पूछने से लेकर, एक अजीब फैशन में नाचने तक, मैं कई बार वीर के व्यवहार से लज्जित हुई हूँ। लेकिन मुझे इससे कभी शर्म नहीं आई। इसके अलावा, इस तरह की कई घटनाओं के बाद, मैंने मानापमान से परे रहना सीख लिया है और यहां तक की लज्जा भी कम हो गई है। हम सभी एक निश्चित तरीके से बर्ताव करने पर इतने अड़े होते हैं, कि जो कोई भी उससे अलग बर्ताव करता है उसे अटपटा और अजीब माना जाता है। ऑटिस्टिक बच्चे इन इशारों को बहुत ही चौकस तरीके से समझ लेते हैं, और क्या पता कैसे लेकिन जब जब मैंने वीर के बर्ताव पर ध्यान दिया है, हर बार उसने उससे भी अजीब बर्ताव किया है। समय के साथ, मैंने चीजों को ज्यादा गंभीरता से ना लेना और इसके बजाय, चीजें छोड़ देना, और कभी-कभी वीर के मजाकिया तरीकों पर हंसना भी सीख लिया है।

- **मज़ा करने पर दोषी महसूस न करें:** काफी समय तक, वीर की किसी चीज पर हंसने पर मुझे बुरा लगता था। मुझे लगता था कि मैं उसका मजाक उड़ा रही हूँ और यह गलत है, भले ही हम सभी गायत्री का, और मेरा मजाक उड़ाते थे। एक ३० साल के ऑटिस्टिक आदमी की माँ ने मुझे बताया था कि, "ऑटिजम बहुत मज़ेदार है और इस पर हंसना ठीक है!" और वह बिलकुल सही थीं। ऑटिजम, इसकी सभी विचित्रताओं, रूढ़ियों और विषमताओं के साथ मज़ेदार है, और माता-पिता के रूप में, अगर हम इस पर नहीं हसेंगे, तो कौन हँसेगा? एक और बात, जब आप अपने बच्चे के बर्ताव पर हंसते हैं, आप ऑटिजम पर हंस रहे हैं, और आप उससे कह रहे हैं कि, "तुम मुझे और मेरे परिवार को नहीं हरा सकते। हम तुमसे अधिक मजबूत हैं और हम तुम्हारी वजह से और तुम्हारे बावजूद, अपनी जिन्दगी बहुत अच्छी तरह से जीएंगे!"

मेरे पसंदीदा बुद्धिमान भालू, विनी द पूह ने, जीवन के बारे में सबसे आसान और गहरे सच बताये थे, जिनमें से एक था कि, "हमें एहसास नहीं था कि हम यादें बना रहे थे, हम बस इतना ही जानते थे कि हम मज़े कर रहे थे।" अपने बच्चे के साथ मज़े करें और ज़िंदगी का आनंद लें। आप न केवल उनके साथ हंस रहे हैं; आप जिन्दगी भर के लिए उन्हें यादें दे रहे हैं।

तैरना

तैरना मुझे ख़ुशी देता है
६ साल की उम्र में ही मैंने तैरना सीख लिया था
मैं शावर लेता हूँ फिर मैं पूल में उतरता हूँ
तैराकी के बारे में
मुझे स्विमिंग पूल पसंद है
मुझे पूल की लंबाई पसंद है
मुझे बड़े पूल पसंद है
मुझे पूल की बड़ी लंबाई पसंद है
क्योंकि वह ज़्यादा मीटर का है
मुझे अच्छा लगता है
मेरे हाथ
मैं अपने सर के साथ स्विमिंग क्लास के लिए जाता था
मैं अब स्विमिंग क्लास नहीं जाता

अध्याय १६

पार्टी का समय!

मेरे हमेशा से बहुत सारे दोस्त रहे हैं। मैं ग्रेजुएट होकर जब बोस्टन छोड़ रही थी, तब मैंने एक बड़ी पार्टी दी थी, जहां मेरे बहुत सारे दोस्त, दोस्तों के दोस्त आए थे और हमने शानदार समय बिताया था। मेरे करीबी दोस्तों में से एक, बोस्टन के मूल निवासी, शील, विश्वास नहीं कर पा रहे थे कि मैं उस शहर के इतने सारे लोगों को जानती थी, जहां मैं केवल कुछ साल ही रही थी।

मोहित मुझसे कहीं ज्यादा मिलनसार है और कहीं भी और किसी भी समय लोगों से दोस्ती करते हैं, वीजा कार्यालय की कतार में या एक अज्ञात मरीज को रक्त देते हुए, यहां तक कि, मैं मजाक में कहती हूँ की वे पुरुषों के शौचालय में भी किसी व्यक्ति से दोस्ती कर सकते हैं! फिर इन लोगों को आमंत्रित किया जाता है, हम दोस्त बनते हैं, और हमारा सामाजिक दायरा बढ़ता है और बढ़ता ही जाता है।

जब हमें वीर के डायग्नोसिस का पता चला, तब मैंने मोहित को जो पहली बातें बताईं उनमें से एक थी कि, “हम उसे छोड़ कर बाहर नहीं जा सकते।” डायग्नोसिस से पहले, मोहित और मेरा सामाजिक जीवन बहुत ही सक्रीय था। हम हफ्ते में तीन से चार बार बाहर जाते थे। हम बच्चों को दादा-दादी के पास छोड़ते थे, जिन्हें बच्चों को अपने पास रखने में आनंद मिलता था। इसके अलावा, हमारे पास एक सहायिका भी थी जो दादा-दादी को बच्चे संभालने में मदद करती थी। देर रात तक घर से बाहर रहना, नाइट क्लबों में जाना, देर रात दोस्तों से मिलना, शुक्रवार या शनिवार को पूरी रातभर पार्टी करना, हम मज़े से ज़ी रहे थे। वीर के डायग्नोसिस के साथ, मैं दरी हुई सी होने लगी। मेरी माँ और सास के ‘हम उसे संभाल पाएंगे’ ऐसा कहने के बावजूद, मैं उसे छोड़ कर बाहर जाने से इनकार कर देती थी। मैं हेलीकाप्टर की तरह उसके चारों ओर मंडराती रहती थी, यह देखने के लिए की वो ठीक है या नहीं। वीर ठीक से सो रहा है, यह देखने के लिए, मैं रात में कई बार जाग उठती थी। मैं पूरी तरह से थक गयी थी और मुझमें दूसरों से घुलने-मिलने की इच्छा ही नहीं बची थी।

फिर एक दिन, मुझे अपने पसंदीदा रेस्तरां में एक ब्रंच पार्टी का निमंत्रण मिला। जैसे ही मैंने निमंत्रण देखा, मुझे कुछ परिचित उत्साह महसूस हुआ जो मुझे इस तरह की पार्टी के लिए आमंत्रित किये जाने पर होता था, लेकिन मैंने तुरंत खुद को रोक लिया। मैं खुद से कह रही थी, "पहले होता तो इससे मुझे बहुत आनदं मिलता; लेकिन अब मेरे पास पार्टियों के लिए समय नहीं है।" मेरे भीतर की दूसरी आवाज ने कहा, "क्यों नहीं? क्या मैं अब पार्टियों में नहीं जा सकती हूँ? क्या इससे मैं एक बुरी माँ कहलाऊँगी? मुझे अपने आप को एक अच्छी माँ साबित करने के लिए क्या हर वक़्त घर पर ही रहना होगा?" पूरे दिन इन दोनों आवाज़ों ने मेरे सिर में इतना हंगामा किया, कि इससे मुझे सिर दर्द होने लगा।

उस शाम जब मोहित काम से वापस आए तब मैंने उन्हें निमंत्रण दिखाया। "मुझे लगता है कि हमें जाना चाहिए," उन्होंने कहा। "यह मजेदार होगा"। "हमारे पास मज़े करने के लिए समय नहीं है," मैंने कहा। "इसके अलावा, वीर का क्या? उसके साथ कौन

रहेगा?" मोहित ने शांति से बताया की बच्चे संभालने के लिए बहुत सारे लोग राज़ी होते, लेकिन फिर अपने कंधों को सिकोड़ लिया और अपना सुझाव बदलते हुए कहा कि "यह तुम्हारे ऊपर है, तुम तय करो क्या करना है।" मैं वहीं खड़ी थी, और मोहित को हारते देखकर, मैं आंसूओं को रोक नहीं पाई। मैं जानती थी की वे बाहर जाना चाहते थे, अपने दोस्तों से मिलना चाहते थे, लेकिन मेरी वजह से नहीं जा रहें थे। मुझे पता था कि वे अपने पुराने जीवन को याद कर रहे थे। मुझे भी मेरे ऑटिजम के बिना ज़िंदगी के दिन याद आते थे। जब मैं बस अपने बच्चों को घर पे छोड़कर बाहर जाती थी और बिना किसी टेन्शन के अपने पति के साथ अच्छा समय बिता सकती थी। मैं अपने दोस्त, सहेलियों के साथ की गपशप, हँसी को याद कर रही थी। मैं नए कपड़े पहनकर तैयार होना और नाइट आउट पर जाना याद कर रही थी। ये सब अब बहुत ही तुच्छ लग रहा था, लेकिन सच यह था कि मुझे उन दिनों की याद आ रही थी।

भावुक और उदासीनता की भावना के साथ ही, मेरे दिमाग में एक और आवाज़ गूंजी, "तुम जाकर यह सब आजमाती क्यों नहीं? ज्यादा से ज्यादा एक घंटे में तुम घर वापस आ सकती हो।" मैं कुछ दिनों तक इस कल्पना पर विचार करती रही, सभी संभावनाओं के लिए उपाय खोजती रही और मैंने अंदर से उबरने वाली दोषी भावना को शांत करने की कोशिश करती रही।

अंत में, ब्रंच से एक हफ्ते पहले, मैंने मोहित से कहा कि एक घंटे के लिए ही सही, लेकिन हमें वहां जाना चाहिए। मोहित बेक़रार थे और मैं भी अपने पुराने दोस्तों से फिर से मिलने के लिए उत्साहित थी। ब्रंच के दिन हम दोनों अच्छे कपडे पहनकर, तैयार होकर घर से बाहर निकले। मोहित ने मेरा हाथ पकड़ लिया और मैं उत्साही महसूस कर रही थी। पार्टी शानदार थी और वहां बहुत सारे दोस्त आए थे, जो मुझे प्यार से गले लगाकर मुझसे पूछ रहे थे कि मैं इतने लंबे समय से कहाँ थी। ऐसा होगा इसकी मुझे पूरी कल्पना थी और इसलिए मैंने जवाब तैयार रखा था "मेरी तबीयत ठीक नहीं थी, लेकिन अब मैं पूरी तरह से ठीक हूँ।" वीर के बारे में खुल कर बात करने के लिए मैं तैयार नहीं थी, खासकर एक शानदार पार्टी में।

हमने पार्टी में तकरीबन तीन घंटे बिताये। इस समय के दौरान, मैं वीर की पूछताछ करने के लिए हर १५ -२० मिनट में घर पर फोन कर रही थी। फोन कॉल के बीच के समय में, मैंने खाया, पीया, दोस्तों से मुलाकात की, मोहित के साथ डांस किया, और भले ही मैं वीर के बारे में बहुत सोच रही थी, लेकिन कुछ पल ऐसे भी थे, जब मैं सब कुछ भूलकर मज़े कर रही थी। हर बार जब मैं वर्तमान में वापस आती, तो मुझे

दोषी भावना महसूस होती और मैं कोने में जाकर घर पर कॉल कर लेती थी। पार्टी से निकलते समय मैंने तय कर लिया कि मेरा परिवार हमेशा मेरी पहली प्राथमिकता रहेगी, लेकिन मुझे अपनी जिन्दगी फिर से जीने के लिए समय निकालना ही होगा।

मैं घर से बाहर जाने लगी। मैं दोस्तों से मिलने लगी, मोहित के साथ बाहर जाने लगी और धीरे धीरे, दोषी भावना कम होती गई। मैं बच्चों को उनके प्यारे दादा-दादी और नानी के पास छोड़ देती थी, और मोहित और मैं, सप्ताह में एक बार अपने दोस्तों के साथ या बस हम दोनों बाहर जाते थे। शुरू में, मैं चिंतित हो जाती थी और वीर की खैरियत पूछने के लिए बार बार घर पर फोन करती थी, लेकिन समय के साथ, मेरी चिंता कम होती गई और मैं मज़े करने लगी। मेरा दिल भले ही अपने बच्चों के साथ घर पर लगा हो, लेकिन मेरा दिमाग पार्टी में मेरे साथ था।

बच्चों के बिना लोगों से मिलना जुलना

भारत में, हम बहुत भाग्यवान हैं। अधिकांश परिवारों के पास किसी न किसी रूप में मदद उपलब्ध है और बहुत से परिवारों में दादा-दादी, नाना-नानी या परिवार के अन्य सदस्य भी बच्चों को संभालने के लिए तैयार रहते हैं। दूसरी ओर, भारतीय जोड़े अपने बच्चों और परिवारों के अलावा सामाजिक जीवन जीने के बारे में ज्यादा सहज नहीं होते हैं। आमतौर पर, घर के पुरुष काम के लिए घर से बाहर निकलते हैं, इसीलिए महिलाओं की तुलना में पुरुषों के लिए सामाजिक जीवन जीना आसान होता है। कई माँओं को घर और ऑफिस दोनों जगहों का काम संभालना पड़ता है। इस वजह से उन्हें पारिवारिक सम्मेलनों के आलावा मिलने जुलने के लिए बहुत ही कम समय मिलता है और वह समय भी कई विभिन्न घटकों से घिरा होता है। बच्चों का संगोपन करना तनावपूर्ण हो सकता है, खासकर तब, जब उनमें से एक (या अधिक) ऑटिस्टिक होता है, और माता-पिता को अपने स्वयं के जीवन को पुनः जीने के लिए कुछ समय निकालने की जरुरत होती है।

जैसे-जैसे बच्चे बड़े होते जाते हैं, माता-पिता को इस वास्तविकता का एहसास होता है, जो हमेशा उनके जीवन का हिस्सा बनकर रहेगी। इस एहसास के बाद से ही वे अपने बच्चे के विशेष शिक्षा वर्गों और ओटी अपॉइंटमेंट के बीच खुद के लिए समय निकालना शुरू करते हैं। यहाँ मैं अपनी कुछ कल्पनाएँ लिख रही हूँ:

- **दिन का कुछ समय खुद के लिए निकालें:** 'र' गंभीर ऑटिजम से ग्रसित १३ वर्षीय लड़की 'न' की माँ है। सालों से, वह अपने स्वयं के मानसिक स्वास्थ्य के साथ-साथ अपने बच्चे की स्थिति से जूझ रही थी, और अब महसूस करने लगी है कि खुद को स्वस्थ रखने के लिए, उन्हें समय-समय पर खुद की जरूरतों को प्राथमिकता देनी होगी। दुर्भाग्य से, 'र' के पास 'न' के दादा दादी का सहयोग नहीं है, लेकिन उनके पति बहुत सहायक हैं। कभी कभी वह 'न' को उनके साथ छोड़कर अपने कॉलेज के दोस्तों के साथ दिन बिताने के लिए बाहर जाती है। वे चाय पीते हैं, बॉलीवुड की नई ब्लॉकबस्टर फिल्में देखते हैं, मरीन ड्राइव पर टहलते हैं और वहां का स्पेशल मसालेदार चाट खाते हैं। दिनभर मज़े करने के बाद, 'र' तरोताजा होकर और 'न' को संभालने और उसकी देखभाल करने के लिए तैयार होकर घर लौटती है। बदले में, 'र' के पति हर साल कुछ दिन की छुट्टी लेते हैं और अपने स्कूल के दोस्तों के साथ कैम्पिंग करने जाते हैं। आप किस तरह से कुछ समय निकाल कर इस सबसे दूर जा सकते हैं, इस बारे में सोचे। दोस्तों के साथ ही जाना जरुरी नहीं है; आप अकेले जा कर भी अपनी पसंदीदा चीजें कर सकते हैं।

- **अपनी पसंदीदा बच्चे संभालने वाली सहायिका को घर बुलायें और दोस्तों के साथ बाहर जाएँ:** सभी संभावनाों को लेकर ज़रूरी व्यवस्थाएं कर के, सहायिका के लिए चीजें आसान बनाएं और ऐसी पास की जगह चुनें जहां से अगर ज़रुरी हो तो, आप जल्दी घर पहुँच सकें। फिर, घर से बाहर निकल जाने के बाद, घर में क्या हो रहा है इस बारे में सोचना बंद करें। विलग होना सीखें और अच्छा समय बिताएं। दोस्तों के साथ बाहर जाना मुश्किल हो सकता है, क्योंकि वे सभी अपने बच्चों के बारे में बातें करने पर जोर दे सकते हैं। अगर आपको लगता है कि आप इस तरह की बातचीत को संभाल नहीं सकते हैं, तो अलग दोस्तों से मिलें या बातचीत को बदल दें। मेरे दोस्त जब अपने बच्चों के स्पोर्ट्स क्लासेस के बारे में अच्छी अच्छी बातें करते थे और बच्चों को पार्टियों में ले जाने के अपने अनुभव साझा करते थे तब मैं चिढ़ जाती थी। ऐसा तब था जब शिक्षक की शिकायत के बिना वीर को एक भी स्पोर्ट्स क्लास में प्रवेश मिलना भी मुश्किल था और उसे जन्मदिन की पार्टियों में आमंत्रित ही नहीं किया जाता था। समय के साथ, मुझे एहसास हुआ कि मेरा रवैया तनावपूर्ण था, न केवल मेरे दोस्तों के लिए, बल्कि मेरे लिए भी, और मैंने उनके बारे में तर्क लगाना कम किया, और मैं अपने बेटे की अधिक सराहना करने लगी।

- **समर्थन समूह बनाएं:** कई परिवार, बिना किसी करीबी रिश्तेदार के अकेले रहते हैं। वे दोस्तों से मदद के लिए पूछने से भी झिजकते हैं क्योंकि मेल्टडाउन या असामान्य बर्ताव होने पर उनके बच्चे को कैसे संभालना है, यह शायद वे नहीं जानते होंगे। इन परिवारों ने एक अलग पर बहुत अच्छा समाधान अपनाया है। वे अन्य ऑटिस्टिक बच्चों के माता-पिता के साथ संलग्न होते हैं, और बाहर जाते वक्त बारी बारी से एकदूसरे के बच्चों की देखभाल करते हैं। समान स्थिति से गुजर रहे परिवार पहले से ही जानते हैं कि ऑटिजम को कैसे संभालना है और वे चुनौतीपूर्ण स्थितियों को संभाल सकते हैं। जोड़े इस सुरक्षित भावना के साथ बाहर जाते हैं कि उनका बच्चा जिनके पास छोड़ रहें है, वे उनके बच्चे को संभालने में सक्षम है। इसके अलावा, वे दोषी या लाचार भी महसूस नहीं करते हैं, क्योंकि वे जानते हैं कि भविष्य में, वे यह एहसान चुकाने वाले हैं।
- **घर पर ही मनोरंजक गतिविधियाँ करें:** अगर आपके परिवार और घर के हालात इसकी अनुमति देते हैं, तो घर पर ही मनोरंजक गतिविधियाँ करने से बेहतर कुछ भी नहीं हो सकता। इससे आप अपने बच्चे का ख्याल रखने के दौरान लोगों से मिलने जुलने का लाभ उठा सकते हैं। आप उस रात मनोरंजक गतिविधियों का आयोजन कर सकते हैं, जिस दिन आपका बच्चा ओटी या खेल कूदकर थका होता है और आपको पता है की वह रात को जल्दी सो जाएगा। अपना भोजन पहले ही तैयार रखें ताकि अंतिम समय में खाना पकाने को लेकर आपको तनाव महसूस ना हो। अगर आपका बच्चा नहीं सोता है या आपकी डिनर पार्टी के बीच उसकी नींद खुल जाती हैं, तो कोई बात नहीं, आप जाकर उसे फिर से सुला सकते हैं।

हमारा उद्देश्य मज़े करना और अच्छा समय बिताना है। घर पर हो या बाहर, लेकिन जब आप लोगों से मिलते हैं, तब सबसे महत्वपूर्ण बात है कि आपको दोषी महसूस नहीं करना है। जब तक आप अपने बच्चे के संगोपन में कोई कमी नहीं रख रहें हैं, तब तक खुद के लिए कुछ समय निकालना आपका हक है। अपना जीवन फिर से अपने तरीके से जीना शुरू करना, न केवल आपको ज्यादा सहज और कम चिंतित करेगा, बल्कि यह आपको एक बेहतर अभिभावक भी बनाएगा, जो अपने बच्चे को धैर्य और प्यार से संभालने में सक्षम हैं।

B
BABYSITTER
Mobile
+91 9234774011

अध्याय १७

जन्मदिन की पार्टी!

हमारी तरह, हमारे बच्चों का जीवन भी सामाजिक रहे इस बात का हमने पहले से ध्यान रखा है। पार्टियां, शादियां, रेस्तरां में डिनर, फन फेयर, हम बच्चों को सभी जगह साथ लेकर जाते थे। बच्चों को उनके स्ट्रोलर में बिठाकर हमारे साथ ले जाना, उन्हें यहाँ वहाँ घुमाना और लोगों की प्रतिक्रियाओं का आनंद लेना हमें पसंद था। वीर और गायत्री अपने चारों ओर की दुनिया को देखते रहते थे। गायत्री मुस्कुराती, गुदगुदाती और मुझे देखती रहती, जबकि मेरा छोटा वीर, सब कुछ देखता रहता था।

हर शाम, हम वीर और गायत्री को घर के करीब एक क्लब में ले जाते थे। वहाँ, उनके तीन दोस्तों के साथ, जो सभी तीन से छह महीने की लड़कियां थीं, वे चारों ओर रेंगते, आवाजें निकालते और बातचीत करने की कोशिश करते थे। वीर की तुलना में लड़कियां अधिक घुल मिल जाती थीं, और वीर अक्सर थोड़ी दूर बैठकर अकेला खेलता रहता था। फिर भी, वह अपनी दुनिया में खुश और संतुष्ट लगता था।

गायत्री को जन्मदिन की पार्टियों में जाना बहुत पसंद था। और पार्टी में वह अन्य बच्चों में घुल जाती थी, लाउडस्पीकर पर बजते संगीत के मज़े उठाती थी और तीन से पांच साल के बच्चों के साथ तरह तरह की प्रतियोगिताओं का हिस्सा बनती थी। वीर की प्रतिक्रियाएं अलग अलग होती थी जैसे कि खुद के कानों को ढककर कमरे से बाहर भागना, हर बार गुब्बारा फटने पर चीखना, और तेज संगीत बजते समय, लाउडस्पीकर के बहुत करीब जाकर हाथ से उसके वाइब्रेशन को महसूस करना और यहां तक की पार्टी से निकलने तक उसी जगह पर रुकना। केक काटने और नाश्ते के तुरंत बाद, और जब मुझे पता था की किसी भी वक्त बच्चों की उछल कूद शुरू हो सकती है, और वे गुब्बारे खींचकर उन्हें फोड़ना शुरू कर सकते है, मैं पार्टी से निकल जाती थी। गायत्री को पार्टी से खींचकर बाहर ले जाना पड़ता था और इस बात से मैं बेहद बुरा महसूस करती थी, लेकिन मैं जानती थी कि अगर मैं ऐसा नहीं करूँगी, गुब्बारों के फटने की वजह से वीर चीखते चिल्लाते रोने लगेगा (मेल्टडाउन)। फिर बाद में, गायत्री को सुलाते

वक्त, मैं उससे माफी माँगती थी, लेकिन ऐसा करने के बाद भी अपराध की भावना कम नहीं होती थी।

उनके पहले जन्मदिन के लिए, मैंने उनके सभी दोस्तों को हमारे घर की छत पर पार्टी देने का फैसला किया। मैंने खुद केक बनाया, कुछ खिलौने बाहर निकाल कर रखे थे और धीमी आवाज में नर्सरी की कविताों की सी.डी. लगाई थी। गायत्री को जीन्स और हाल्टर टॉप, और वीर को उसकी नई नीली जीन्स के साथ लाल और काले रंग की शर्ट पहनाया था। इस पार्टी के लिए मैंने उसके बाल काट दिए थे, जो करते वक्त वह रोता रहा लेकिन अब वह बहुत सुंदर लग रहा था। एक साल की उम्र में भी गायत्री मुस्कुराते और खुद को सँवारते हुए सारी चीजों का आनंद उठा रही थी। वीर, हमेशा की तरह, टेन्ट में अकेला गेंद के साथ खेल रहा था। मोहित और मैंने उसे बाहर खींचने की कोशिश की, लेकिन वह विरोध करता रहा, इसलिए हमने उसे वहीं रहने दिया। जब केक काटने का समय आया, तब वह अपने दादाज़ी की बाहों से सिमटा रहा, लेकिन उसने केक और आइसक्रीम का पूरा एक बाउल खाते खाते सब सहन किया।

अगले वर्ष, मैंने फैसला किया कि हम घर पर एक बहुत ही छोटा उत्सव मनाएंगे, और तब वीर का बर्ताव ठीक था। वह अपने परिचित जगह में घूम रहा था और अपने पांच दोस्तों के साथ मज़े कर रहा था। लेकिन, उनके तीसरे जन्मदिन से एक महीने पहले ही, हमें वीर के डायग्नोसिस के बारे में बताया गया था। वीर को थोड़ा सामाजिक बनाने के प्रयास में, मोहित और मैंने एक बड़ी पार्टी देने का तय किया। हमने पार्क का एक कोना किराए पर लिया, पार्टी एंटरटेनर को बुलाया, सिर्फ स्ट्रीमर का उपयोग कर के सजावट की और डीजे को केवल नर्सरी की कविताओं की एक प्लेलिस्ट दी। मुझे पता था कि यह पार्टी गायत्री को बहुत पसंद आयेगी, लेकिन मैं प्रार्थना कर रही थी कि वीर को भी यह पसंद आए, और वह, थोड़ा ही सही, लेकिन पार्टी का आनंद ले।

पार्टी की शाम सुनहरी, सुखद और प्रसन्नचित्त थी। स्ट्रीमर की वजह से माहौल उत्सव जैसा लग रहा था, सभी तैयारियां हो चुकी थीं और हम पार्टी के लिए तैयार थे! मोहित ने मेरा हाथ पकड़ा और मुझसे पूछा, "क्या तुम नर्वस हो", और मैंने हाँ कहा। हम तैयारी करने के लिए जल्दी पार्टी स्थल पर चले गए, और वीर और गायत्री तैयार हो कर थोड़ी देर बाद मेरी माँ के साथ आने वाले थे। उनके कुछ दोस्त अपनी माँओं के साथ पहले ही आ चुके थे। जैसे ही वीर और गायत्री वहाँ पहुंचे, उनके सभी दोस्त, उन्हें बधाई देने के लिए दौड़ पड़े। गायत्री ने खुशी-खुशी उपहार स्वीकार किए, जबकि वीर अपने जूते उतारकर बाउंसी कैसल की तरफ दौड़ पड़ा और ऊपर चढ़ने लगा। मैंने

उसे उतारने की कोशिश की, ताकि वह कुछ लोगों को नमस्ते कह सके, लेकिन वह मेरी हाथों से मछली की तरह फिसल रहा था और बाउंसी कैसल पर ऊपर निचे कर रहा था।

अगले तीन घंटों के लिए, केक काटने के छोटे से अंतराल को छोड़कर, वीर उस बाउंसी कैसल पर ही खेलता रहा। अधिकांश बच्चे जब खेल कूद कर घर चले गए तब वीर नीचे आया। कुछ लोग और परिवार के सदस्य ही बचे थे। वह सारे उछल-कूद के बाद जोशीला था और ख़ुशी में, गिरी हुई स्ट्रीमर को हवा में और गायत्री के ऊपर उड़ा रहा था। "हमने एक और साल गुजार लिया," मैं सोच रही थी।

वे जब लगभग तक छह साल के हुए तब तक, हम वीर और गायत्री के जन्मदिन की पार्टियाँ एक साथ ही रखते थे। सभी पार्टियाँ छोटी और, घर पर ही रखी जाती थी और हम कुछ ही बच्चों को आमंत्रित करते थे। परिचित वातावरण के बीच, वीर शोर और भीड़ को अच्छी तरह से सहन कर पाता था, और कभी-कभी वापस कमरे में जाता था, और थोड़ी देर बाद बाहर आता था और ठीक हो जाता था। उनके बड़े हो जाने के बाद, हमने उनकी जन्मदिन पार्टियों को अलग अलग करना उचित समझा। हालांकि यह तनावपूर्ण होता था और मुझे बहुत काम करना पड़ता था, लेकिन मुझे इससे कोई

दिक्कत नहीं थी क्योंकि बच्चों को वह मिलता था जो वे चाहते थे, मतलब गायत्री को एक बड़ी पार्टी और वीर को एक छोटी शांत पार्टी।

जैसे-जैसे वे बड़े होते गए, अब हमारे घर में जन्मदिन अक्सर सप्ताह भर चलता है। परिवार के सदस्यों के लिए एक पार्टी, बिल्डिंग में रहनेवाले गायत्री के दोस्तों के लिए एक पार्टी, उसके स्कूल के दोस्तों के लिए एक और वीर के दोस्तों के लिए एक अलग पार्टी। हर एक पार्टी अलग होती है, और दोनों उत्सुकता से हर पार्टी की प्रतीक्षा करते हैं। वीर कुछ देर अपने दोस्तों के साथ मज़े करता है, फिर उनसे अलग होकर अकेला रहता है, और कुछ देर बाद फिर अपने दोस्तों में लौटता है। यह उसका तरीका है, और हम सभी इसका स्वीकार करना सीख चुके हैं।

अब क्योंकि वह बड़ा हो गया है, उसके जन्मदिन के लिए क्या करना है यह भी हम उसे ही चुनने देते हैं। वह पार्टी में जाना चाहता है या नहीं, ये भी हम उसके ऊपर ही छोड़ देते हैं। मुझे लगता है कि जैसे जैसे वीर बड़ा हो रहा है, उसकी सामाजिकता बढ़ रही है; वह शायद नहीं जानता होगा कि पार्टी में क्या बात करनी है, लेकिन वह उस जगह रहना चाहता है। उसके कई दोस्तों के माता-पिता भी मुझे कुछ ऐसा ही बता रहे हैं।

तनावपूर्ण उम्मीदों के साथ जो शुरू हुआ था (वीर को सभी मेहमानों को नमस्ते कहना चाहिए, उसे केक काटने के लिए वहां होना चाहिए) अब वही अवसर उत्सव का कारन बन गया है। वीर को उसके उस रूप में स्वीकार करने के बाद जन्मदिन की पार्टियों और अन्य सामाजिक स्थितियों में उसके बर्ताव को लेके हमारी अपेक्षाएं अब पूरी तरह से बादल गयी हैं। इस तरीके से हमने सीख लिया है कि वह जो है उसे वैसा ही रहने दें, और उसके अपने जीवन में होने का जश्न मनाएँ।

हसी-ख़ुशी भरे जन्मदिन (और अन्य सामाजिक अवसर)

ऑटिजम की वजह से होनेवाले सामाजिक अलगाव से ही परिवार बुरी तरह से प्रभावित होते हैं। लोग हमारे बच्चे के बारे में क्या सोचेंगे, इस बात से डरकर ही, परिवार रिश्तेदारों, दोस्तों और सामाजिक कार्यक्रमों से दूर रहते हैं। ऐसा करने से, वे, न केवल अपने आप को ऑटिजम की अपनी दुनिया से बाहर निकलने के मौके नहीं देते, बल्कि अपने बच्चे को भी देखने, सीखने और समाजने के अवसर से दूर रखते हैं।

वर्ल्ड हेल्थ आर्गेनाईजेशन (डब्ल्यूएचओ) ने बच्चों और वयस्कों के लिए स्वास्थ्य और स्वास्थ्य संबंधी स्थितियों का एक वर्गीकरण विकसित किया है, जिसे इंटरनेशनल क्लासिफिकेशन ऑफ़ फंक्शनिंग, डिसएबिलिटी एंड हेल्थ (आईसीएफ) कहा जाता है। इस मॉडल के आधार पर, कनाडा में दो डॉक्टरों ने छह शब्द सुझाए है, जिन पर बचपन से विकलांगता होने पर ध्यान केंद्रित किया जाना चाहिए - कार्यशीलता (लोग क्या काम करते हैं; बच्चों के लिए, "खेलना" उनका "काम" है), परिवार, स्वास्थ्य, आनंद, दोस्त और भविष्य। अलग शब्दों में कहा जाए तो, हर बच्चे के अच्छे स्वास्थ्य के लिए और समाज का हिस्सा बनने के लिए उसके जीवन में इन सभी घटकों का होना जरुरी होता है।

लोग शायद अपने बच्चे को सामाजिक कार्यक्रमों का हिस्सा बनाना चाहते भी होंगे, लेकिन इस डर से की उनका बच्चा अचानक हंगामा खड़ा कर देगा, वह घर पर रहना या बच्चे को घर पर ही छोड़कर बाहर जाने के लिए मजबूर हो जाते हैं। यह बात सही है कि किसी ऑटिस्टिक व्यक्ति के साथ बाहर जाना तनावपूर्ण हो सकता है। कोई भी चीज उनके अलग बर्ताव का कारण बन सकती है जैसे कि तेज रोशनी, तेज आवाज, अलग रास्ते से जाना या बस कोई रंग देखना।

हम उन्हें (और खुद को) निम्नलिखित तरीकों से परिपूर्ण जीवन में भाग लेने के लिए तैयार कर सकते हैं:

- **अपने बच्चे को पहले से तैयार करें:** ऑटिस्टिक लोग पूर्वानुमान पसंद करते हैं। यह उनकी ताकत (गणित, तर्क) और चुनौतियों (भाषाओं और संचार) के बारे में हमें बताता है। जब हम किसी भी तरीके या माध्यम से उन्हें कुछ समझाते हैं, वह उनके दिमाग में छप जाता है, और उनकी चिंता को कम कर देता है। अगर किसी शादी या जन्मदिन की पार्टी में जाना है, तो उस जगह से संबंधित आपके दिमाग में आनेवाली हर चीज के बारे में उन्हें पहले ही बताएं, जैसे कि वह जगह कैसी दिखेगी, लोगों ने कैसे कपडे पहने होंगे, वे क्या करेंगे, वे क्या खाएंगे। घटनाओं के बारे में उन्हें पहले ही बता देना उनके तनाव को कम करने में मदद करेगा।
- **उन्हें व्यस्त रखे:** वर्षों से, कई माता-पिता मुझसे शिकायत करने आते हैं कि मेरे कहने पर, वे हिम्मत जुटाकर अपने बच्चे को एक रेस्तरां या सार्वजनिक जगह पर ले गए। और वहा हंगामा खड़ा हुआ। बच्चे से अपना भोजन आने

तक का भी इंतजार नहीं हुआ और वह अजीब बर्ताव करने लगा और हमें सभी चीजें छोड़कर बीच से ही घर लौटना पड़ा। मैं उनके प्रति हमदर्दी प्रकट करती हूँ और उन्हें पूछती हूँ कि उन्हें पार्टी में जाना क्यों पसंद है, और वे जवाब देते हैं, क्योंकि हम दोस्तों से मिल पाते हैं। जब मैं उन्हें बताती हूँ कि लोगों से मिलना जुलना उनके बच्चे को बेहद मुश्किल लगता है, और इसलिए वे आनंद नहीं उठा पाते, और अजीब बर्ताव करने लगते हैं, तब मुझे उनके चेहरे पर इस बात का अहसास होता दिखाई देता है। वीर को काईन संघराकयों में ले जाने (जो उसे बिलकुल नापसंद है), और फिर उसके अजीब बर्ताव से तंग होने के बाद, मैंने यह सबक सीखा है।

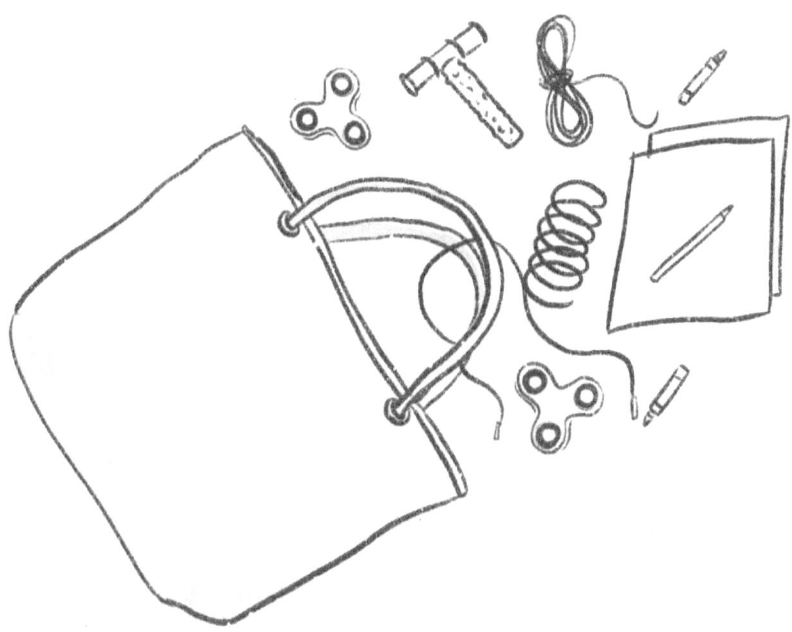

एक सबसे महत्वपूर्ण नियम याद रखें कि अपने बच्चे को बाहर ले जाते वक्त एक बैग हमेशा अपने साथ रखें जिसमें उसकी कुछ पसंदीदा या उसे व्यस्त और शांत रखने वाली चीजें हों, जैसे की फिजेट स्पिनर और खिलौने, स्प्रिंग्स, ग्लिटर की बोतलें। कुछ माता-पिता किताबें ले जाते हैं, और कुछ गेम खेलने के लिए उन्हें मोबाइल थमा देते हैं। घर से बाहर होने पर ये दोनों चीजे स्वीकार्य हैं। कुछ बातों को ध्यान में रखना चाहिए: बच्चे को पता होना चाहिए कि यह गतिविधि उन्हें सिर्फ तभी दी जाएगी जब वे घर से बाहर होंगे, नहीं तो, अगर वह परिचित हो जाए, तो यह चीज उबाऊ हो

सकती है। दूसरी बात है की, गतिविधि पसंदीदा तो होनी चाहिए, लेकिन ऐसी भी नहीं कि मेल्टडाउन के बिना आप उसे बच्चे से वापस ले ही न पाएँ। तीसरा, उन्हें महसूस होना चाहिए कि खाना टेबल पर आने पर या निकलने का समय होनेपर, वे आपको खिलौना वापस दे दें। रेस्तरां में ऑर्डर देने और खाना आने के बीच के समय में यह बहुत काम आता है।

- **छोटी शुरुआत करें:** अब आपने अपने बच्चे को तैयार किया है और अपने बैग को खिलौनों से भर दिया है। जब आप पहली बार बाहर जाते हैं, किसी करीबी जगह जाएँ। घर के करीब ऐसी जगह चुनें जहाँ जाने में ज्यादा समय ना लगता हो। एक छोटा कैफे या फास्ट-फूड रेस्तरां चुनें जहाँ आर्डर आने में ज्यादा समय नहीं लगता हो। शादी या जन्मदिन की पार्टी में, कुछ समय के लिए ही रुकें। इससे आपके बच्चे को पता चलेगा कि बाहर जाना मजेदार होता है, और आपको अगली बार ज्यादा समय बाहर रहने का आत्मविश्वास मिलेगा।

- **सुविधाएँ बनाएं:** वीर जैसे जैसे बड़ा होता गया, हर बार जब हम जन्मदिन की पार्टी में जाते थे, जहां गुब्बारे होने की पूरी संभावना होती, मैं उसे अपने नॉइज़ कैंसलींग हेडफ़ोन साथ लेने के लिए कह देती थी। जैसे ही गुब्बारे फोड़ना शुरू होता था, वह हैडफ़ोन पहन लेता था और संगीत सुनकर वह मेल्टडाउन के बिना खुद को संभाले रखता था। अगर आपका बच्चा तेज रोशनी से परेशान होता है, तो उन्हें गोगल्स पहनाइए, भले ही वह घर के अंदर हो। सोच विचार करने पर आप भी समारोह में अपने बच्चे की मदद करने के लिए सामाजिक रूप से उचित समाधान ढूंढ पाएंगे, और आप भी समारोह का आनंद ले पाएंगे।

- **अपनी अपेक्षाएं कम करें:** 'ऑटिस्टिक व्यक्ति से कभी भी काम अपेक्षाएं नहीं रखे। वे सब अपनी क्षमता के अनुसार काम कर सकते हैं।' यह मेरा मूलमंत्र है। इसलिए, अपेक्षाओं को कम करने के बारे में लिखना मेरे लिए विडंबनात्मक है। फिर भी, हम जानते हैं कि सामाजिक संचार ऑटिस्टिक व्यक्ति के लिए चुनौतीपूर्ण होता है, चाहे वे अन्य सभी क्षेत्रों में कितने ही शानदार क्यों न हो। वे सामाजिक कार्यक्रम में अन्य न्यूरोटिपिकल बच्चों की तरह बातें करें और भाग ले, यह हमारी अपेक्षाएं उनके लिए अनुचित और असमान होती है। इसके बजाय, क्यों न हम उन्हें आवश्यक सारे प्रकार की सहायता कर के उस समय का आनंद लेने दे? पिछले साल, हम श्रीलंका में एक पारिवारिक शादी में गए थे। पूरा परिवार संगीत समारोह में था, जहाँ चमकती तेजतर्रार लाइटें थी, ऊँची आवाज में संगीत बज रहा था और सैकड़ों लोग संगीत पर झूम रहे थे, चिल्ला रहे थे। वीर को डान्स करना बहुत पसंद है और वह मज़े कर रहा था, लेकिन कुछ देर बाद मैंने देखा कि वह असहज हो रहा था और तभी उसने बाहर जाने के लिए पूछा। हम दोनों एक गलियारे में चले गए, जहाँ एक सोफा था और लगभग ४५ मिनट तक वहां बैठे रहे। बीच बीच में हम बातें कर रहे थे लेकिन ज्यादातर समय शांत रहने के बाद, वह फिर से संगीत समारोह में

लौटने के लिए तैयार था, जहां उसने अपने भाइयों और बहनों के साथ डान्स किया और शानदार समय बिताया। उस समय उसे खुद को संभालने के लिए समय देने की वजह से, वीर, अपनी बहन की तरह एक पारिवारिक शादी में भाग ले पाया था।

अपने बच्चे के साथ बड़ी, बेदर्दी दुनिया में कदम रखना डरावना होता है। आप उन्हें सुरक्षित रखना चाहते हैं और उन्हें सभी असहज और दुखी परिस्थितियों से बचाना चाहते हैं। लेकिन साथ ही, एक माता-पिता के रूप में, आपको उन्हें जीवन के लिए तैयार भी करना चाहिए।

अध्याय १८

"टाइम पास"

जब मैं युवा थी, मैं सोचती थी कि २४ घंटे मेरे लिए काफी नहीं थे, वह सब कुछ करने के लिए जो मैं करना चाहती थी। तैरना, दौड़ना, उस समय मेरा पसंदीदा खेल खेलना, एक साथ कई किताबें पढ़ना, आइसक्रीम खाना, मेरी बुआ से बुनाई सीखना, अपने कुत्ते के साथ खेलना और ऐसी इतनी सारी चीजे मैं करना चाहती थी, की जितना भी समय दो, मुझे कम ही लगता था। इसकी तुलना में, वीर की रुचियाँ बहुत ही कम हैं। उसे ट्रैवल बुक्स और एटलस देखना पसंद है। उसे अपनी कोडिंग क्लास पसंद है और नियमित रूप से अपना होमवर्क करता है। उसे लेगो, पुज़्ज़ल और मैकेनिकल खिलौने बहुत पसंद हैं, और वह इंस्ट्रक्शन मैनुअल से देखकर जटिल प्रतिकृतियां भी बना सकता है। उसे संगीत सुनना पसंद है, आमतौर पर कुछ गाने हैं जो वह सुनता रहता है। लेकिन इसके अलावा, बहुत ही कम चीजें हैं जो उसे पसंद हैं। कुछ ऑटिस्टिक लोगों के विपरीत, उसकी कोई विशेष रुचि या जुनून नहीं है जिसमें वह हर समय व्यस्त रहता हो। जबकि यह कुछ मायनों में एक वरदान है क्योंकि वह हर समय किसी चीज से चिपका नहीं होता है, लेकिन इसका मतलब यह भी है कि उसे प्रेरित करने के लिए बहुत ही कम विकल्प बचते है। स्कूल में उसका अधिकांश समय बीतता है, लेकिन गर्मियों की छुट्टियों में उसका समय बिताने के तरीके खोजना मेरे लिए बहुत मुश्किल होता है।

हर साल, गर्मियों की छुट्टियाँ शुरू होने से पहले, मैं विकल्पों के बारे में सोचती थी और क्लास्स और समर कैंप में वीर का नाम देने की कोशिश करती थी, लेकिन अच्छी तरह से सचेत थी कि सभी चीजें उसकी जरूरतों के अनुरूप होनी चाहिए। उनमें से कई उसके लिए अनुपयुक्त साबित होते थे। मैं पूरे दिन काम पर होती थी और उसके साथ समय बिताने में असमर्थ थी, लेकिन उसे अर्थपूर्ण चीजों में व्यस्त कैसे रखा जाए इस बात को लेकर मुझे लगातार चिंता लगी रहती थी। मैं सोच में रहती थी कि वह खिड़की से बाहर देख रहा होगा, या अपने फोन पर चिपका होगा। मेरी सबसे बड़ी चिंता यह थी कि कहीं मेरी गैरमौजूदगी में उसे ऑनलाइन अश्लील चीजें ना मिले और वह उनमे ही ना खो जाए।

शुरुआत में ही, मुझे एहसास हुआ की गर्मियों की छुट्टियाँ शुरू होने से पहले ही मेरी योजना तैयार होनी चाहिए। हर साल सबसे पहले मैं कुछ दिलचस्प किताबें और गणित और अंग्रेजी की आसान सी वर्कबुक्स खरीदकर रखती थी। यह वीर को व्यस्त रखने का एक शानदार तरीका था। फिर मुझे एक-दो क्लासेस मिले जहाँ वह जा सकता था, साथ ही साथ स्कूल द्वारा आयोजित समर कैंप भी जिनमें वह एक या दो सप्ताह तक भाग ले सकता था। वहां उसने कुकिंग, पॉटरी, कला और शिल्प जैसे कई तरह के कौशल सीखे। दोपहर का समय पुज़्ज़ल, लेगो और कुछ साधारण घरेलू कार्यों के लिए रखा जाता था जैसे पौधों को पानी देना या कपड़े फोल्ड करना। अंत में, इन सारी गतिविधियां को साथ लता था, उसके अपने हाथों से लिखा एक शेड्यूल, जो उसे बताता था कि उसे किस समय क्या करना है। वीर को दिन भर व्यस्त रखने के लिए शेड्यूल एक शानदार टूल साबित हुआ। अब भी, चीजों को लेकर वह ज्यादा प्रेरित नहीं होता है। सीमित रुचियों के साथ उसे अकेला छोड़ने का मतलब था कि वह दिनभर खिड़की से बाहर देखता रहेगा और अपने फोन से चिपका रहेगा, जिससे मेरे बुरे सपने सच हो जाएंगे। लेकिन फिर शेड्यूल बना और चीजें बेहतर के लिए बदल गईं! वीर न केवल शेड्यूल का पालन करता है, बल्कि वह इसे नियंत्रित भी करता है।

जैसे-जैसे वीर बड़ा होता गया, मुझे एहसास हुआ कि उसका डेली शेड्यूल बनाने में मुझे उसे भी शामिल करना होगा। इसलिए, लगभग सात या आठ साल की उम्र के बाद से, वह मुझे बताता था कि शेड्यूल में क्या लिखना है, और यहां तक की खुद भी लिखता था। कई बार वह अटक जाता था, और उस समय के लिए एक तैयार सवाल सीख गया था, "मेरे पास क्या क्या विकल्प हैं?" मैं उसे कुछ गतिविधियाँ बताती थी, और वह आम तौर पर उनमे से एक चुनता था और हम वह शेड्यूल पर लिखते थे।

आज जब मैं यह लिख रही हूँ, हम कोरोनोवायरस महामारी के कारण लॉकडाउन में हैं, जिसने हम सभी के जीवनों को हिलाकर रख दिया है। ऑटिस्टिक लोगों के लिए, यह विशेष रूप से कठिन समय हुआ है। एक विशेष दिनचर्या से चलने वाले ऑटिस्टिक लोग समझ नहीं पा रहें हैं कि उनका जीवन ऐसा रुका हुआ क्यों है, और सब पहले जैसे फिर से शुरू होने के बारे में इतनी अनिश्चितता क्यों है। वीर को व्यस्त रखना मेरी इस समय की सबसे बड़ी चुनौती है, और इसलिए, हमने बेकिंग की एक परियोजना शुरू की है। अपने शेड्यूल के अनुसार, हमने सुबह के १० से १२ बजे तक का समय बेकिंग के लिए रखा है। इस समय में हम विभिन्न प्रकार के ब्रेड और केक बनाने की कोशिश करते हैं। जब मैंने वीर के साथ बेकिंग शुरू की थी, तब मुझे एहसास नहीं था

कि इससे वह क्या क्या सीख पायेगा। इस परियोजना ने उसे आधी और दोहरी मात्राओं की गणना करना, कप या चम्मच को समतल करना, अपनी गतिविधियों को धीमा करने के साथ ही सामग्री के साथ सौम्यता से पेश आना, और ऐसे कई कौशल सिखाये हैं। साथ ही साथ वह गूंधे जाने वाले आटे पर अपना गुस्सा भी उतार पाता है। बेकिंग ने वीर को व्यस्त रखने के साथ साथ बहुत कुछ सिखाया भी है। मैं उम्मीद कर रही हूँ कि यह रुचि जारी रहे और यह एक व्यवसाय में परिवर्तित हो जाएँ।

एरिक बर्न अपनी किताब, *गेम पीपल प्ले* में लिखते है, "मनुष्य की शाश्वत समस्या यह है कि वे नहीं जानते हैं कि उनके जागने के घंटों को कैसे संरचित करना है।" ऑटिजम स्पेक्ट्रम के लोगों के लिए, उनकी सीमित रुचियों और सामाजिक कठिनाइयों के साथ, यह समस्या और भी बढ़ जाती है। मुझे आशा है कि वीर अपनी विशेष रुचि खोज पायेगा, और अपना खाली समय अर्थपूर्ण तरीके से बिता पाएगा। जब तक हम वह विशेष रूचि ढूंढ नही लेते, हमारी खोज जारी है और रहेगी।

फुरसत की गतिविधियाँ और शेड्यूल

फुरसत की गतिविधियों सबंधित कौशल और वे कौशल ऑटिस्टिक बच्चों को सीखने में मदद करने के बारे में लिखूंगी, इस विचार से मैंने यह अध्याय लिखना शुरू किया था, लेकिन मेरा ध्यान शेड्यूल का महत्व समझाने की दिशा में मुड़ा है। इसीलिए, यह विभाग आपको दोनों से संबंधित जानकारी देगा। एरिक बर्न द्वारा बताया गए शब्द हमारे शिक्षक डोलोरेस अलग तरीके से हमें बताती थी। वह कहती थीं कि सभी मनुष्यों को सामाजिक संपर्क और समय बिताने के लिए अलग अलग तरीकों की आवश्यकता होती है। वह आगे कहती थीं कि क्योंकि ऑटिस्टिक लोगों को सामाजिक मेलजोल इतना मुश्किल लगता है, हमें उन्हें समय कैसे गुजारना है यह सिखाने की ज़रूरत होती है। और इसलिए फुरसत की गतिविधियों संबंधित कौशल सिखाना महत्वपूर्ण है।

ऑटिस्टिक लोगों की, विशेष रूप से बच्चों की दिनचर्या ऐसी होती है जो सप्ताह के दिनों के लिए संरचित होती है। वे दिन के दौरान थेरपी और अन्य क्लास्सेस के साथ-साथ स्कूल, आश्रय कार्यशालाओं या डे-केयर केंद्रों में जाते हैं। सप्ताहांत के दिन छुट्टी और खाली समय होता हैं, और कई माता-पिता मुझे बताते हैं कि उनके बच्चों के पास करने के लिए कुछ भी ना होने के कारण अजीब बर्ताव उभरते हैं या फिर वे

एक ही चीज बार-बार करना चाहते हैं। इनमें से कोई भी स्थिति बच्चे या माता-पिता के लिए स्वस्थपूर्ण नहीं है।

जबकि आपके और मेरे लिए सप्ताहांत का मतलब फुरसत है, और फुरसत में हम आराम या अपनी पसंदीदा चीजे कर सकते हैं, ऑटिस्टिक लोगों की रुचियाँ ही सिमित होती हैं, और इसलिए आपकी और मेरी तरह उनके पास करने के लिए ज्यादा कुछ नहीं होता है। इस वजह से आपके बच्चे को वे कौशल सिखाना और उन्हें बढ़ावा देना महत्वपूर्ण है।

अपने बच्चे की रुचियाँ खोजें और खाली समय में रुचियों के अनुसार चीजें करें। दिन में एक निश्चित समय निर्धारित करके बच्चों द्वारा प्रदर्शित की जानेवाली रुचियों को प्रोत्साहित करें।

- **कार्य प्रणाली (वर्क सिस्टम) सिखाएं:** कार्य प्रणाली (वर्क सिस्टम) एक ऐसी संरचना है जो किसी भी व्यक्ति को स्वतंत्र रूप से कार्य करने के लिए प्रोत्साहित करती है। चीजें रखने के लिए बनाया जानेवाला एक शू-बॉक्स या डिब्बा इसका आसान स्वरुप है। कारखाने की कार्यव्यवस्था या असेंबली-लाइन को हम इसका जटिल स्वरुप कह सकते है। कार्य प्रणाली की कुछ आवश्यकताएं होती हैं: पहले, बच्चे द्वारा किया जानेवाला कार्य, उसने पहले ही सीखा हुआ होना चाहिए (प्रणाली की रचना कोई भी नया कार्य सिखाने के लिए नहीं बनायी गईं है, लेकिन आप कार्य प्रणाली से मेल खाते कार्यों का उपयोग कर सकते हैं)। दूसरी बात, कार्य की शुरुआत, मध्य और अंत स्पष्ट रूप से निर्देशित किया जाना चाहिए। तीसरी आवश्यकता है कि कार्य प्रणाली का उपयोग करने वाले व्यक्ति, कार्य पूरा करने के लिए कम से कम दो से पांच मिनट तक बैठने में सक्षम होने चाहिए। चौथी बात, यह शांत वातावरण में और न्यूनतम विकर्षण के साथ किया जाना चाहिए।
- **कार्य प्रणालियाँ विभिन्न प्रकार की हो सकती हैं:** एक साधारण शोबॉक्स कार्य जिसमें एक पुट-इन या स्टिकिंग गतिविधि होती हैं; पुज़्ज़ल्ज़, खूंटे (पेग्स) और आकार सॉर्टर, मैचिंग और सॉर्टिंग बोर्ड और कार्ड शामिल हैं, और यहां तक कि एक साधारण, ड्राइंग-लाइन-टू-मैच-पिक्चर्स से लेकर गणित तक की कठिनाई वाली वर्कशीट भी शामिल हो सकती है

- **कार्य प्रणाली कैसे तैयार करें:** अपने घर के किसी एक शांत कोने में दीवार के खिलाफ एक व्यवस्था बनाएं। आपको टेबल, कुर्सी और टेबल के दोनों ओर फर्नीचर (कप या प्लेट रखने के लिए एक छोटा टेबल, एक फुटस्टूल, या एक कुर्सी) के लिए कुछ जगह रखें। टेबल के दाईं ओर एक टोकरी, टब या डिब्बा रखें, जिसपर "समाप्त" लिखा गया है। शुरू करने के लिए, एक आसान कार्य चुनें जो आपका बच्चा जानता है, पहले कर चुका है और आसानी से और जल्दी से पूरा कर सकता है। ऐसा करने से उन्हें सफलता मिलेगी और वे फिर से प्रयास करने के लिए प्रेरित होंगे। अगर आप अपने बच्चे को पुज़्ज़ल्ज़, खूंटा (पेग्स) या शेप सॉर्टर दे रहे हो, तो उनके टुकडे या शेप्स को एक टब में बाईं ओर रखें और बोर्ड या सॉर्टिंग बॉक्स उसी ओर, अलग से रखें। अगर आप अपने बच्चे को हल करने के लिए एक वर्कशीट दे रहे हैं, तो शीट और एक पेन / पेंसिल, फ़ोल्डर के बाएँ हिस्से में रखें: बच्चे का वर्कशीट को बाहर निकालना, उसे हल करना और शीट और फोल्डर के दाएं, "समाप्त" लिखे हिस्से में रखना है।

स्वतंत्र रूप से करने के प्रयास से पहले, बच्चे द्वारा यह करने का अभ्यास किया जाना चाहिए। कार्य प्रणाली का प्रवाह बाएं से दाएं और निम्ननुसार है (हम कैसे पढ़ते और लिखते हैं, इसके साथ तालमेल बिठाने के लिए डिज़ाइन किया गया है): व्यक्ति कार्य प्रणाली स्थल पर जाता है, बाईं ओर से एक कार्य चुनता है, वह टेबल पर रखता है और टेबल पर ही पूरा करता है, और पूरा होने के बाद दाईं ओर "समाप्त" लिखे

टोकरी में रख देता है, और अगला कार्य चुनता है। इस समय के दौरान, आप बिल्कुल भी मदद नहीं करते हैं। शुरू में, आप अपने बच्चे की प्रगति देखना चाहेंगे इसीलिए आप पीछे खड़े रहकर देख सकते हैं, लेकिन कोशिश करें कि आप कुछ भी न कहें। अगर आपका बच्चा गलती कर रहा है, तो आप सही जगह या विकल्प की ओर इंगित करके मदद कर सकते हैं। लेकिन, अगर वे कार्य को गलत तरीके से करना जारी रखते हैं, तो संभावना है कि जब आपने उन्हें यह सिखाया, तब उन्होंने वह सही तरीके से नहीं सीखा होगा, और इसलिए कार्य ही बदलना पड़ सकता है।

कार्य प्रणाली का अंतिम उद्देश्य स्वावलंबी बनना है। इसका मतलब यह है कि जब आप अपने बच्चे को प्रणाली सीखा के उसे तैयार कर के दे देते हैं, तो वे आपके द्वारा निर्धारित की हुई गतिविधियों में पाँच मिनट से घंटेभर तक का समय बिताने में सक्षम होने चाहिए। आप न केवल उन्हें समय गुजारने में मदद कर रहे हैं, बल्कि आप उन्हें आपके मार्गदर्शन के बिना काम करना भी सिखा रहे हैं। यह उन्हें स्वावलंबी बना देगा और आपको अपने लिए कुछ राहत भरा समय भी देगा।।

- **समय बिताने के रूप में घरेलू कार्यों का उपयोग करें:** सीमित रुचियोंवाले ऑटिस्टिक लोग घरेलू कार्यों में अच्छी तरह से व्यस्त रह सकते हैं। हालांकि ये आपके और मेरे आराम से संबंधित के विचार नहीं होते (सच कहूं तो, मुझे सफाई और छंटाई करना बहुत पसंद है!), लेकिन उनमें से कईयों के लिए ये हर दिन दोहराए जानेवाली शांतिदायक गतिविधियां होती हैं। १५ साल का एक लड़का, जिसके साथ मैंने काम किया था, वह शाम का समय कपडे इस्त्री करने और फोल्ड करने में बिताता था। यह उसके उम्र के बाकी लड़कों से काफी अलग हो सकता है, जो मैदान पर फुटबॉल या क्रिकेट खेलने जाते होंगे, लेकिन यह उसकी पसंदीदा गतिविधि थी और इससे उसके माता-पिता को राहत मिलती थी। एक अन्य बच्चे को धनिया साफ करना बहुत पसंद था, और हर दोपहर जब उसकी माँ सोने जाती थी, तो वह धनिया का एक गुच्छा लेकर बैठती थी और उसे साफ कर देती थी। वीर को पौधों पर पानी छिड़कना और पत्तियों को साफ करना बहुत पसंद है, और यह गर्मियों की छुट्टियों में उसके काम की सूची का हिस्सा है।
- **बर्ताव के पैटर्न के लिए समाधान बनाते समय होशियार रहें:** कुछ ऑटिस्टिक व्यक्ति कुछ वस्तुओं या गतिविधियों को लेकर जुनूनी होते हैं, और वह गतिविधियाँ बार-बार करते हैं - यह आटिजम के सटीक लक्षणों या विशेषताओं

में से एक है। जबकि यह गतिविधियाँ उन्हें व्यस्त रखती हैं, समस्या तब खड़ी होती है जब कुछ और करने के लिए इस गतिविधि को दूर करना होता है। इससे उनकी प्रतिक्रिया कुछ समय के लिए रोने और चीखने से लेकर चिल्लाने, सिर पीटने, खरोंचने, काटने और ताकत से मारने तक कुछ भी हो सकती है। ऐसे में हार मान लेना सही विकल्प नहीं है। ऐसी स्थितियों में, माता-पिता को होशियार बनना चाहिए। एक बच्चा जिसके साथ मैंने काम किया था, उसे स्टेशनों से अंदर बाहर जाती रेलगाड़ियों के वीडियो देखने का जुनून था। उसकी माँ जानती थी कि वह उसे हर समय यह देखने नहीं दे सकती, क्योंकि फिर बच्चा वही देखता रहता और बाके के काम करना छोड़ देता था। उस माँ ने इसका उपयोग कार्यों को पूरा करने की प्रेरणा के रूप में करने की कोशिश की, लेकिन कुछ भी काम नहीं आ रहा था। हर बार जब वह लैपटॉप बंद करती, तो वह चिल्लाता और लगातार रोता रहता, कभी-कभी उन्हें मारता था, जब तक कि वह निराशा से हार नहीं मानती। फिर उन्होंने एक शानदार विचार आया। बेटे के घर आने से पहले वे सुनिश्चित कर लेती थीं की लैपटाप में केवल तीन या चार प्रतिशत बैटरी बची रहे, और चार्जर को अपने अलमारी में रख देती थीं। साथ ही वे बिना इस्त्री वाले कपड़ों का ढेर करके रखती थी, क्योंकि इस्त्री करना उनके बेटे की अन्य एक पसंदीदा गतिविधि थी। लैपटॉप की बैटरी खत्म हो जाने के बाद, वे थोड़ी देर उसे रोने देती और फिर धीरे से उसे कपड़ों के ढेर के पास ले जाती थीं, और कुछ ही देर बाद वह इस्त्री करने और कपड़ों को फोल्ड करने लग जाता था। इस तरह उन्होंने अपने बेटे का वीडियो देखने का समय सीमित कर दिया और बिना किसी शोर शराबे के, उसे अन्य पसंदीदा गतिविधि में व्यस्त कर लिया।

- **उन्हें खुद से उत्तेजित होने के लिए समय दें:** हालांकि हम चाहते हैं कि हमारे बच्चे सार्थक रूप से व्यस्त रहें, लेकिन हर समय यह संभव नहीं है, हमारे लिए भी नहीं। हम में से ज्यादातर लोग मानेंगे कि दिन में हमारा पसंदीदा समय टिव्ही देखते या बिस्तर पर लेटे किताब पढ़ने में बिताया जाता है। हमारे बच्चों को भी ऐसा कुछ समय चाहिए होता है। कुछ ऑटिस्टिक व्यक्ति यह समय खुद को उत्साहित करने में बिताते है। अन्य लोगों को यह बर्ताव अजीब लग सकता है लेकिन उनके लिए यह उन्हें अच्छा महसूस करानेवाली चीजें करने में समय बिताने का तरीका होता है- और फुरसत के समय में हम भी वही

> तो करते हैं? आपका बच्चा जब अपने आप होता है तब आप उसे खुद को उत्तेजित करने के लिए समय दे सकते हैं, ताकि सार्थक रूप से गतिविधियों और लोगों के साथ जुड़ने के लिए, वे खुद को तैयार कर सके।

मैं पसंदीदा गतिविधियों के लिए समय निर्धारित करने और चिंता कम करने के लिए शेड्यूल होने के फायदों के बारे में बात कर रही हूँ। तो ये शेड्यूल होता क्या है? हम सभी इससे परिचित हैं। गूगल कैलेंडर, टू-डू लिस्ट, डेस्क प्लानर ये सारे एक प्रकार का शेड्यूल ही तो हैं। मैं व्यक्तिगत रूप से गूगल कैलेंडर का उपयोग करती हूँ, और वह मुझे ऐसी सारी चीजों के बारे में सचेत करता है जो करना उसके बिना मैं पक्का भूल जाती। जब मुझे बहुत कुछ करना होता है, तब कार्यों को एक सूची में विभाजित करना, प्राथमिकता के अनुसार शुरू करना, मुझे अपने दिमाग को शांत करने और प्राथमिकता नुसार पहले कार्य पर ध्यान केंद्रित करने में मदद करता है। इसमें कोई आश्चर्य की बात नहीं है कि एक शेड्यूल बनाने से ऑटिस्टिक व्यक्ति को चिंता कम करने में मदद मिल सकती है क्योंकि यह उन्हें स्पष्ट रूप से बताता है कि उन्हें कहाँ जाना है, उन्हें क्या करना है, उनसे क्या उम्मीद है, और आगे क्या आ रहा है। ऑटिस्टिक लोगों के लिए ये चीजें समझना तनावपूर्ण होता है, और इन्हें किसी भी रूप में पहले ही देखना, तनाव को कम करने में मदद करता है। एक शेड्यूल कई कारणों से माता-पिता का तनाव काफी कम कर सकता है: उन्हें और उनके बच्चे को क्या करना है इसकी पूर्वकल्पना देकर, यह उन्हें बेहतर योजना बनाऩे में मदद करता है। जब वे अपने बच्चे को समझते और स्वतंत्र रूप से शेड्यूल का पालन करते देखते हैं, तो यह उनकी चिंता कम करता है। जैसे-जैसे बच्चे बड़े होते हैं और अपना जीवन नियंत्रित करना चाहते हैं, शेड्यूल माता-पिता और उनके बच्चों के बीच के संघर्ष को कम करता है, क्योंकि अगर कोई कार्य शेड्यूल पर है, तो वह उनको पूरा करना ही होगा।

लेकिन, शेड्यूल सख्त, रोबदार और कठिन दिनचर्या नहीं होनी चाहिए। सबसे अच्छा शेड्यूल वह हैं जो i) उपयोग करने वाले व्यक्ति को समझ में आते है, ii) माता-पिता और बच्चे द्वारा बनाए जाते हैं, और iii) बच्चे की भावनाओं को ध्यान में रखते हुए, नियमित रूप से बदलते रहते है। एक फुरसत की गतिविधि के लिए समय निर्धारित करना शेड्यूल का एक महत्वपूर्ण हिस्सा है। यह विशेष रूप से थकाऊ कार्य सत्र के बाद एक विराम प्रदान करता है, साथ ही जुनून और उत्तेजनाओं में लिप्त होने के लिए एक निश्चित समय तय करने देता है। शेड्यूल अच्छे से समझने और सीखने

के बाद, बच्चा जानता है कि अपनी पसंदीदा गतिविधि में वह कुछ ही समय के लिए लिप्त हो सकता है।

अपने शेड्यूल को सफल बनाने के लिए यहां कुछ सुझाव दे रही हूँ!

- **ऐसी चीजों का उपयोग करें जो आपके बच्चे को समझ में आए** - रेखा चित्र, तस्वीरें, 3-D चीज़ें, कपड़े के टुकड़े, एक लिखित टाइमटेबल। हर बच्चे का समझने का तरीका अलग होता है। कुछ बच्चे कपड़े के टुकड़ों का संबंध घर के अलग-अलग हिस्सों में लगे पर्दों से जोड़ सकते हैं जो उन्हें वहां जाने का संकेत देते हैं। कुछ बच्चों के लिए, तस्वीरें अच्छा काम करती हैं।
- **एक मनपसंद जगह या गतिविधि के साथ शुरू करें।** आपको अपने बच्चे को शेड्यूल की अवधारणा सिखानी है, इसलिए एक पसंदीदा गतिविधि के साथ शुरुआत करना सबसे अच्छा होता है। यहाँ, मैं जानबूझकर "मनपसंद" के विपरीत "पसंदीदा" शब्द का उपयोग कर रही हूँ क्योंकि हम एक ऐसी चीज़ से शुरुआत करना चाहते हैं जो बच्चे को पसंद आए लेकिन वह उसकी सबसे पसंदीदा चीज नहीं हो और इसलिए उसे छोड़ना बच्चे के लिए मुश्किल नहीं होगा।
- **शेड्यूल की संख्या और जटिलता को धीरे-धीरे बढ़ाएं।** इसका मतलब शेड्यूल में लिखे हुए और आपके बच्चे को करने है ऐसे कार्यों की संख्या बढ़ाने के साथ ही आपके बच्चे को मुश्किल लग सकते हैं या वे करना पसंद नहीं करेंगे ऐसे कार्यों को शेड्यूल में जोड़ना है।
- **हर कठिन और गैर-पसंदीदा गतिविधि के बाद एक पसंदीदा गतिविधि रखें।** इससे आपके बच्चे को आने वाली गतिविधि का इंतजार रहेगा, साथ ही, क्योंकि गतिविधि पसंदीदा (और मनपसंद नहीं) होगी, वह केवल इस पर ध्यान केंद्रित करके आगे के कार्य को अनदेखा नहीं करेगा।
- **दैनिक और फुरसत की गतिविधियों के लिए**, और यहां तक की विशेष रूप से कठोर और कठिन कार्य के बाद उत्तेजन या स्टिम्मिंग का समय निर्धारित करने के लिए शेड्यूल का उपयोग करे।

अध्याय १९

मेल्टडाउन

वीर का पहला मेल्टडाउन जो मुझे याद है, तब हुआ था जब वह तक़रीबन दो साल का था। उस समय से पहले भी उसका मेल्टडाउन हुआ होगा, लेकिन उस समय मैं इतनी थकी हुई और नींद से वंचित थी, कि मुझे ज्यादा कुछ याद नहीं है।

उस दिन, दोपहर के भोजन के दौरान कुछ ऐसा हुआ जिससे वह रोने लगा। मैंने देखा कि उसके रोने की आवाज़ तेज़ हो रही थी, गायत्री और मेरी सासुमाँ परेशान हो रहे थे, सभी की आवाज़ें तेज़ हो रही थीं, और इसलिए मैं उसे लेकर एक कमरे में गई और दरवाजा अंदर से बंद कर दिया। उसका शरीर अकड़ रहा था और गुस्से और परेशान होने से गर्म हो गया था। मैं नहीं जानती थी कि वह किस बात के लिए रो रहा था, लेकिन मैं उसे वह चीज देने वाली नहीं थी; आखिर, मैं उसकी माँ थी, और मुझे सही गलत की समझ थी। पहले तो चिल्लाने की वजह से उसका चेहरा लाल हो गया था और गर्म गालों से नीचे कुछ ही आँसू बह रहे थे। फिर रोना चीखना तेज हो गया और वह अपना सिर इधर-उधर घुमाने लगा। ऐसे लग रहा था जैसे उसके दिमाग में उसे परेशान करने वाली चीज को, वह बाहर फेकने की कोशिश कर रहा था।

उस ही समय, क्या चल रहा है यह जानने के लिए मेरी सासू माँ ने दरवाजा खटखटाया। मैंने चिल्लाकर उनसे कहा “सब ठीक हैं और वीर का रोना बंद होने के बाद ही मैं बाहर आऊंगी”। मैंने वीर को पकड़ने की कोशिश की। मुझे डर था कि वह खुद को चोट पहुंचाएगा क्योंकि वह पागलों की तरह चारों ओर भाग रहा था, लेकिन हर बार जब मैं उसे छूती, उसका पूरा शरीर अकड़ जाता था और वह तेज आवाज में चीखता था।

इसलिए, मैं एक कोने में बैठ गई, और एक ही समय में क्रोध, जलन, लाचारी, उदासी और साथ ही मेरे बेटे के लिए गहरी सहानुभूति महसूस कर रहा थी। शांत रहने के लिए, मैंने गायत्री मंत्र का जाप किया, क्योंकि उस समय वह एक ही मंत्र मुझे पता था जो की मुझे शांत करने और रहने में मदद कर सकता था। कई बार मुझे उसे अपनी

गोद में बिठाकर थप्पड़ मरने का मन होता, लेकिन मैं जानती थी कि इस स्थिति में हम में से एक को समझदार बने रहना होगा, और मैं अपना नियंत्रण नहीं खो सकती थी।

घंटों की तरह महसूस हुए २० मिनट के बाद, वीर की चीखें सिसकियों में बदल गईं। पहले पत्थर जैसे अकड़ा हुआ उसका शरीर, रोने की वजह से थक चुका था। वह एक कोने में गया और चेहरा घुमाकर, बिस्तर के किनारे फर्श पर लेट गया। उसे इस तरह देखकर, मैं उसे गले लगाना चाहती थी, प्यार देना चाहती थी और बताना चाहती थी मैं उससे प्यार करती हूँ और वह ठीक हो जायेगा। लेकिन मुझे पता था की मैं ऐसा नहीं कर सकती क्योंकि अगर मैंने उसे छुआ तो वह फिर से चीखते चिल्लाते रो पड़ेगा।

मैंने जो देखा था, वह साधारण नखरों से अलग था। कमरे में उस समय के दौरान, वीर मुझसे बहुत दूर हो चुका था, और मैं उस तक पहुँच नहीं सकती थी। अपने ही बेटे से इतना दूर होने की भावना से मैं बहुत डर गई थी। अगले २० मिनट बीत गए, और वीर शांत हो गया था। मैं उसके पास जाने के लिए खड़ी हुई तब मैंने देखा कि वह सो गया था। रोने और सिसकियों की वजह से उसका चेहरा अभी भी गिला था, उसके हाथ जकड़े हुए थे। मैंने हलके हाथों से उसे उठाया और बिस्तर पर रख दिया। मुझे डर लग रहा था की अगर वह जाग गया तो फिर से रोने लगेगा। उसके ऊपर कम्बल ओढ़ते और पसीने में भीगे उसके बाल ठीक करते हुए, मैं उसका दिमाग के अंदर की बातें पढ़ने की कोशिश कर रही थी।

तब से, कभी घर पर और कभी सार्वजनिक स्थानों पर वीर का मेल्टडाउन चलता आया है। गायत्री सहित हम सभी को सीखना पड़ा कि उसे, और खास कर हमें, अपने आप को, कैसे संभाला जा सकता है। हमें यह भी पता चला कि मेल्टडाउन होने पर, वीर जानबूझकर मुश्किल या शरारती बर्ताव नहीं करता है; बल्कि स्थिति या वातावरण में से कोई कारण उसे ऐसा बर्ताव करने के लिए मजबूर करता है, और यह खुद को व्यक्त करने का उसका एकमात्र तरीका था।

समय के साथ, हमने मेल्टडाउन के कारणों को पहचानना शुरू किया और उसके उत्तेजित होने से पहले के संकेतों को समझना शुरू किया। इन सबसे ज़्यादा, अन्य ऑटिजम माता-पिता की तरह हमने भी लोगों की नकारात्मक प्रतिक्रियाओं और तानों को अनदेखा करना सीखा है, और जबकि हम कोशिश करते रहे, और आज भी कर रहें हैं, की वीर का व्यवहार उचित और ठीक रहे, हमें कभी भी वीर के होने की शर्मिंदगी नहीं हुई है। वह हमारा बेटा है, इस बात का हमें गर्व है।

मेल्टडाउन: उन्हें कैसे संभाले

सबसे पहले, हमें मेल्टडाउन और नखरे (टैंट्रम) के बीच का अंतर समझना होगा।

नखरे गुस्से का प्रकार है जो तब किये जाते है जब i) बच्चे को किसी चीज़ के लिए मना किया जाता है ii) वे चीजों को वैसा नहीं पाते जैसा वे चाहते हैं iii) उन्हें ऐसी चीज करने के लिए कहा जाता है जो वे नहीं करना चाहते हैं। उनके द्वारा मांगी गयी चीज़ को मना करने से होनेवाली निराशा से यह उबरते है, और वह चीज उन्हें देने पर, बच्चे शांत हो जाते है। नखरे ध्यान आकर्षित करने के तरीके होते हैं, और उस वक़्त अगर लोग वहां हो तो, नखरे की तीव्रता और मात्रा दोनों बढ़ने की संभावना और हो जाती है।

ऑटिस्टिक मेल्टडाउन, भावनाओं की सुनामी की तरह है। एक बार शुरू होने के बाद, कुछ भी नियंत्रण में नहीं होता, और ऑटिस्टिक व्यक्ति हो या माता-पिता, इसे कोई रोक नहीं सकता है। बच्चे के लिए, यह पर्यावरण, तनाव, अचानक-पन, तेजी से हुए बदलाव और कई अन्य कारणों द्वारा उकसाया गया भावनात्मक अनियंत्रण है। बर्ताव में समानताओं की वजह से मेल्टडाउन एक नखरे की तरह दिखता है, जैसे की रोना, चीखना, चिल्लाना। हालाँकि, दोनों में कुछ अंतर हैं।

ऑटिस्टिक व्यक्ति को मेल्टडाउन पर कोई नियंत्रण नहीं होता है। जब चीजें उनके सहनशीलता के बाहर हो जाती हैं, तो यह मेल्टडाउन को ट्रिगर करता है। एक और फर्क यह भी है की जब इच्छित वस्तु या ध्यान दिया जाता है या बच्चे को नजरअंदाज कर दिया जाता है, तो नखरे बंद हो जाते हैं, मेल्टडाउन पर इसका कोई असर नहीं होता है।

मेल्टडाउन से निपटने के दौरान, कुछ नियमों को ध्यान में रखना महत्वपूर्ण है।

- **सुरक्षित रहें:** जब बच्चा मेल्टडाउन की स्थिति में होता है, उनका अपने शरीर पर नियंत्रण नहीं होता हैं। वे चिल्ला सकते हैं, लात मार सकते हैं, खरोंच सकते हैं, काट सकते हैं। वे नहीं जानते की वे क्या कर रहें हैं। हालाँकि मुझे इसके मेडिकल कारणों के बारे में पता नहीं है, लेकिन मेरे और मेरे सहयोगियों के अनुभव से मैं कह सकती हूँ, कि मेल्टडाउन के दौरान, बच्चे अलौकिक शक्ति प्राप्त करते हैं, जिससे हर लात, खरोंच और काटने की तीव्रता से गहरी चोट लग सकती है। आपके बच्चे के मेल्टडाउन के दौरान, आपको यह सुनिश्चित करना होगा की आप और आपका बच्चा दोनों सुरक्षित रहें, और उसके आस पास ऐसी कोई भी चीज़ ना हो जिसे तोड़ा या फेंका जा सके।

उदाहरण के लिए, अगर कोई कांच का फूलदान या भारी लोहे की वस्तू हो, तो सुरक्षितता के लिए उन्हें हटा दें। अगर बच्चा आपको चोट पहुंचाने की कोशिश कर रहा है, तो उसे इस तरह से पकड़ें की आप उनके पीछे हों, और पीछे से उनके हाथों को पकड़ लें। इस तरह वे आपको काट नहीं सकते, न ही मार सकते हैं। अपने सिर को ऊपर की ओर झुका कर रखें ताकि वे अपने सिर से आपकी ठोड़ी पर ना मार सकें।

- **शांत रहें:** जब आप मेल्टडाउन से निपट रहे होते हैं, तो अपनी भावनाओं पर नियंत्रण खोना आसान होता है। आप बहुत सारी भावनाओं का सामना कर रहे होते हैं और अपने बच्चे पर गुस्सा होना बहुत ही आसान होता है। कृपया जान लें की ऐसा करने से मदद मिलने की बजाय स्थिति और बिगड़ जाएगी। शांत रहने के लिए, मेरी तरह, जप करें या गिनती करें, अच्छी यादों के बारे में सोचें, गाना गाएं। अपने दिमाग पर काबू रखने के लिए और स्थिति की वजह से भावनाों पर नियंत्रण न खोने के लिए, आप जो कुछ भी कर सकते हैं वह करें। मेल्टडाउन से निपटते समय अपनी भावनाओं पर नियंत्रण खोना स्वाभाविक होता है।

- **दूर रहें:** आपका बच्चा अपने मेलोडाउन के शिखर पर पहुंचने के बाद, थोड़ी देर के लिए शांत हो जाएगा और अपने आप को सँभालने की कोशिश करेगा। कभी-कभार आपको उनकी सिसकियाँ सुनाई देंगी। उस समय, अगर आप अपने बच्चे से संपर्क करने और उन्हें गले लगाने की कोशिश करते हैं, या उन्हें किसी भी तरह से छूते हैं, तो आप मेल्टडाउन को फिर से ट्रिगर कर सकते हैं। उन्हें शांत होने का समय दें। आप उनके साथ हैं, यह दिखाने के लिए, उनके पास बैठने की कोशिश कर सकते हैं, और उनके आपके पास आने की प्रतीक्षा करें।

- **चुप रहें:** कल्पना करें की आप जानते हुए भी कुछ गलत करते हैं और इसे करने के लिए आपको तुरंत फटकार लगाई जाती है। मेल्टडाउन के बाद अगर तुरंत आपने अपने बच्चे से बात की, तो उसको ठीक वैसा ही महसूस होगा। उनसे यह पूछना की उन्होने ऐसा क्यूँ किया, या उन्हे यह बताना की आपकी भावनाओं को ठेस पहुंची है और उन्हे दोबारा ऐसा बर्ताव नहीं करना चाहिए, या तो फिर से मेल्टडाउन को ट्रिगर कर सकता है, या अनसुना जा सकता है। इस स्थिति में, बच्चे के लिए आपके कहने पर ध्यान देना बहुत मुश्किल होगा। इसलिए, चुप रहना ही सबसे अच्छा विकल्प है। अगर आपके बच्चे को पसंद है और अगर वह उन्हें शांत करने में मदद करता है, तो आप एक धुन गुनगुना सकते हैं, लेकिन बहुत सारे बच्चे किसी भी तरह की आवाज से उत्तेजित होते हैं और शांत रहना ही उचित होता है।

- **ट्रिगर पहचानें:** अपने बच्चे के शांत हो जाने के बाद, उसके मेल्टडाउन की वजह के बारे में सोचें। वजह कुछ भी हो सकती है। दिनचर्या में बदलाव, भीड़-

भाड़ और शोर-शराबे वाली जगह या यहां तक कि कुछ ऐसा जिस पर आपका कोई नियंत्रण नहीं है, जैसे सड़क बंद होना या उड़ान रद्द होना। अगर आप पर्यावरण में बदलाव का अनुमान लगा सकें, तो आप उसके अनुसार योजना बना सकते हैं जैसे कि शोर-शराबेवाली जगह पर आप अपने बच्चे को नॉइज़ कैंसलेशन हेडफ़ोन दे सकते हैं या किसी परिचित मार्ग या दिनचर्या में बदलाव के लिए आप पहले ही उन्हें तैयार कर सकते है। लेकिन, जीवन अप्रत्याशित है, और इसलिए परिवेश के बदलने पर भी हमारे बच्चे सुरक्षित रहें यह हमें ही सुनिश्चित करना होगा।

- **पेट्रोल टैंक भरी है या खाली यह देखें:** कभी-कभी, ट्रिगर्स पहचानने के सभी प्रयासों और अपने बच्चों को खुद को संभालने में मदद करने के बावजूद भी, मेल्टडाउन होते हैं। मेरी मेंटर डोलोरेस शेलीन इसकी तुलना 'गैस टैंक' (या पेट्रोल टैंक) खाली होने से करती थी। अगर पेट्रोल टैंक खाली है, तो गाड़ी नहीं चल सकती है। इसी तरह, अगर बच्चों ने खाना नहीं खाया हो, वे नींद से वंचित हो, या अगर उन्होंने पॉटी नहीं की हो, तो वे अपनी क्षमता से कार्य नहीं कर पाते हैं। ऐसे समय में, कुछ क्षण के लिए सामान्य दिख रहा बर्ताव, किसी छोटे से ट्रिगर से अचानक मेल्टडाउन में बदल सकता है। ज्यादातर वक्त, आप यह ट्रिगर नहीं देख पाते और परिणामस्वरूप पहचान भी नहीं पाते हैं।

उम्मीद में, मैं 'क', एक प्यारा, १० साल का लड़का, के साथ काम कर रही थी, जो हर मंगलवार सुबह मेरे सत्रों में आता था। 'क' बाथरूम गए बिना मेरे सत्र के लिए आ गया था और उसका पेट साफ नहीं था; मैं हालांकि, यह नहीं जानती थी। हमारा सत्र शानदार हुआ। सत्र के दौरान 'क' पानी के खिलौनों से खेला और मेरे साथ खूबसूरती से जुड़ा रहा। हम टेबल पर बैठे थे और मैं 'क' को एक मैचिंग गेम दिखाकर उसे खेलने के लिए प्रोत्साहित कर रही थी। 'क' पहले राउंड तक ठीक था, पर जब मैंने उसे दूसरा राउंड दिखाया, जो थोड़ा कठिन था, वह अपने आसन पर छटपटाने लगा। मुझे संकेतों को समझना चाहिए था, लेकिन मैं इतनी प्रसन्न थी कि आमतौर पर अपनी मर्ज़ी पर चलने वाला बच्चा, उस दिन मेरी हर कही बात मान रहा था। कुछ ही मिनटों में, 'क' की छटपटाहट काफ़ी हिंसक हो गई, इसलिए मैंने सत्र वहीं रोक दिया। हालांकि, मैं नहीं चाहती थी कि उसे इस बर्ताव की आदत लगे जहां उसने गतिविधि करने के लिए विरोध दर्शाया और वह गतिविधी तुरंत रोक दी गई। इसलिए, मैंने उसका हाथ पकड़ा, और पुज़्ज़ल का आखरी टुकड़ा बोर्ड पर अपनी जगह लगा दिया। आगे जो हुआ वह देखकर

लग रहा था जैसे मैंने उसके उंदर का कोई बटन दबा दिया हो। 'क' मुझपर चिल्लाने लगा, मुझे लात मारने लगा। उसे कमरे से बाहर निकालने के लिए मुझे मेरे एक सहयोगी को बुलाना पड़ा, और हम दोनों, उसकी माँ की मदद से, उसे कमरे से निकाल सके। वह चिल्ला रहा था, आवेश के साथ लात मार रहा था और अपनी माँ को काटने की कोशिश कर रहा था, जिन्होंने उसे कस कर पकड़ रखा था। माँ अपने जूते पहन रही थी, तब तक मैंने 'क' के हाथ पकड़े और उसे शांत करने की कोशिश की। उसने अपने सिर से इतनी ताकत से मेरे पेट में मारा कि मैं उसके हाथों को छोड़, नीचे गिर गई। किसी तरह, हम तीनों के बीच, हम 'क' को सुरक्षित रूप से उसकी गाड़ी में ले गए, जहाँ वह अपनी माँ की गोद में सिसकियाँ लेता रहा। उस शाम, 'क' की माँ से बात करते वक्त हमें एहसास हुआ, कि उसका पेट उसे परेशान कर रहा था। छोटे स्टूल पर बैठने से उसके पेट पर दबाव आ रहा था जिससे वह असहज महसूस कर रहा था और सत्र छोड़ना चाहता था, लेकिन उसके पास यह व्यक्त करने के लिए शब्द नहीं थे। मेरे बिना यह जाने कि उस समय ट्रिगर क्या था, यह अचनाक पेट्रोल की टंकी खाली होने का सटीक उदहारण है।

- **मेल्टडाउन लड़ाई नहीं है:** शुरू में जब वीर को मेल्टडाउन होता था, तब मैं जिद्दी बन जाती थी। मुझे पूरा विश्वास था कि या तो मेरा बेटा मेरी बात मान ले या फिर रात भर रोता रहे। बड़ी मुश्किलों बाद, मुझे पता चला कि यह पूरी तरह से नाकाम कोशिश रही है। वीर लंबे समय तक रोते रहता था, और मैं अधिकाधिक निराश होती थी और अंत में उस पर चिल्लाने लगती थी, जिससे एक और लड़ाई शुरू हो जाती थी। इसके बजाय, इस स्थिति में सहानुभूति, करुणा और समझ की आवश्यकता है। मेल्टडाउन कितना भी परेशान कर देनेवाला क्यों न हो, लेकिन आपका बच्चा आपके साथ संवाद करने की कोशिश कर रहा है। जब आप समझते हैं कि वे अवहेलना नहीं कर रहे हैं या जिद्दी नहीं बन रहे हैं, और उनकी भावनाओं या बर्ताव पर उनका बिलकुल भी नियंत्रण नहीं है, उस समय आप भले ही उनकी मदद नहीं कर सकते, लेकिन उनके प्रति सहानुभूति और दयालु हो सकते हैं। जब आप आवेश और क्रोध को छोड़कर सहानुभूति और करुणा के साथ उनसे पेश आते हैं, तो उनके ते जल्दी शांत होने की अधिक संभावना होती है।

- **सार्वजनिक स्थल में मेल्टडाउन:** घर में भी मेल्टडाउन को संभालना इतना मुश्किल है, तो जब सार्वजनिक स्थान पर मेल्टडाउन होता है, तो आप अपने बच्चे और अपने आप को किऐसे संभा सकते हैं? यह समझने के लिए कई

सारे कारणों पर सोच विचार करना होगा जैसे दूसरों की सुरक्षा, आपके और आपके बच्चे के बारे में दूसरों की प्रतिक्रियाएं, आदि। ऊपर से खुद को महसूस हो रही लज्जा और आप पर रुकी हर नज़र के प्रति सचेत भावना को भी उनमे शामिल कीजिये। ऐसे वक्त में पहली सबसे महत्वपूर्ण चीज होती है, सुरक्षा। जितना जल्दी हो सके अपने बच्चे को लोगों से दूर और एक बंद, सुरक्षित स्थान पर ले जाएं। यह बाथरूम, कॉरिडोर या सीढ़ी के पास जगह भी हो सकती है। सुरक्षित और कम शांत कोई भी जगह उचित होगी। अब तक आप जान गए होंगे की आपके बच्चे को क्या शांत करता है, वह जो कुछ भी है, वह करें। अगर लोग सवाल पूछते हैं या मदद पेश करते हैं, तो विनम्रता से उन्हें बताएं कि अब स्थिति आपके नियंत्रण में है। इसमें जितने कम लोग शामिल होंगे, उतना ही आपके बच्चे के लिए बेहतर होगा। अगर संभव हो, तो बच्चा शांत होने के बाद, उस जगह से निकल जाएँ। अगर आप नहीं निकल सकते, तो बच्चा पूरी तरह से शांत हो चुका है और फिर उसी स्थान पर जाने के लिए तैयार है, यह जांचने के लिए अपने बच्चे के साथ पूरा समय बिताये। ट्रिगर का सामना करने पर आपका बच्चा क्या करेगा इस विषय पर चर्चा करें, और संबंधित चीजें साथ रखें जो आपके बच्चे को स्थिति सहन करने में मदद करेंगी (कुछ माता-पिता नॉइज़ कैंसलेशन हेडफ़ोन हमेशा साथ रखते है, तो कुछ एंटी-रिफ्लेक्टिव चश्मे साथ रखते है)। अपने आप को शांत रखें। एक बात समझ लें कि जो कुछ भी हुआ उसमे आपकी या आपके बच्चे की कोई गलती नहीं थी। लोग आपको और आपके बच्चे को अजीब नजर से देख सकते हैं, उन्हें देखने दें। वे आपका जीवन नहीं जी रहे हैं और आपके बारे में कुछ भी नहीं जानते हैं। आप अपने बच्चे के व्यवहार से चकित या लज्जित हो सकते हैं, लेकिन कभी शर्मिंदगी ना महसूस करें क्योंकि वे जो कुछ भी कर रहे हैं उस पर उनका कोई नियंत्रण नहीं है।

सुचना: अगर आप पाते हैं कि आपके बच्चे के मेल्टडाउन बहुत आक्रामक और बेकाबू हैं, तो कृपया अपने डेवलपमेंटल पीडीअट्रिशन से संपर्क करें।

अध्याय २०
स्कूली शिक्षा

वीर सात वर्ष के होने तक, तीन स्कूल बदल चुका था, पहले नर्सरी फिर बड़े बच्चों के स्कूल और बाद में स्पेशल स्कूल। बड़े बच्चों के स्कूल में आने से पहले हमारी सबसे बड़ी चिंता थी की क्या कभी वह स्कुल में जा भी पायेगा। हमने मुंबई के सभी प्रतिष्ठित स्कूलों में आवेदन किया था, कुछ पैरेंट इंटरव्यू और ऑब्जरवेशन सेशंस में भाग लिया था, जहां वीर इधर-उधर भटकता रहता था और टेबल पर रखी गई किसी भी गतिविधि को छूने से इनकार कर देता था। शायद इसकी वजह से उदार और समावेशी कहलानेवाले एक प्रतिष्ठित स्कूल द्वारा वह रिजेक्ट कर दिया गया था। अब हम निराश होते जा रहे थे।

जब हमें पता चला की एक बड़े बच्चों के स्कूल में केवल माता-पिता के इंटरव्यू लिए जा रहें थे और बच्चे का अवलोकन नहीं हो रहा था, तो हम तुरंत वहां गए। हमें इसी अवसर का तो इंतजार था। मोहित ने अपनी सबसे स्मार्ट शर्ट पहनी थी, मैंने अच्छी सी सलवार कमीज पहनी और चमकीली लाल लिपस्टिक लगाकर, हम इंटरव्यू देने चले गए। तब, मैं पहले से ही एक प्रकाशित लेखिका थी और मोहित खुद की लॉ प्रैक्टिस कर रहे थे, इसलिए हम एक छाप छोड़ आए। मुझे यकीन था कि स्कूल नए होने के कारण और जिस आत्मविश्वास के साथ हमने बात की थी, उसे देखते हुए, हमें एडमिशन मिल ही जायेगा।

और हमें मिला भी! हम बहुत खुश थे और गर्व महसूस कर रहे थे कि आखिरकार हमारे बच्चे को स्कुल में एडमिशन मिल गया था। पिछले अनुभव ने हमें सिखाया था कि जब "ऑटिजम" शब्द का उल्लेख किया जाता है, तो स्कूल पीछे हटते हैं, इसलिए स्वार्थी बन कर, हमने वीर की स्थिति के बारे में बात नहीं की। हमने स्कूल शुरू होने से कुछ दिन पहले शिक्षकों की मीटिंग आयोजित करने की बिनती की थी। हम घबरा गए थे, लेकिन ऐसा करना ही सही लग रहा था। वीर के शिक्षक दो उत्साही युवा महिलाएं थीं जो उदार और उसे पढ़ाने के लिए उत्सुक लग रही थीं। हमने उन्हें बताया कि उसे

सामाजिक संचार करना मुश्किल लगता है, और वो अलग या खोया हुआ लग सकता है। हमने उन्हें यह भी बताया कि वह शायद उनकी आखों में नहीं देखेगा, और सूचनाओं का पालन करने के लिए, उसे सूचनाएँ बार-बार बताने की आवश्यकता होगी। शिक्षकों ने हमें आश्वासन दिया कि वीर का अच्छी तरह से ध्यान रखा जाएगा, लेकिन उनके चेहरों की मुस्कुराहट के पीछे, मैं संकोच की हल्की झलक देख सकती थी।

स्कूल के पहले दिन, मोहित और मैं वीर को स्कूल छोड़ने गए थे। स्कूल की तस्वीरें ऑनलाइन दिखा कर हमने उसे तैयार किया था, लेकिन हम नहीं जानते थे कि वह कितना समझ पाया है। मैं कामना कर रही थी कि वह ठीक से रहे, कुछ हंगामा ना करे और स्कूल में बना रहे। दोपहर के समय, स्कूल छूटने के बाद, मैं गेट के पास उत्सुकता से इंतजार कर रही थी। सभी बच्चे अपने माता-पिता को दिखाने के लिए बनाए हुए चित्रों को लहराते हुए बाहर आए। वीर सबके पीछे, धीरे-धीरे अपने पैरों को खींचता हुआ चला आ रहा था । जैसे ही उसने मुझे देखा, वह भागने लगा और उसके चेहरे पर मुस्कान फैल गई। मैंने राहत की सांस ली और शिक्षक से पूछा कि उसका बर्ताव कैसा था। वह ठीक था, उन्होंने कहा, लेकिन उन्हें लगता था कि उसे सेटल होने में अभी कुछ समय लगने वाला था।

वे सही कह रहे थे - वीर को सेटल होने में समय लगा था। हमें स्कूल से कोई फोन कॉल नहीं आया, लेकिन हमारे पहले पैरेंट-टीचर इंटरेक्शन के दौरान, यह स्पष्ट था कि स्कूल के लिए वह चुनौतीपूर्ण था। उसे बाकी बच्चों की तरह बोलने और सीखने में मुश्किलें हैं, यह ना बताने के लिए हमें डांटा जा रहा था। और जब हमने उन्हें बताया कि उसके साथ कैसे काम करना है, इस विषय को लेकर हमने शिक्षकों से बात की थी, तो रुखाई से हमसे कहा गया कि आपको हमें और अधिक स्पष्ट तरीके से बताना चाहिए था।

हम दुविधा में थे। हमारे पास दो विकल्प थे। या तो अपने बेटे के लिए लड़ें, और मौका देखकर उसका डायग्नोसिस बता कर स्कूल से उसे निकाले जाने की जोखिम उठाएँ या सिर झुका के, चुप रह के, माफी मांग के स्कूल में रहें। किसी के माता-पिता होना आपको कई सबक सिखाता है; अपना अभिमान कब अपने ही पास रखना है यह जानना, उन कई में से एक है। हमने दूसरा विकल्प चुना।

वीर का बड़े बच्चों के स्कूल में जाना जारी रहा। इस स्कूल में दिन भी, नर्सरी के शुरुआती दिनों की तरह चल रहे थे - वह इधर-उधर भटकता रहता था, अकेला ही हँसता

रहता था, गिनी चुनी गतिविधियाँ करता था और होमवर्क के लिए दी गई वर्कशीट्स को रेखाओं और गोलाकारों से भर के साथ लाता था। अगले वर्ष, उसे सीनियर किंडरगार्टन में डाल दिया गया, और इस साल स्कूल में वह और उसकी बहन एक ही कक्षा में थे। दोनों बच्चों को एक स्थान पर रखना अधिक सुविधाजनक होगा, और साथ ही वीर को जरुरत पड़ने वह उसके साथ रहेगी, इस निहित स्वार्थ के साथ हमने गायत्री का एडमिशन उसी स्कूल में करवा दिया था। हमें पता था कि हम छोटी बच्ची पर बड़ा बोझ डाल रहे हैं, लेकिन हमें लगा कि हमारे पास कोई और विकल्प नहीं था।

सीनियर किंडरगार्टन में, बच्चे काफी तेजी से सीख रहे थे। उनमें से कई पढ़ रहे थे, आसान गणित कर रहे थे और पूरी कक्षा के सामने डायनासोर और ज्वालामुखी जैसे जटिल विषयों पर प्रेजेंटेशन कर रहे थे। वीर मुश्किल से वर्णमाला से अक्षर पहचान सकता था, और मुझे पता था कि हमें उसकी मदद करनी होगी। मुझे एक बहुत ही अच्छी विशेष शिक्षिका मिली जो हमारे घर के पास में ही रहती थी, और स्कूल के बाद सप्ताह में दो बार, वीर उनके घर जाता था । उनहोंने वीर को पहले अक्षर और फिर शब्दों को पढ़ना सिखाया। फिर भी कक्षा के अन्य बच्चों के साथ तालमेल रखने की दृष्टी से, वह अभी भी धीमा पड़ रहा था। जिन दिनों वह घर पर होता था, मैं उसके साथ काम करती थी। मैंने उसे बिस्कुट के टुकड़ों के साथ गिनती करना सिखाया और बड़े, रंगीन फ्लैश कार्ड के उपयोग से पढ़ना सिखाया। हम इतनी मेहनत कर रहे थे कि हम दोनों थक गए थे।

स्कूल में मध्य-वर्ष की मीटिंग, पहली मीटिंग से अलग नहीं थी। शिक्षकों ने हमें बताया कि वीर दुसरे बच्चों से मुकाबला नहीं कर पा रहा था, पर, उन्होंने न्यूयॉर्क से आए एक विशेष शिक्षक को वीर के साथ काम करने के लिए रखा था। वे देखना चाहते थे कि क्या वीर उनके साथ काम कर सकता है, और उन्होंने हमसे पूछा कि क्या वे वीर को कक्षा से अलग कर सकती हैं, और क्या कक्षा के दौरान उसके साथ बैठ सकती हैं। हमने तुरंत हाँ कहा और हम आशा करने लगे।

हमारी अगली मीटिंग तक, शिक्षकों के रवैये में बहुत बड़ा बदलाव आया था। वीर, विशेष शिक्षक को जवाब दे रहा था, वह अधिक ध्यान दे रहा था और कक्षा में उसे दी गई बहुत सारी वर्कशीट पूरी करने लगा था। वह खुश था, मुस्कुरा रहा था और गायन और समूह खेलों में भाग ले रहा था। स्कूल को भरोसा था कि वह एक और साल उनके यहाँ रह सकता है।

साल के बीच ही, हमें सूचित किया गया कि साल के अंत में, विशेष शिक्षक न्यूयॉर्क जाने वाली थी। इसका मतलब था कि वीर फिर से अकेला रह जाता। हमें एक बार फिर से स्कूल में बुलाकर बताया गया कि ग्रेड १ बहुत कठिन है। स्कूल को नहीं लग रहा था कि वीर अपने दम पर सामना कर पाएगा, और उन्होंने हमें अन्य कोई स्कूल देखने के लिए कहा। पहले, जब मुझे स्कूल में वीर की मुश्किलों के बारे में बताया गया था, मैं नम्र, आधीन और उदास हुई थी; इस समय, मैं गुस्से में थी, और गुस्से में, मैंने खुद को सशक्त महसूस किया। मैंने फोन कॉल किए, उसके विशेष शिक्षक, अन्य सलाहकारों, विभा और अन्य ऑटिजम अभिभावकों के साथ बातचीत की। मैंने विशेष स्कूलों, निजी ट्यूशन और क्लास्सेस के बारे में पता लगाया। अंत में, बहुत सारी जानकारी इकट्ठा करने के बाद, मैंने फैसला किया, मैं वीर को घर पर सिखाउंगी (होम-स्कूल)।

मैं एक योजना बनाने के लिए उसके विशेष शिक्षक और शिक्षा सलाहकार से मिली। हमने योजना बनाई कि जून के शुरुआत से, वीर अपने विशेष शिक्षक के साथ दिन में दो घंटे बिताएगा, दोपहर के भोजन के लिए घर आयेगा, जिसके बाद एक घंटा मैं उसके साथ काम करूँगी और फिर पर्याप्त समाजीकरण के लिए विभिन्न गतिविधियों और क्लास्सेस का आयोजन करूँगी।

आगे, और इसके बाद के दिनों में जो हुआ, उससे मुझे चमत्कारों पर विश्वास हो गया। मीटिंग समाप्त होने ही वाली थी, और मैं होम स्कूलिंग के बारे में मैं जानकारी खोजने के लिए पूरी तरह से तैयार थी, तब ही मुझे मेरी पहचान की एक ऑटिजम माँ का कॉल आया। उन्होंने मुझे मुंबई में खुले जाने एक विशेष स्कूल के बारे में बताया । वे उस सप्ताह के अंत में एक ओरिएंटेशन में भाग लेने जा रही थी, और उन्होंने मुझे भी वहा आने के लिए आग्रह किया। वीर किसी स्कूल में जा पायेगा इस संभावना से ही मैं उत्साहित थी, और मैंने तुरंत अपना नाम उस ओरिएंटेशन के लिए रजिस्टर कर दिया। अगले दिन, हम वीर के स्कुल की पैरेंट-टीचर मिट के लिए गए, और पहली बार, मुझे पता था कि मैं उसके बारे में जो कुछ भी सुनूंगी उससे मुझे बुरा नहीं लगेगा, क्योंकि मेरे पास वीर के भविष्य के लिए एक योजना तैयार थी। जब हमें बताया गया कि वीर को एक और साल के लिए स्कूल में रखा जा सकता है तो हमें सुखद झटका लगा। प्रिंसिपल, जो तब तक एक मित्र और सहयोगी बन चुके थे, उन्होंने ट्रस्टियों के साथ बात की और हमारे मामले को समझाने का प्रयास किया था। हमें उम्मीद की किरणें दिखाई दे रही थीं।

उस सप्ताहांत, हमने विशेष स्कूल के ओरिएंटेशन में भाग लिया। हमें बताया गया कि स्कूल विकसित किया रहा है और छात्रों के लिए अगले साल ही खुलेगा। इससे हमें थोड़ी निराशा हुई, क्योंकि हमने सोचा था कि बड़े बच्चों के स्कूल के बाद यह एक तत्काल समाधान होगा। लेकिन हमने जल्दी से अपनी योजनाओं को फिर से संघठित किया और सोचा कि मैं एक साल के लिए वीर को घर पर शिक्षा (होम-स्कूल) दे सकती हूँ, जिसके बाद वह स्पेशल स्कूल में जा सकता है। इस निर्णय से मोहित और मैं सहमत थे और अगले दिन, मैंने विभा से कहा कि वीर को घर पर ही शिक्षा देने के लिए मुझे उम्मीद में अपनी नौकरी से इस्तीफा देना होगा। वह दुखी हुई, लेकिन वह मेरी कठिन परिस्थिति को समझती थी।

मुझे स्पष्ट रूप से याद है कि अगले दिन गायत्री के पेट में दर्द था। उस दोपहर मैं उसे सुलाने की कोशिश कर रही थी। वह सोने ही वाली थी जब फोन की घंटी बजी और मैंने फोन करने वाले को मन ही मन गलियां दी। फोन पर मोहित थे और उन्होंने उत्साहपूर्वक आवाज में मुझसे मेरा ईमेल देखकर वापिस उन्हें कॉल करने के लिए कहा। मेल, स्कूल से आया था और उन्होंने लिखा था कि वीर प्रगति कर रहा है, और उन्हें लगता है कि शैडो टीचर के साथ उसे पहली कक्षा में एडमिशन दिया जा सकता है। शैडो टीचर ढूंढने और उनके प्रशिक्षण की जिम्मेदारी हमारी होगी, लेकिन वे गर्मी की छुट्टियों के बाद, उसे अपने स्कूल में रखने के लिए तैयार थे।

मेरी आखों में आँसू थे और गायत्री ने मुझसे पूछा, “मामा, क्या हुआ? आप क्यों रो रही हो?” मुझे राहत मिली थी। मेरे बेटे को सभी बच्चों की तरह उसका मूल अधिकार दिया जा रहा था। वह भी स्कूल जानेवाला था।

स्कूल संबंधित प्रबंधन

विशेष जरूरतों वाले किसी भी बच्चे के माता-पिता के लिए, स्कूल में प्रवेश दिया जाना ऐसा लगता है जैसे दुनियाभर की खुशियां मिली हों। आमतौर पर साधारण विकासशील बच्चों के माता-पिता के लिए भी स्कूल एडमिशन में दाखिला तनावपूर्ण होता है और ऑटिस्टिक बच्चों के माता-पिता के लिए तो यह उससे भी ज्यादा तनावपूर्ण होता है। प्रतियोगिता इतनी भयंकर है कि, छोटे बच्चों को एक कोचिंग क्लास से दूसरे में भगाया जाता है, और उनमें से, हमारे विशेष बच्चे, उनके अप्रत्याशित मूड और

स्वभाव, सेन्सोरी जरूरतों और द्वेष की वजह से पीछे रह जाते है। उन्हें किसी स्कूल में एडमिशन मिलना बहुत ही बड़ी बात लगती है।

असली परीक्षा तो उसके बाद शुरू होती है। वे स्कूल से बाहर ना निकाले जाएँ यह सुनिश्चित करना किसी परीक्षा से कम नहीं होता। प्राचार्य और शिक्षक के सहयोग से मदद मिलना अच्छा होता है, लेकिन कुछ और चीजें भी मैंने सीखी हैं जिनसे काफी फर्क पड़ सकता है:

- **सही रवैये के साथ शुरुआत करें:** आप बच्चे के माता-पिता हैं। आपने उन्हें जन्म दिया है, उनकी देखभाल की है, और आप उनकी हर जरुरत जानते है। अब आपको उन्हें एक अजनबी की निगरानी में सौंपना होगा, जिनके पास देखभाल करने के लिए ३० अन्य बच्चे हैं। आप रक्षात्मक हो सकते हैं, लेकिन खुद को याद दिलाएं कि उससे कुछ भी हासिल नहीं होगा। मैं कई माताओं से मिली हूँ, जो कक्षा में शिक्षकों से कहती हैं कि "मैं अपने बच्चे को सबसे अच्छी तरह से जानती हूँ, अब मैं आपको बताती हूँ कि आपको क्या करना है।" किसी भी शिक्षक के लिए, यह बेहद अपमानजनक हो सकता है, इसलिए, भले ही आप तनाव में हों, अपना दिमाग शांत और रवैया सहायक रखें।
- **सूचनाओं की सूचि बनाएं:** यह सूचि शिक्षक को आपके बच्चे के बारे में जानकारी प्रदान करती है (इस अध्याय के बाद एक नमूना दिया गया है)। इसमें, आपको अपना नाम, संपर्क और अपने बच्चे का रक्त गट बताना चाहिए। ऐसे तरीकों की सूची बनाएँ जो आपके बच्चे को सिखाने में मददगार साबित हो, जैसे की, "एक समय पर एक निर्देश दें, और अगर आवश्यक हो तो उसे दोहराएं" या "घंटी बजने से पांच मिनट पहले उसे एक चेतावनी दें और उसे नॉइज़ कैन्सलिंग हेडफ़ोन पहनने की याद दिलाएं ताकि वह चौंके नहीं"।
- **अतिरिक्त सामग्री बनाएँ:** कुछ बच्चों को विजुअल शेड्यूल की ज़रुरत होती है, दूसरों को कक्षा से पहले अपना काम पूरा होने पर खुद को व्यस्त रखने के लिए अतिरिक्त वर्कशीट, या कक्षा से एक स्तर नीचे की वर्कशीट की ज़रुरत होती है। कुछ बच्चों को "किसी को भी मारना नहीं है" या "अपनी जगह पर ही बैठना है" ऐसी सूचनाएं दिखानेवाले विशेष कार्ड की ज़रुरत होती है। ऐसी सामग्री शिक्षक आपके बच्चे के लिए बनाएँगे ऐसी अपेक्षा करना अनुचित है।

आप स्वयं वह बनाएं और शिक्षकों को उपयोग करने के लिए दें। वे जरूर इसकी सराहना करेंगे।

- **शिक्षकों के साथ नियमित बातचीत करें:** हलाकि हर रोज ऐसा करना संभव नहीं है, इसीलिए शिक्षकों के साथ मिलकर नियमित बातचीत के लिए उचित समय ढूंढे, जिससे आप अपने बच्चे की प्रगति के बारे में पूछताछ क सकेंगे। यह सप्ताह में किसी भी दिन स्कूल छूटने के बाद का समय हो सकता है या यहाँ तक कि एक फोन कॉल, मेसेज या औपचारिक ईमेल भी हो सकता है। अगर सही लगे, तो आपके बच्चे के लिए क्या आसान था और क्या मुश्किल लगा, यह जानने के लिए आप एक टेम्पलेट बना सकते हैं। इसकी कई कॉपी निकालकर शिक्षकों को भरने के लिए दें। शिक्षकों के लिए संचार का आसान रूप जो कुछ भी है उसका उपयोग करें ताकि आप अपने बच्चे संबंधित छोटी से छोटी जानकारी भी हासिल कर सकें।

- **अपना समय दें:** जब मैं नौकरी कर रही थी, स्कूल के सहयोग में काम करना मुझे तनावपूर्ण लगता था। मीटिंग में जाने के लिए हाफ डे लेना, कक्षा को फील्ड ट्रिप पर ले जाने में मदद करना या किचन में काम करना, मुझे समय की बर्बादी लगती थी। काफी समय बाद, मुझे इसके महत्व का अहसास हुआ। स्कूल में स्वयंसेवा करना (यह माता और पिता पर लागू होता है) आपको अपने बच्चे की दुनिया के अंदर झांकने और शिक्षकों के साथ संबंध बनाने और स्थापित करने का मौका देता है। मोहित ने वीर के स्कूल के फनफेयर में टिकट बेचने में मदद की है और साल में दो बार, मैं स्कूल में किचन में काम करती हूँ। भले ही मुझे कई बार मीटिंग और अपॉइंटमेंट को टालना पड़ा हो, लेकिन यह अनुभव काफ़ी अच्छे होते हैं। मुझे वीर के शिक्षकों से मिलने का मौका मिलता है, उनके साथ वीर की प्रगति के बारे में बातचीत करने का मौका मिलता है, और उसकी कक्षा में जाकर उसे 'हाय' कहने का मौका भी मिलता है (जिसे वह बहुत लज्जित हो जाता है!)। वीर जैसे बच्चे के साथ, जो अपने दिन के बारे में अधिक जानकारी साझा नहीं करते हैं, स्कूल में उनका जीवन कैसा है यह जानने का इससे शानदार तरीका, मेरे लिए और कुछ हो ही नहीं सकता।

- **अपने बच्चों के लिए बोलना सीखें:** एक विशेष स्कूल में भी, ऑटिस्टिक बच्चे, संचार और शरीर के समन्वय की मुश्किलों की वजह से, कई बार वार्षिक

संमेलन और समूह की गतिविधियों में पीछे पड़ जाते हैं। यह सुनिश्चित करना आपका काम है कि उन्हें भी इन गतिविधियों का हिस्सा बनने का मौका मिलें। वीर की आवाज सुंदर है और वह पांच साल से संगीत सीख रहा था, लेकिन उसे अपने वार्षिक कंसर्ट में अकेले गाने का मौका नहीं दिया जा रहा था। मैंने वीर के क्लास टीचर को फोन किया, जिन्होंने मुझे बताया कि अगर प्रिंसिपल सहमत हो तो ही उसे मौका दिया जा सकता है। तो मैंने प्रिंसिपल को ईमेल कर के वीर के आवाज की कुछ क्लिप भेज दी। दो दिन बाद, मैं उनसे मिलने भी गई। शुरू में, वह तैयार नहीं थी, लेकिन अंत में, उन्होंने अपना मन बदल लिया, और वीर के संगीत शिक्षक से उसके लिए एक गीत चुनने के लिए कहा। सौभाग्य से, वीर पहले से एक गाने की रिहर्सल कर रहा था और वह तैयार था। कॉन्सर्ट की रात, वीर पूरे स्कूल के कुछ ही बच्चों में से एक था जिन्होंने अकेले प्रदर्शन किया था, और उसने बहुत ही सुंदर गीत गाया।

अपने बच्चे के लिए बोलते समय नम्रता और शालीनता के नियमों को बनाए रखना बहुत ही महत्वपूर्ण है। बहुत सारे माता-पिता अपने बच्चों और उनकी प्रगति से इतने भावनात्मक रूप से जुड़े होते हैं कि उनके लिए बोलते समय, वे गुस्सैल और आक्रमक हो सकते हैं। इससे उन्हें या उनके बच्चे को कोई मदद नहीं मिलती है।

आपके बच्चे के स्कूल के अनुभव कैसे होंगे, यह काफी हद तक शिक्षकों और कर्मचारियों के साथ आपका रिश्ता कैसा है इस पर निर्भर है। सहायक शिक्षक और देखभाल करनेवाले कर्मचारी होने से इस बात पर काफी फर्क पड़ सकता है कि आपके बच्चे के प्रति स्कूल में कैसा रवैया अपनाया जाता है। मेरे द्वारा सुझाए गए सुझाव छोटे और महत्वहीन लग सकते हैं, लेकिन अंत में, आपके बच्चे के स्कूल के अनुभव को सकारात्मक बनाने के लिए छोटे से छोटा विचार भी मायने रखते है।

शिक्षकों के लिए शीट का नमूना

प्रिय श्री / श्रीमती ________________________, हम बहुत उत्साहित हैं कि ___________________ आपकी कक्षा में रहने वाला है। मैं कुछ बातें बताना चाहूंगी जो ________________________ को आपकी कक्षा में तेज़ी से बढ़ने में मदद करेंगी।

बच्चे का नाम:

उम्र:

जन्म तिथि:

लिंग:

पता:

संपर्क (माँ):

संपर्क (पिता):

एलर्जी (अगर कोई है):

चालू दवाइयां और वह देने का समय:

रक्त गट:

बच्चे के डॉक्टर:

संपर्क:

________________________ को कठिनाई होती है जब:

१. बहुत सरे चरणों के निर्देश सुनता है

२. बहुत शोर में ध्यान केंद्रित करना होता है

३. पूरी कक्षा को एक निर्देश दिया जाता है, तब प्रतिक्रिया देना

५. टाइम टेबल अचानक बदल दिया जाता है

________________________ को सीखना आसान लगता है जब / के साथ:

१. आप एक बार में एक निर्देश देते हैं

२. आप धीरे से बोलते हैं

३. आप उसे विशेष रूप से कुछ करने के लिए कहते हैं जैसे: "क्लास, लाइन में लग जाओ, ____, राहुल के पीछे खड़े रहो।"

४. आप उसे ब्रेक के दौरान अपना नॉइज़ कैंसलिंग हेडफ़ोन पहनने देते हैं

५. आप उसे टाइम टेबल में बदलाव की चेतावनी देते हैं, या, अगली कक्षा में जाने के लिए उसे थोड़ा अतिरिक्त समय दें।

हमें ______________________________ के साथ आपकी मदद करने में खुशी होगी, इसलिए किसी भी सहायता या समर्थन के लिए बिना झिजक हमें कॉल करें।

अध्याय २१

बेगल

६ मई, २०११ को, हम बेगल को अपने घर लेकर आए। हमें बताया गया था कि जानवर, विशेष रूप से कुत्ते, ऑटिस्टिक बच्चों के बहुत अच्छे साथी बनते हैं। सीमित दोस्तों और सामाजिक संपर्क की वजह से, ऑटिस्टिक बच्चे इन चार-पैरोवाले जीवों के सबसे अच्छे दोस्त बन जाते हैं, जो बदले में उन्हें ढेर सारा प्यार देते हैं।

इस विचार के साथ ही हमने एक कुत्ता पालने का फैसला किया था। मोहित के कोर्ट क्लर्क, प्रवीण, डॉग ब्रीडर के रूप में भी काम करते थे, और उन्होंने हमें उपयुक्त कुत्ता दिलाने का वादा किया। अगले ही दिन हमें एक फोन आया, और उन्होने हमें बताया कि बीगल जाती का एक स्वस्थ और अच्छा पिल्ला है और दो दिन में हमारे पास आ सकता है।

हम उत्साहित थे, लेकिन थोड़ी घबराहट भी महसूस हो रही थी। मैं पहले भी कुत्ते पाल चुकी थी और मैं जानती थी कि वे घर में क्या उथल-पुथल मचा सकते हैं। मोहित, जिन्होंने अब तक सिर्फ गोल्डफिश मछली पाली थी, कुत्ता पालने के नतीजों से अनजान थे। हमें अपने बच्चों को, खासकर वीर को भी तैयार करना था। वे दोनों कुत्तों से थोड़ा डरते थे और हमने सोचा कि उनके लिए डर का सामना करने का यह एक अच्छा मौका होगा, और उम्मीद राखी कि वे डर पर मात कर पाएंगे। गायत्री भयभीत थी, जबकि वीर कुत्ते के बारे में उत्सुक था, लेकिन विशेष उत्साहित नहीं था। वह थोड़ा चिंतित लग रहा था, जो एक नई स्थिति के लिए उसकी साधारण प्रतिक्रिया थी।

कुत्ते की प्रतीक्षा करते हुए, हम नामों के बारे में सोचने लगे। बच्चे अपने पसंदीदा कार्टून चरित्रों के नाम सुझाते रहे, लेकिन मैंने तय कर लिया था कि मुझे 'मिस्टर प्लोड' या 'पिंगू' नाम का कुत्ता नहीं चाहिए

था। मोहित नस्ल का नाम गलत लेकर सभी को बता रहे थे कि हम 'बीगल' के बजाय 'बेगल' प्रजाति का कुत्ता ले रहें हैं। मेरे पहले दो कुत्तों के नाम हमारे पसंदीदा भोजन के नाम पर रखे गए थे - 'कुल्फी' और 'टॉबलर'। इसलिए हमने तय किया कि बीगल, जब वह आएगा, उसे 'बेगल द बीगल' कहा जाएगा! (एक तरफ, हमें लग रहा था कि हम काफ़ी हाजिर जवाब है, लेकिन फिर पशु चिकित्सक के क्लिनिक में हमें तीन और 'बेगल द बीगल' मिलें!)

बेगल उस दिन नहीं आ पाया। शनिवार दोपहर को प्रवीण एक प्लास्टिक की टोकरी में एक छोटा सा डरा हुए पिल्ला लेकर आए। वह बहुत ही प्यारा, और बहुत सुंदर था। वह सावधानी से टोकरी से बाहर आया और झिझकते हुए घर में चारों ओर घूम कर अपनी नई दुनिया देखने लगा। हर कुछ कदम के बाद, वह रुकता और पेशाब करता था और मैं उसके पीछे-पीछे छोटे-छोटे, पीले पोखरों पर अखबार के टुकड़े डाल रही थी। इस बीच, वीर और गायत्री ऐसे बर्ताव कर रहे थे, जैसे हमारे घर कोई शैतान आया हो। उन्होंने खुद को स्टोर रूम में बंद कर लिया था और डर के मारे चीख रहे थे। उसी समय, तीन नन्ही लड़कियाँ, हमारे दोस्तों की बेटियाँ जो हमारे ही बिल्डिंग में रहती थीं, नए पिल्ले के आने की खबर सुनकर हमारे घर आयी, और बेगल को देखकर चिल्लाने लगीं। बेगल अपने ही दुनिया में था, घर में चारों ओर घूम रहा था और पेशाब कर रह था।

अगले दो हफ्तों तक, वीर और गायत्री सोफे के पीछे से बेगल के साथ खेलते रहे। स्कूल से घर आते ही, वे अपने बैग फर्श पर फेक देते थे और तुरंत सोफे पर चढ़ जाते थे। वे बेगल को बुलाते थे और थोड़े डरे, थोड़े सहमे उसे, घर के चारों ओर भाग-दौड़ करते देखते थे। अंत में, मैंने इस व्यवहार को रोकने का फैसला किया, और उन्हें सोफ़े से नीचे उतारा और फिर वे बेगल के साथ खेलने लगे।

शुरू से ही, हम समझ चुके थे कि बेगल एक साधारण कुत्ता नहीं था। बच्चे स्कूल से या मैं काम से घर वापस आऊँ, उसे कुछ फर्क नहीं पड़ता था। ज्यादा से ज्यादा, अपनी टोकरी में झपकी लेते लेते, वह अपनी एक आंख खोलता, हमें देखता, अपनी पूंछ हिलाता और फिर वापस सो जाता था। मोहित के साथ उसका रिश्ता बहुत अच्छा था, लेकिन ऐसा इसलिए, क्योंकि मोहित ने उसे पूरी तरह से लिप्त कर दिया था। वीर और बेगल ने घुलने-मिलने के रिश्ते के साथ शुरुआत की, पर दुर्भाग्य से, समय के साथ भी, वीर का यह रिश्ता गहरा नहीं हो पाया।

शायद हमने अपना होमवर्क सही ढंग से नहीं किया था। शायद हम बेगल के साथ जुड़ने में वीर की पूरी मदद नहीं कर पाए। शायद बेगल खुद गलत किस्म का कुत्ता था जिसे वीर के लिए घर लाया गया था। जो भी हो, वीर और बेगल एक दुसरे को सिर्फ सहन सकते थे, प्यार नहीं करते थे। वे दोनों एक ही छत के नीचे रहते हैं, और फिर भी, एक-दूसरे को तंग नहीं करते हैं। भोजन का समय तनावपूर्ण होता है क्योंकि बेगल खाने को लेकर पागल है, और खाना मांगने के लिए लगातार भौंकता है। दूसरी ओर, वीर अन्य कुत्तों के भौंकने के प्रति ज्यादा संवेदनशील नहीं है, लेकिन बेगल के भौंकने से उसे गुस्सा आता है। इसलिए, जब हम अपना नाश्ता, दोपहर और रात का भोजन करते हैं, बेगल को उसके भोजन के साथ रसोई में बांधना पड़ता है। अगर वीर को इस समय कुछ लेने के लिए रसोई में जाना पड़ता है, तो ऐसी स्थिति के लिए उसने अलग ही नुस्खा अपनाया है। वह अपने हेडसेट के तारों को बैंड के एक तरफ लपेटता है, और बेगल के भौंकने की आवाज से बचने के लिए हेडसेट पहनता है। वीर और गायत्री हर सप्ताहांत में जब बेगल को घुमाने ले जाते हैं, तब भी वह इसी हेडसेट का उपयोग करता है।

बेगल अब बूढ़ा हो चुका है, वह अब लगभग १० साल का है जिसकी तुलना की जाए तो वह ७० साल के मनुष्य की तरह है। मुझे नहीं पता कि वह कितने समय तक जीवित रहेगा या वीर उसके मरने पर कैसी प्रतिक्रिया देगा। वीर के लिए, बेगल एक झुंझलाहट, अपने माता-पिता के प्यार के लिए प्रतिस्पर्धी, और केवल शायद ही कभी एक दोस्त की तरह था।

चार साल पहले, बेगल बहुत बीमार था और हमें लग रहा था की अब वह नहीं बच पायेगा। उस समय, वीर मेरे साथ बैठकर बात कर रहा था, और मैं बेगल को सहला रही थी। मैंने वीर से पूछा कि उसे बेगल की बीमारी के बारे में क्या लगता है। "क्या वह मरने वाला है?" उसने बदले में मुझसे सवाल किया। मैंने उससे कहा कि मुझे नहीं पता, लेकिन मुझे उम्मीद है कि वह जीवित रहेगा, और फिर पूछा कि अगर उसकी मृत्यु हुई, तो क्या उसे उसकी याद आएगी। "हाँ," उसने कहा, "वह मेरा दोस्त है"।

बेगल हमारे घर में अव्यवस्था, हंसी, प्यार, झुंझलाहट और ऐसा बहुत कुछ लेकर आया है और वीर के लिए वह एक छोटा भाई है जो उसे गुस्सा दिलाता है और उसे चिढ़ाता है। बेगल वीर के लिए चीजों को आसान नहीं बनाता है, जैसे हम में से बाकी

लोग करने के आदी हैं। वह वीर को कोई छूट नहीं देता है और समायोजित और सहन करने, और एक भाई होना क्या होता है यह सबसे ज्यादा, उसने वीर को सिखाया है।

पशु और ऑटिजम

दुनिया की सबसे प्रसिद्ध ऑटिस्टिक व्यक्ति डॉ. टेम्पल ग्रैंडिन नाम की एक महिला है, जो कोलोराडो स्टेट यूनिवर्सिटी में पशु विज्ञान की प्रोफेसर और पशुधन उद्योग की सलाहकार है। वह पहली व्यक्ति हैं, जिन्होंने ऑटिस्टिक होना कैसे लगता है, इसके बारे में लिखा है, और ऑटिस्टिक लोगों के अधिकारों की बड़ी अभिव्यक्ता हैं। वह चित्रों के रूप में कैसे सोचती है और जानवरों के साथ कैसा संबंध महसूस करती है, जो उनके अनुसार दृश्यमान रूप से सोचते हैं, इस विषय पर टेम्पल ने काफी बात की है। अपनी मासी के खेत में जानवरों के साथ जुड़ने से लेकर, उनके बर्ताव के बारे में सीखकर के अपना करियर बनाने तक, टेम्पल पशु-ऑटिजम संबंध के लिए विख्यात पोस्टर गर्ल है।

जैसे ही आटिज्म के लिए थेरेपी एप्लाइड बिहेवियरल एनालिसिस (ABA) से दूर होकर अधिक वैकल्पिक दृष्टिकोणों की तरफ झुकने लगती है, एनिमल या पेट थेरपी, ऑटिस्टिक लोगों की दुनिया तक पहुंचने और उन्हें धीरे से बाहर निकालने के तरीकों में से एक है। ऑटिस्टिक बच्चों और वयस्कों के साथ जुड़ने के लिए एनिमल थेरपिस्ट विभिन्न प्रकार के जानवरों का उपयोग करते हैं। कुत्ते, बिल्लियां, गिनी पिग, घोड़े, और यहां तक कि चूहों का भी उपयोग किया जाता है। वे बताते हैं की जानवरों के साथ अपने संचार में, ऑटिस्टिक व्यक्तियों को जानवरों से बात करने की आवश्यकता नहीं होती है। बहुत सारे माता-पिता ने बताया है कि उनके ना बोलनेवाले बच्चे में उनके पालतू जानवर के साथ संवाद करने की लगभग एक टेलीपैथिक क्षमता होती है।

कुछ ऑटिस्टिक व्यक्तियों को पालतू जानवरों से जबरदस्त भावनात्मक समर्थन मिलता है, जो बिना शर्त प्यार करने के लिए ही तो जाने जाते हैं। वे पाते हैं की जानवरों के साथ के रिश्ते, सरल, सीधे और निस्वार्थ होते हैं। जब कि बारीकियां, चालाकी और नाममात्रता मानव के संचार की कुछ विशेषताएं हैं।

पेट थेरपिस्ट बच्चे को प्राकृतिक परिस्थितियों में जानवरों से परिचित कराने से शुरू करने की सलाह देते हैं, जैसे कि एक पार्क में तितलियों या पक्षीयों को दिखाना। जब वे जानवरों की उपस्थिति के आदी हो जाएँ, तब आप उन्हें एक ऐसे दोस्त के घर

ले जा सकते हैं, जिसके पास पालतू जानवर हो, या एनिमल शेल्टर भी ले जा सकते हैं। निर्देश देने और बातचीत को निर्देशित करने के बजाय, पीछे खड़े रहें और ध्यान से देखें की वे जानवरों के साथ कैसे जुड़ते हैं (सुनिश्चित करें कि वे सुरक्षित हों)।

आपके बच्चे के व्यक्तित्व के आधार पर, एनिमल थेरपिस्ट सलाह देते हैं कि वे किस प्रकार के जानवरों के साथ जुड़ाव बना सकते हैं। एक बहुत शर्मीला, कम बोलने वाला बच्चे के लिए एक मिलनसार और प्रफुल्लित जानवर अच्छा साबित हो सकता है। इस तरह का एक चंचल, ऊर्जावान जानवर ही उन्हें एक मजेदार तरीके से अपनी दुनिया से बाहर निकाल सकता है, और उनके आसपास के अन्य लोगों के साथ मिलने को प्रोत्साहित कर सकता है। दूसरी ओर, एक बच्चा जो हाइपरएक्टिव है, उसे एक शांत, और शायद उम्र में बड़े जानवर के साथ खेलने से लाभ होगा। अगर बच्चा परेशान या उत्तेजित होता है, तो एक शांत जानवर जो उनके प्रति कोई अस्थिर प्रतिक्रिया नहीं दिखाता है, उन्हें शांत कर देगा। यहां तक कि सिर्फ १०-१५ मिनट के लिए एक शांत जानवर के पास बैठना और उसे सहलाना, व्यक्ति की हृदय गति और रक्तचाप को कम करता है।

एनिमल थेरपिस्ट कहते हैं कि सिर्फ जानवरों के आसपास रहने से भी, बच्चों का ध्यान और एकाग्रता बढ़ सकते हैं। हर दिन उनको कंघी करने या उन्हें खिलाने जैसे आसान कार्यों से लेकर, उन्हें नहलाने, संवारने और घुमाने ले जाने जैसी अधिक जटिल गतिविधियों तक, पालतू जानवर की देखभाल में शामिल हर गतिविधि, बच्चों को स्वास्थ्य और स्वच्छता के साथ-साथ जिम्मेदारी की भावना भी सिखाती है। कई मामलों में, जानवर बच्चे के लिए भाई-बहन बन जातें है और उन्हें खुद की दुनिया से बाहर और वर्तमान में लाने में मदद करते हैं। बहुत सारे माता-पिता के लिए, घर की अन्य सभी जिम्मेदारियों के साथ-साथ, घर में एक पालतू जानवर लाने का विचार अकल्पनीय होता है। उन्हें ध्यान में रखना चाहिए कि पालतू जानवर का मतलब कुत्ते या बिल्ली से नहीं है, जिनको संभालने के लिए अधिक काम करने की आवश्यकता होगी; वे घर में एक गोल्ड फिश, एक गिनी पिग या हम्सटर ला सकते हैं, जिनकी देखभाल करना बहुत आसान है। छोटे पालतू जानवरों के साथ, आपका बच्चा उन्हें खाना खिलाना और उनका पिंजरा या टैंक को साफ करना सीख सकता है। अगर आप किसी कारण से घर पर पालतू जानवर नहीं ला सकते, तो आप नियमित रूप से एनिमल शेल्टर या खेत में जा सकते हैं जहाँ बच्चों को खेलने के लिए विभिन्न प्रकार के जानवर हों। खेतों में

जानेवाले परिवारों ने मुझे बताया है कि उनके बच्चे कम चिंतित, शांत और जानवरों के साथ ज्यादा खुश थे।

न्यूरोटिपिकल लोगों की दुनिया में, अपने बच्चे के लिए एक दोस्त खोजना कभी-कभी सबसे मुश्किल काम लगता है। हम अपने बच्चे के लिए बरा एक दोस्त चाहते है, जिनसे वे जुड़ सकते हैं, और उनके साथ समय बिता सकते हैं। अपने बच्चे के लिए इस तरह का एक दोस्त खोजने के हमारे प्रयासों में, इन चार-पैरोंवाले जीवों को नहीं भूलना चाहिए, जो उनके सबसे अच्छे दोस्त बन सकते हैं।

अध्याय २२

"नो थैंक यू"

मई २०१६ में, वीर, गायत्री और मैं अपने बहनोई से मिलने के लिए ब्रिटिश एयरवेज की फ्लाइट से लंदन जा रहे थे। मोहित एक व्यावसायिक यात्रा की वजह से, कुछ दिनों के बाद हमारे साथ शामिल होनेवाले थे और फिर हम साथ में बच्चों को लंदन दिखाने वाले थे। हम सब उत्साहित थे, विशेष रूप से वीर, क्योंकि उसे हवाई यात्रा करना बहुत पसंद है। वीर खिड़की के पास बैठना चाहता था, इसलिए वह और गायत्री एक साथ बैठे थे, और मैं उनके नजदीक वाली सीट पर बैठी थी। फ्लाइट ने उड़ान भरी, सीटबेल्ट निकालने का निर्देश दिया गया और क्रू ने पेय परोसना शुरू कर दिया।

मैं ठंडे जूस और एक रोमांटिक पिक्चर के इंतजार में थी क्योंकि बच्चे अपने हेडसेट और स्क्रीन से चिपके रहने वाले थे। एक मध्यम आयु वर्ग के ब्रिटिश व्यक्ति ने मुझे मेरा जूस का गिलास दिया और फिर बच्चों से पूछा कि क्या वे कोक चाहते हैं। चूंकि हम अलग-अलग बैठे थे, इसलिए हो सकता है कि उन्हें ऐसा नहीं लगा होगा की वह मेरे ही बच्चे थे। गायत्री ने तुरंत कहा, "हाँ, प्लीज़," अपना हाथ आगे किया और कोक का एक गिलास लिया। वीर को कोक पसंद नहीं था, और उस आदमी की तरफ देखे बिना, उसने सिर हिलाकर कहा, "नहीं"। खिदमतगार ब्रिटिश व्यक्ति ने गुस्से में तिरस्कारी रूप से कहा, "हमें अपने शिष्टाचार सीखने की जरूरत है, है ना?"

मैं उन्हें बताना चाहती थी कि मेरे बेटे ने जानबूझकर ऐसा बर्ताव नहीं किया है। मैं उन्हें बताना चाहती थी कि वीर ऑटिस्टिक है और इसलिए लोगों को आंखों में देखना या कब क्या कहना है यह समझना, उसके लिए मुश्किल है। लेकिन मैं कुछ नहीं कह पाई। मैं जितना इस घटना को भूलने की कोशिश कर रही थी, वह उतना ही मेरा पीछा कर रही थी। मुझे पता था कि वीर एक अच्छा, संस्कारी और दयालु बच्चा है। लेकिन दुनिया की नज़र में, क्योंकि वह ऑटिस्टिक था, उसमें पहले से ही कमी थी। शिष्टाचार की कमी उसे और पीछे धकेल दे रही थी।

इसीलिए, मैंने गायत्री को सहायक बनाया और वीर को "नो, थैंक यू" कहना सिखाने के लिए, उसकी मदद ली। हमने छुट्टियों में ही शुरुआत की, और एबीए थेरेपी (एप्लाइड

बिहेवियर एनालिसिस) का थोड़ा सा उपयोग करते हुए, हमने लंदन के प्रसिद्ध दृश्य और ध्वनियों को अपनी योजना में जोड़ दिया। मैंने उससे वही शब्द कहकर सुनाए (मॉडलिंग किया) जो मैं उससे सुन्ने की अपेक्षा रख रही थी। हर बार जब वह मुझे कुछ देता था, या यहाँ तक कि मेरे लिए दरवाज़ा खोलता था, तो मैं जोर से कहती, "थैंक यू!"; हर बार जब मुझे कुछ नहीं चाहिए होता था, तो मैं जोर से कहती, "नो, थैंक यू!"। जब वीर आइसक्रीम, लॉलीपॉप या कोई अन्य चीज मांगता था, तो मैं वह खरीद लेती थी और फिर इसे अपने चेहरे के पास रखती थी। वह लेने की कोशिश करता था, तब गायत्री उसे संकेत देकर पूछती थी, "तुम्हें क्या कहना चाहिए?", और वीर जवाब देता था, "थैंक यू।" यही दोहराया जाता था जब उसे कोई चीज नहीं चाहिए होती थी।

लगभग एक महीने के बाद, वीर काफी कुछ सीख रहा था। अब कुछ देर मेरे प्रतीक्षा करने के बाद, वीर "थैंक यू" या "नो, थैंक यू" कहने लगा था। बिना किसी संकेत या प्रतीक्षा के, अपने आप से ये शब्द कहने में वीर को लगभग डेढ़ साल लगा। इसी तरह, मैंने उसे "प्लीज" कहना सिखाया है, और यह कार्य आज भी जारी है।

शिष्टाचार

अच्छे शिष्टाचार सांस्कृतिक रूप से परिवर्तनशील होते हैं। दुनिया के एक हिस्से में जिस व्यवहार की निंदा की जाती है, उसे दूसरे हिस्से में अच्छा माना जाता है। उदाहरण

के लिए, पाश्चिमात्य देशों में डकार देने को बेअदबी का संकेत माना जाता है, जबकि भारत के कुछ हिस्सों में भोजन के बाद डकार देना यह डिक्लाता है कि आपने वास्तव में भोजन का आनंद लिया है!

सामाजिक रस्मो-रिवाज एक लड़ाई का मैदान की तरह है जिसके बीच हमारे बच्चों को गुजरना पड़ता है। पहले तो उनके लिए, सामाजिक संपर्क शुरू करना ही मुश्किल होता है; ऊपर से कब, क्या और कैसे कहना है यह समझना उनके लिए बहुत ज़्यादा मुश्किल है। हालांकि, इसका मतलब यह हो ही नहीं सकता कि हमारे बच्चे अशिष्ट या असभ्य हों। मेरी नजर में, ऑटिजम उन्हें अलग बनाता है। वे अपने साथियों से अलग लगते हैं, और जबकि हम चाहते हैं कि वे अपने ऑटिस्टिक होने पर गर्व करें, हम उनका जीवन आसान भी बनाना चाहते हैं। यही कारण है कि बच्चों को शिष्टाचार सिखाना जरुरी है।

डॉ. टेम्पल ग्रैंडिन ने इस दृष्टिकोण की पुष्टि की है। डॉ. ग्रैंडिन बताती हैं, "जब मैं छोटी थी, मुझसे अच्छे टेबल मैनर्स और 'प्लीज़' और 'थैंक यू' कहने की उम्मीद की जाती थी । न्यूरोटिपिकल बच्चे यह अपने आप सीख लेते हैं, लेकिन ऑटिस्टिक बच्चों को सिखाने की जरुरत होती है, और उनको सिखाने पर पूरा ध्यान नहीं दिया जाता है।" माता-पिता के लिए, यह अक्सर उनकी प्राथमिकता नहीं होती है; हालांकि, संचार, विशेष रूप से उपयुक्त संचार एक ज़रूरी कौशल है जो सिखाया जाना चाहिए। मैं जब इस विचार पर ध्यान ना देनेवाले माता-पिता से मिलती हूँ, मैं उन्हें पूछती हूँ कि उन्हें कैसे लगेगा जब उनका तीन साल का बच्चा, १८ या २० साल का होने के बाद, अगर उसे कुछ चाहिए, तो अपना हाथ बढ़ाने के बजाय, उस वस्तु को छीन ले। वे अक्सर कहते हैं कि बड़ा होते होते वह ऐसा करना सीख लेगा, जिसके जवाब में, मैं उनसे पूछती हूँ, "लेकिन कैसे?"। अगर हम अपने बच्चों को नहीं सिखाएंगे तो वे कैसे सीखेंगे? जबकि यह एक बात अपने बच्चों को कुछ भी सिखाने में लागू होती है, नीचे दिये गए कुछ तरीके आपके बच्चे को सही ढंग से संवाद करने के लिए प्रशीक्षित करने में सहायक हो सकते हैं :

- **मॉडल:** 'मॉडल' शब्द लेते ही हमरे आखों के सामने खुबसूरत, शक्तिपूर्ण पुरुष या सुंदर महिलाएं आ जाती है, लेकिन असल में शब्द का अर्थ होता है 'कोई क्रिया जिसका उदाहरण के तौर पे पालन किया जा सके'। जब हम अपने बच्चे को कुछ नया - शिष्टाचार, भाषा या फिर कुछ भी - सिखाना चाहते हैं, तो सबसे अच्छा तरीका होता है उसकी मोडेलिंग करना, यानि की खुद कर

के दिखाना, जिससे की बच्चा आपकी नकल कर के सीखे। हम जानते हैं कि हमारे बच्चों के लिए नक़ल करना एक कठिन कौशल है। इसलिए, चाहे आप जो भी सिखा रहे हों, कई बार उसे दोहराएं या दिखाएं, फिर वह "थैंक यू" या "प्लीज़" बोलना हो, या कुछ माँगने के लिए हाथ बढ़ाना हो। यह धीरे-धीरे करें; अगर आप बोल रहे हैं, तो शब्दों को ज्यादा खींचें ताकि आपका बच्चा उन्हें स्पष्ट रूप से सुन पाये।

- **संकेत:** प्रॉम्प्टिंग (संकेत देना) शब्द को बहुत ही गलत नज़रिये से देखा जाता है, खासकर ऑटिजम की दुनिया में। संकेत देने का मतलब है मदद करना, इसलिए जब आप अपने बच्चे को कुछ कहने या करने के लिए संकेत दे रहे हैं, तो आप उसे बस थोड़ी मदद कर रहे हैं। यह केवल तब किया जाना चाहिए, जब आप अपने बच्चे को कई बार सही व्यवहार करके दिखा चुके हैं। कुछ माता-पिता पूछते हैं: संकेत देने से पहले इसे कितनी बार मॉडल करें? वह आपके बच्चे की कौशल सीखने की क्षमता पर निर्भर करता है। अगर आपको लगता है कि आपके बच्चे ने सीख लिया है, तो आप उससे अपेक्षित शब्द के प्रारंभिक शब्दांश कह कर संकेत देने की कोशिश कर सकते हैं, जैसे "थैंक्यू" के लिए "थ", "प्लीज़" के लिए "प" या उन्हें अपना हाथ आगे करना चाहिए यह दिखाने के लिए, आप अपने बच्चे के हाथ को छू सकते हैं। अगर वे तुरंत ऐसा नहीं कहते या करते हैं (जिसकी संभावना ज्यादा होती है), कुछ बार फिर से प्रयास करें, और फिर उन्हें दोबारा मॉडलिंग कर के दिखाएँ। दोबारा कोशिश करें, और करते रहें, तब तक जब तक वे इसे सही से कर न लें।
- **सकारात्मक निर्देश:** इसका मतलब है अपने बच्चे को बताना कि क्या करना है, ना की क्या नहीं करना है। डॉ. ग्रैंडिन बताती हैं कि "जब मैं टेबल मैनर्स में गलती करती थी, तो मेरी माँ ने 'नहीं' कभी नहीं कहा। उन्होंने मुझे सही बर्ताव बताया। उदाहरण के लिए, अगर मैं आलू अपनी उँगलियों से खाती, तो वे कहती, 'नहीं, अपने कांटे का उपयोग कर के खाओ।'" बहुत बार, हम अपने बच्चे से कहते हैं, "ऐसा मत करो।" ऐसा कहने से वे जो कर रहें होते हैं, शायद कुछ मिनटों के लिए करना बंद कर देंगे, लेकिन फिर से करने लगेंगे, क्योंकि वे नहीं जानते कि उन्हें जो करने से मना किया है उसके बजाय उन्हें क्या करना चाहिए।

बहुत सारे सामाजिक रस्मो रिवाज और बारीकियाँ होती हैं, और हम वह सभी ऑटिस्टिक बच्चों को नहीं सिखा सकते हैं। हालाँकि, 'प्लीज़', 'थैंक्यू' और 'एक्सक्यूज़ मी' (मेरा अगला लक्ष्य) जैसी कुछ बुनियादी चीजें सिखाना ज़रूरी हैं। इन्हें सिखाना के पीछे का विचार आपके बच्चे को कोई पुरस्कार दिलाना नहीं है, बल्कि हम उन्हें यह सब इसीलिए सिखाते हैं क्योंकि जब आपका बच्चा ऑटिस्टिक होता है, तो उसे पहले से ही अलग और बाहर रखा जाता है। जैसा की डॉ. ग्रैंडिन कहती हैं, "शिष्टाचार या सामाजिक कौशल के बिना रहना, 'न्यूरोटिपिकल' बच्चे से ज्यादा ऑटिस्टिक बच्चे को बहुत अधिक नुकसान पहुँचाता है"। इनमें से कुछ सामाजिक बारीकियों को सिखाकर, हम यह सुनिश्चित कर रहे हैं की, जब तक उन्हें समाज के सभी लोगों द्वारा स्वीकार नहीं किया जाता, प्यार नहीं किया जाता और सामान दर्जा नहीं दिया जाता, तब तक हमारे बच्चों को इस समाज का हिस्सा बनने के लिए लड़ने का मौका मिलता रहे।

अध्याय २३
होर्मोनेस

जब भी मैं वीर के यौवन में प्रवेश करने के बारे में सोचती थी, मैं बहुत ही चिंतित हो जाती थी। यह खयाल कि मेरा छोटा सा बेटा बड़ा हो रहा है और यौवन में जा रहा है, बड़ा मुश्किल और डरावना था। मैंने कई उदाहरणों को सुना और पढ़ा था जिसमें ऑटिस्टिक बच्चों के माता-पिता ने बताया था कि उनके जीवन में उनके बच्चों के यौवन का समय उनके लिए सबसे मुश्किल चरण था। मैं इससे बहुत डर रही थी । मैंने इससे जुड़ी हर किताब पढ़ी, काम के दौरान सीखा, यहां तक की मैंने 'ऑटिस्टिक बच्चों के माता-पिता के लिए यौवन की तैयारी' इस विषय पर एक कार्यशाला के लिए पाठ्यक्रम की रचना करने में भी मदद की थी। यह सब, मैं अपना ज्ञान बढ़ाने के लिए और वीर के यौवन का जितना हो सके शांति से सामना करने के लिए कर रही थी।

एक माँ होने के नाते, वीर हमेशा मेरे लिए मेरा बच्चा ही रहा है। जुड़वा बच्चों में बड़ा होने के बावजूद, वह बहुत अधिक भोला है। वह यौवन स्थिति में प्रवेश कर रहा है, बड़ा हो रहा है, इस बारे में सोचना तनावपूर्ण था क्योंकि यह कुछ दिनों में होने वाला ही था। लेकिन, एक थेरेपिस्ट के रूप में, मुझे पता था कि आनेवाले बदलावों के लिए मुझे ही उसे तैयार करना होगा।

पहले पाठ के रूप में मैंने वीर और गायत्री को, उनके लैंगिक अंगों के बायोलॉजिकल नाम सिखाये थे। अब तक, हम वीर के लिए "वी-वी" और गायत्री के लिए "सु-सु" जैसे दो बचकाने नामों का उपयोग कर रहे थे, लेकिन अब इन्हें बदलने का समय आ गया था। मैंने, नहलाते समय, कपडे बदलते समय, सोते समय, हर मौके का उपयोग करते हुए, उन्हें बार-बार लिंग और योनि ये शब्द सिखाए, ताकि वे उन शब्दों से परिचित हो जाएँ। और फिर, मैं प्रार्थना कर रही थी कि वे सबके सामने जाकर उन शब्दों को चिल्लाना ना शुरू करें।

इसके बाद उन्हें यह सिखाना था कि वे कहाँ और क्या बोल सकते हैं। फिर यह की वे कहाँ क्या कर सकते हैं, जिसमे कि नाक में उंगली डालना, अपने निताबों को

खुजाना, टॉयलेट का इस्तेमाल करना, अपने कपड़े बदलना और अपने लैंगिक अंगों को छूना शामिल था। वीर को अपना तौलिया लपेटे बिना बाथरूम से बाहर निकलने की आदत थी, और हालाँकि दो, तीन या पांच साल तक शायद यह प्यारा लग सकता था, लेकिन मुझे एहसास हुआ कि १५ साल का होने के बाद भी अगर वह ऐसा करेगा, तब यह शायद उतना प्यारा नहीं लगेगा। मैंने उसे सिखाया कि जब वह बाथरूम से बाहर आने के लिए दरवाजा खोलता है, तब उसे पूरी तरह से कपड़े पहने होने चाहिए, या कम से कम अपने तौलिये को कमर के नीचे सुरक्षित रूप से लपेट लेना चाहिए।

इसके बावजूद भी, वीर ने अपने तौलिये के बिना बाथरूम से बाहर निकलना जारी रखा। मैं चिल्लायी, उसे तरह तरह से समझाया, लेकिन उसका यह बर्ताव जारी रहा। होली का त्योहार था और होली खेलने के बाद, मैं वीर को नहला रही थी। नहलाने के बाद, मैंने उससे अपना शरीर पोछने के लिए कहा, तब उसने कहा, "मामा, तौलिये तक मेरा हाथ नहीं पहुँच पायेगा"। मैंने उस हुक को देखा जिस पर उसका तौलिया लटका हुआ था, और तब मेरे ध्यान में आया कि उसके लिए वह बहुत ऊँचा था। यह मेरे लिए एक "आसान सबक" की तरह था। तो यही वजह थी कि वह अपने तौलिये के बिना बाहर आ रहा था, क्योंकि वह उस तक नहीं पहुंच सकता था! जैसे ही मैंने उसके लिए कम ऊंचाई पर एक हुक लगा दिया, तब से बाथरूम से बाहर आते वक्त वीर हमेशा कमर पर तौलिया लपेटकर बाहर आता है। उस दिन मैंने सीखा कि हमारे बच्चों को होनेवाली बहुत सी समस्याएँ, जो ऑटिजम की वजह से हो सकती है, सामान्य बुद्धि से सुलझ जाती है, हालाकिं, इस मामले में कुछ कील और हौथौड़े ने काम कर दिया।

वीर को यह भी सिखाना था कि अनजाने में भी, सार्वजनिक स्थलों पर अपने लैंगिक अंगों को नहीं छूना चाहिए। जब भी मैं उसे खुद को छूते या खरोंचते हुए देखती, मैं धीरे से उससे पूछती, "क्या तुम्हें अपने कमरे या बाथरूम में जाना है?" मैं यहां 'धीरे' शब्द पर ध्यान खींचना चाहूंगी। पहले, मैं वीर को अपने लैंगिक अंगों को छूते देख बहुत शर्मिंदा होती थी और उसे डांटती थी, या उसे टोकती थी। मेरा यह बर्ताव तब तक जारी रहा जब तक मुझे एहसास नहीं हुआ कि यह पूरी तरह से सामान्य व्यवहार है, और यह भी कि अन्य लोगों के सामने ऐसा नहीं करना चाहिए यह समझने के लिए वीर सामाजिक रूप से सचेत नहीं है। कौनसी चीजें निजी तौर पर की जानी चाहिए यह उसे सिखाने के बाद भी, अगर वह सब के सामने यह बर्ताव दोहराता है, तो मैं उस पर गुस्सा नहीं होती हूँ, बल्कि, सम्मानपूर्वक उससे धीरे से पूछती हूँ कि क्या वह किसी निजी जगह जाना चाहता है।

मुझे एहसास हुआ कि वीर और गायत्री दोनों के शरीर में बदलाव होंगे। उन्हें पता होना चाहिए कि इन परिवर्तनों से कैसे निपटना है। लड़कों के लिए, लैंगिक अंग और काखों में बालों का बढ़ना और आवाज का टूटना सबसे पहले होनेवाले परिवर्तनों में से एक है। मैंने एक किताब पढ़ी थी, जिसमें बताया गया था कि कैसे ऑटिस्टिक लड़कों को उनकी आवाज़ें "टूट रही हैं" ऐसा बताने पर चिंता का दौरा होता है। किताब में "टूट" के बजाय "बदल" शब्द का उपयोग करने की सलाह दी गई थी। वीर को यह समझने में मदद करने के लिए, मैंने अपने फोन पर एक वॉइस चेंजर ऐप डाउनलोड किया। इस आसान से ऐप में उसकी आवाज़ रिकॉर्ड की जाती थी और इसे कई तरह के आवाजों में बदल कर सुनाया जाता था। इस ऐप का उपयोग करके हम अपनी आवाज को डोनाल्ड डक से लेकर एलियन की आवाज तक में बदल कर सुन सकते थे। इसका उपयोग करके, मैंने उसे समझाया कि उसकी आवाज़ भी बदल जाएगी और पहले से अलग सुनाई पड़ेगी।

शारीरिक परिवर्तन में शारीरिक स्वच्छता का महत्व भी था, विशेष रूप से शारीरिक दुर्गन्ध। अच्छे शिष्टाचार की तरह, मैंने महसूस किया कि वीर को सामाजिक समारोह में शामिल करने का एक तरीका, उसे अच्छी तरह से तैयार करना था; यहां तक कि खराब सांस या शारीरिक दुर्गंध की वजह से न्यूरोटिपिकल व्यक्ति को भी सामाजिक अस्वीकृति का सामना करना पड़ता है। वीर की सुबह की दिनचर्या थी, अपने दांतों को ब्रश करना, डिओडोरेंट लगाना, अपने बालों में तेल लगाना और उन्हें कंघी करना। असल में, वह हमेशा ही, उसके अनुसार इन "चार चीजों" को भूल जाता था, और बाथरूम में वापस चला जाता था। नतीजतन, स्कूल के लिए देर हो जाती थी। कुछ महीनों बाद, मुझे अपने शिक्षक डोलोरेस की सलाह याद आई: इसे दृश्यमान बनाएं। रंगीन कागज पर, मैंने वीर को इन चार चरणों को लिखने के लिए कहा। मैंने कागज को एक प्लास्टिक फ़ोल्डर में डाला और वॉशबेसिन के बगल में, बाथरूम में एक सूखी जगह पर चिपका दिया। मुझे उसे केवल कुछ दिनों के लिए याद दिलाना पड़ा जिसके बाद वीर हर सुबह अपनी सूची को देखकर, खुद से "चार चीजें" याद रखने लगा। अब सूची की जरुरत नहीं पड़ती क्योंकि वीर यह दिनचर्या सीख चूका है।

यौवन अपने साथ भावनात्मक बदलाव भी लेकर आता है। मेरा प्यारा और शांत बेटा समय-समय पर गुस्से से भरा नव युवक बन जाता है, और कहता है, "मुझे अकेला छोड़ दो" और अपने कमरे का दरवाजा जोर से बंद कर देता है। ऐसे में, मैंने उसे कुछ समय के लिए अकेला छोड़ देना सीख लिया है। फिर कमरे से बाहर आने पर हम उसके

गुस्से की वजह पर बात करते हैं। कभी-कभी वह कारण बता पाता है, तो कभी कभी कहता है वह इस बारे में बात नहीं करना चाहता है, और मैं उसके फैसले का सम्मान करती हूँ। सम्मान हमारे रिश्ते का आधार बन गया है, एक सबक जो मैंने वयस्क ऑटिस्टिक लोगों की माताओं को सुनने से सीखा है। जैसे जैसे हमारे "बच्चे" बड़े होते हैं, हमें वयस्कों के रूप में उनका और उनके द्वारा लिए गए निर्णयों का सम्मान करना चाहिए, जब तक की वे हानिकारक नहीं होते हों। मैंने इन गुस्से भरी स्थितियों से यह भी सीखा है कि वीर की कही हुई बातों को व्यक्तिगत रूप से मन पर नहीं लेना चाहिए। हालांकि वे कठोर लग सकती हैं, लेकिन उसके बयान उसकी इच्छा प्रकट करते हैं, और उनका मतलब किसी को ठेस पहुँचाना नहीं होता है। बाद में, मैं कभी-कभी उसे बताती हूँ कि जिस तरह से उसने बातें कही, उससे मुझे दुख हुआ, ताकि उसे पता चले कि केवल शब्द नहीं, बल्कि जिस लहज़े में वे कहे जाते हैं, वह भी बहुत मायने रखता है।

पंद्रह साल की उम्र में, हमने अभी अभी यौवन की दुनिया में प्रवेश किया है, और जब एक ही उम्र के दो बच्चे (क्षमा करें, बच्चे नहीं, युवा वयस्क, जैसा कि वे हमें याद दिलाते रहते हैं!) एक साथ अपनी किशोरावस्था से गुजर रहे हैं, मोहित और मैं एक साहसी अनुभव के लिए तैयार हैं। आने वाले समय में, विपरीत या समान लिंग के प्रति आकर्षण (हम दोनों के लिए तैयार हैं), हार्मोनल असंतुलन, विकासात्मक बढ़ाव, हस्तमैथुन (हाँ, लगभग सभी युवा, जिनमें ऑटिस्टिक भी शामिल हैं, हस्तमैथुन करते हैं), बॉयफ्रेंड, गर्लफ्रेंड, रिजेक्शन, ब्रेकअप और ऐसा बहुत कुछ हमारे जीवन का आकर्षण रहेंगे। हम बस अच्छे की उम्मीद रख सकते हैं, बुरी स्थिति के लिए तैयार रह सकते हैं और सवारी का आनंद ले सकते हैं!

यौवन

अक्सर माता-पिता सोचते हैं कि न्यूरोटिपिकल युवा और उनके ऑटिस्टिक युवा बच्चे के यौवन के अनुभवों में क्या अलग होगा। अच्छी बात यह है कि बच्चा ऑटिस्टिक हो या न्यूरोटिपिकल, सभी युवा लोग यौवन में समान परिवर्तनों का अनुभव करते हैं जैसे कि लिंग उत्थापन, हस्तमैथुन, चेहरे के बाल, मासिक धर्म, बढ़ते स्तन, शेविंग, भावनात्मक विस्फोट। बाकी के अनुभव असल में बच्चे पर निर्भर होते है और हर बच्चे के लिए अलग होते हैं। अपने स्वयं के अनुभव से, माता-पिता को सलाह देने और यौवन पर कार्यशालाओं का संचालन करने से, मैंने निम्नलिखित सीखा है:

- **यौन विकास के विचार के साथ सहज हो जाएं:** हम इसके लिए तैयार रहें या ना रहें, यौन विकास हमारे बच्चों के विकास का हिस्सा बनने ही वाला है। अपने बच्चे को यौवन के लिए तैयार करने के लिए, पहले आपको उन अवधारणाओं के साथ सहज होना होगा जो आप उन्हें सिखाना चाहते हैं। इसे पढ़ने वाले आप में से अधिकांश लोगों को किताबों और मैगज़ीन के माध्यम से, "लैंगिक शिक्षण" के बारे में, दोस्तों या बड़े भाई-बहनों और बहुत कम मामलों में, माता-पिता द्वारा शिक्षित किया गया होगा। मेरी पीढ़ी के अधिकांश माता-पिता, अपने बच्चों के साथ यौवन और सेक्स पर चर्चा करने में बेहद शर्म और असहजता महसूस करते थे। आज, चीजें अलग हैं, और हम चाहते हैं कि हमारे बच्चों को, ऑटिस्टिक हो या सामान्य, खुद के शरीर से संबंधित, आने वाले परिवर्तनों से संबंधित और सबसे महत्वपूर्ण, सुरक्षा से संबंधित सारी जानकारी होनी चाहिए। हमें ही अपने बच्चों को सुरक्षित रखना होगा, और इसके लिए पहले हमारी खुद की पूर्वधारणाओं, और यौवन और सेक्स के संबंधित, असहजता को दूर करना जरुरी है।
- **व्यावहारिक तरीके से सिखाएं:** जब आप लैंगिक अंगों के बारे में सिखा रहे हैं', तब इस बात का पालन करना महत्वपूर्ण है। हमारे बच्चों को विभिन्न भाषाओं के विभिन्न गीतों के माध्यम से उनके शरीर के अंगों के नाम सिखाए जाते हैं, लेकिन लैंगिक अंगों को पूरी तरह छोड़ दिया जाता है जैसे कि लिंग, योनि और नितंब। मैंने सुना है की जब कुछ बच्चों को यूरिन इन्फेक्शन होते हैं, लेकिन क्योंकि वे योनि या लिंग का नाम नहीं जानते हैं, या वे केवल परिवार से दिए गए नाम, जैसे "नु-नु" या "तू- तू" जानते हैं, स्कूल के शिक्षकों या परिवार के बाहर के वयस्कों को अपनी परेशानी नहीं बता पाए हैं। ऑटिजम में, जहां काईन बच्चों के लिए संचार ही मुश्किल है, आपके बच्चे का इन्फेक्शन बिना इलाज किये हुए, काईन दोनों तक रह सकता है। दुर्व्यवहार के बारे में बता ना पाने की वजह से तो यह बहुत अधिक गंभीर और खतरनाक साबित हो सकता है। इसलिए, कृपया अपने बच्चों को उनके लैंगिक अंगों के बायोलॉजिकल नाम सिखाएँ। अगर आप शुरू में असहज महसूस करते हैं, तो वह नाम तब तक बार बार अपने आपसे कहते रहें, जब तक कि आपकी शर्मिंदगी दूर नहीं हो जाती है। अगर आपके बच्चे ने अभी तक बोलना नहीं सीखा है, तो उन्हें

इंगित करके या चित्रों का उपयोग करके सिखाएं। ऐसा करने से वे स्पष्ट रूप से समझ पाते हैं।

- **दृशामन पद्धति से सिखाएं:** एक बार फिर, मैं अपने शिक्षक डोलोरस के ऑटिस्टिक बच्चों और वयस्कों को सिखाने के सबसे महत्वपूर्ण तरीके से चालू करुँगी: इसे दृश्यमान बनाएं। अगर आपको अपनी बेटी को मासिक धर्म या पीरियड्स के बारे में सिखाना है, तो उसे तस्वीरें, सोशल स्टोरी या एक वीडियो दिखाएं (ऑनलाइन बहुत कुछ उपलब्ध हैं)। अगर मासिक पीरियड्स के आने को लेकर आपको उसकी चिंता कम करनी है, तो कैलेंडर पर दिनों को चिह्नित करें। जब आप चाहते हैं कि आपका बेटा यह समझे कि स्वप्नदोष या नियटफॉल के बाद उसे अपने कपड़े बदलने चाहिए, या अपनी दाढ़ी कैसे बनानी है, तो चरण दिखाने वाले चित्रों का अनुक्रम बनाये ताकि वह समझ सके। अगर आप यह सिखाना चाहते हैं कि क्या निजी और क्या सार्वजनिक है, तो चित्रों या शब्दों का उपयोग करके एक चार्ट बनाएं। वे किन लोगों को छू सकते है और किस तरीके से, जैसे की गले लगाना, चुंबन लेना, हाथ मिलाना, और किन लोगों को उन्हे अनदेखा करना चाहिए, यह उन्हें सिखाने के लिए तस्वीरों का उपयोग करें। उन्हें यह भी बताया जाना चाहिए कि असुरक्षित तरीके से छुए जानेपर, उन्हें किसके पास जाना है। ऐसे किसी भी माध्यम का प्रयोग करें - चित्र, तस्वीरें, रेखा चित्र, कहानियां, फिल्म, विडियो - जिससे आपके बच्चे समझ सकेंगे।

- **खुद को संभालना (सेल्फ रेग्युलेशन) सिखाएं:** चूंकि इन वर्षों के दौरान भावनात्मक झटके अक्सर होते हैं, इसलिए खुद को संभालने के बारे में समझाने से, आपका बच्चा खुद को शांत कर सकेगा। सबसे पहले, उन्हें बताएं कि वे खुद को शांत करने के लिए कहां जा सकते हैं जैसे की उनका खुद का कमरा या घर का एक कोना जहां उन्हें थोडा एकांत मिलेगा। कई बच्चों में हार्मोनल बदलावों के कारण मूड स्विंग्स होते है, और वे उन्हें संभालना नहीं जानते। हालाँकि, अच्छी बात यह है कि उनकी कुछ पसंदीदा गतिविधियाँ या वस्तुएँ होती हैं जो उन्हें शांत करती हैं। एक अभिभावक के रूप में, वे वस्तुएं या गतिविधियाँ कौनसी हैं यह आपको पता होगा। भावनात्मक झटके के दौरान, आप इन्हें अपने बच्चे को दे सकते हैं। वे शायद बता नहीं पाएंगे की उन्हें क्या चाहिए, इसलिए उनके सामने उन्हें शांत करनेवाली गतिविधियाँ या वस्तुओं की तस्वीरें रखें, जैसे कि मालिश, कुश बॉल, संगीत, ट्रैम्पोलिन, भारित कंबल और अन्य पसंदीदा चीजें। जब आप अपने बच्चे को यह दिखाते हैं, तो चुनने के लिए बहुत अधिक विकल्प ना रखें, क्योंकि यह उनकी कुंठा बढ़ा सकता है। बच्चा जब गतिविधि चुन ले, और उसके बाद अगर उसे आपकी सहायता की आवश्यकता ना हो, तो सुनिश्चित करें कि कमरा सुरक्षित है और फिर उसे अकेला छोड़ दें। उन्हें ठीक होने और बेहतर स्थिति में वापस आने के लिए, खुद का समय और एकांत मिलना जरुरी होता है।

यौवन का सामना करते समय वह अंतहीन लग सकता है, लेकिन अपने आप को याद दिलाते रहिये कि यह समाप्त हो जाएगा। इस बीच, अपने बच्चे के साथ अपनी लड़ाइयाँ बुद्धिमानी से चुनें और अगर विषय महत्वपूर्ण नहीं है, तो अनदेखा करें। ऐसा करने से आपका उर्वरित मानसिक स्वाथ्य अच्छा रहेगा!

अध्याय २४

सच का खुलासा

वीर जब लगभग १२ साल का हुआ तब हमें लगा की अब उसे उसकी अवस्था के बारे में बताने का वक़्त आ गया है। वार्षिक चेक-अप के लिए जब हम विभा से मिलने गए थे, तब वह भी इस विचार से सहमत थीं। उन्होंने हमें बातचीत को आसान और स्वाभाविक रखने, और कई सवालों के लिए तैयार रहने की सलाह दी। जितना मैं वीर को जानती हूँ, मुझे संदेह था कि उसे बताये जाने के तुरंत बाद कोई सवाल आयेंगे; आम तौर पर यह उसकी आदत है कि बातचीत पूरी होने के लम्बे समय बाद वीर हमसे सवाल पूछता था। उन्होंने यह भी सुझाव दिया कि हम बात को बड़ा मुद्दा न बनाएं, और गाड़ी चलाते समय, खाना पकाने या कुछ गतिविधि एक साथ करते समय उससे बात करें। इस तरह बातचीत लम्बी चौड़ी नहीं चलेगी और वह दबाव या चिंता महसूस नहीं करेगा।

विभा ने हमें दिए गए सुझावों की सूची में "ख़ुलासे संबंधित बात" शामिल किया, लेकिन मैंने वह कागज वीर की फ़ाइल में लगा दिया और उसे भूलने की कोशिश की। लेकिन इससे बचने का कोई रास्ता नहीं था। मैं काफी घबरायी हुई थी- कैसे अपने बेटे को यह बताती कि उसकी एक ऐसी स्थिति है जो उसे अन्य लोगों से अलग बनाती है? उसकी वजह से उसे दोस्त बनाने और बातचीत करने में मुश्किल होती है; उस वजह से ही उसे कुछ आवाजें तेज लगती हैं और शर्ट के टैग के खरोच महसूस होते हैं? मैं उसे यह कैसे बताती कि इस अंतर का मतलब था कि वह अपनी बहन की तरह जीवन नहीं जी पाएगा, भले ही वह गर्भ से ही उसकी साथी थी? वह दूर जा सकती है, जबकि उसे, शायद, हमारे साथ ही रहना होगा। यह अन्यायी और एक तरीके से, डायग्नोसिस का फिर से सामना करने जैसा लग रहा था।

कई महीनों तक इसके बारे में कुछ भी ना करने के बाद, आखिरकार मैं और वीर अकेले, एक दिन दोपहर का खाना खा रहे थे। हम दोनों हँसी मज़ाक कर रहे थे और अचानक हम गायत्री और उसकी सहेलियों के बारे में बातें करने लगे। ज्यादा कुछ सोचे

बिना, मैंने उससे उसके दोस्तों के बारे में पूछा। उसने उनके नाम लिए, और उन्हें अपनी उंगलियों पर ऐसे गिन रहा था जैसे वह रटे नंबर बता रहा हो। फिर हमने इस बारे में बात की कि क्या उसे उनसे बात करना मुश्किल लगता है (उसे लगता था) और मैंने उससे पूछा कि क्या उसके मन में यह सवाल आता है कि ऐसा क्यों होता है ("मुझे नहीं पता," उसने सुरीली आवाज में जवाब दिया, जो वह कभी-कभी मज़ाक करने के लिए करता है)। मैंने उसे बताया कि उसे ऑटिजम नामक अवस्था है, जिस वजह से उसका दिमाग मेरे या उसके पिता या गायत्री के दिमाग से अलग है। मैंने कहा कि क्योंकि उसका दिमाग बाकी सभी लोगों से थोड़ा अलग है, इसलिए उसे अपने दोस्तों के साथ बातचीत करने में मुश्किल होती है। मैंने उसे यह भी बताया कि वह संगीत और कई अन्य चीजों में शानदार है और ऐसी कई चीजें उसे याद रहती है जिन्हें हम सब भूल चुके होते हैं। मैंने उसे समझाया कि ऑटिजम का मतलब है कि वह असल में कंप्यूटर और कोडिंग में अच्छा है, और बड़ा होने के बाद वह जो भी बनना चाहता है, वह बन सकता है। अंत में, मैंने उसे बताया कि मुझे उस पर गर्व है और मैं उससे बहुत ज्यादा प्यार करती हूँ।

अपनी बात खत्म करने के बाद, मैंने अंदर ही अंदर राहत की सांस ली और उससे पूछा कि क्या उसके कोई सवाल हैं, और बेशक उसने कहा नहीं! फिर मैंने उससे पूछा कि क्या वह ठीक है, जिसका जवाब उसने हाँ में दिया। मैं जानती थी की वीर को इस अवधारणा को समझने में कुछ समय लगेगा, इसलिए समय-समय पर, जब भी कोई ऐसी स्थिति उभर आती थी, जो उसके अलग होने का संकेत देती थी, विशेष रूप से एक सकारात्मक संकेत, मैं उसका संबंध ऑटिजम से जोड़ देती थी। उदाहरणार्थ, जब भी वीर कोई ऐसी चीज याद करता था, जो हम में से किसी को भी याद नहीं थी, तो मैं उसे बताती थी कि उसकी याददाश्त बहुत ही तेज है और ऐसा ऑटिजम के कारण है। हमारे कुत्ते बेगल के भौंकने पर, जब वह अपने कान बंद कर लेता था, तो मैं उससे कहती थी कि कभी-कभी ऐसा इसलिए होता है क्योंकि उसने बहुत ज़ोर की आवाज़ सुनी है, जिसकी वजह से उसे दर्द होता है, और ऐसा उसके ऑटिजम के वजह से होता है।

अंततः एक रूपवान युवक की वजह से वीर ने हमारे साथ अपने ऑटिजम के बारे में बात की। २९ मई, २०१९ को, हिंदुस्तान टाइम्स ने एक लेख जारी किया था जिसका शीर्षक था 'मिलिये भारत के पहले ऑटिस्टिक पुरुष मॉडेल से'। लेख में बताया गया था कि कैसे प्रणव बख्शी खुद को प्रिंट और टेलीविजन विज्ञापनों के लिए, एक मॉडल के रूप में स्थापित कर रहे थे। मैंने वीर को लेख दिखाया, और उसे पढ़ने के लिए

कहा। लंबे समय से, हम मजाक में कहते आए थे कि वीर दिखने में इतना अच्छा है, कि वह मॉडल बन सकता है। वह बड़ा हो कर क्या बनेगा इस विषय पर जब भी हमारी चर्चा होती थी, हम इस बारे में बात करते थे। अब, वीर उसके जैसे एक युवा को मॉडल बनते देख रहा था। तब से, जब भी हमने भविष्य के बारे में बात की है, वीर ने हमेशा एक मॉडल बनने का जिक्र किया है, जो मुझे उसे प्रणव बख्शी के बारे में याद दिलाने का मौका देता है।

हमारे लिए ख़ुलासे को आसान बनानेवाली मुख्य बात यह थी कि हमारे घर में 'ऑटिजम' शब्द कभी भी एक रहस्य नहीं था। इसे किसी भी तरह से फुसफुसाया नहीं जाता था। बच्चों को पता था कि मैं ऑटिस्टिक बच्चों के साथ काम करती थी और मैं उनके प्रगति के बारे में या ऑटिजम के बारे में जो कुछ भी नया पढ़ती या सीखती थी, उस बारे में खुलकर बात करती थी। वीर जानता था कि मैं एक लेखिका और उम्मीद में काम करनेवाली एक थेरपिस्ट भी थी जहाँ वह अपने काउंसेलिंग सत्रों के लिए जाया करता था। वीर को उसके ऑटिजम डायग्नोसिस के बारे में बताना मेरी सोच से काफ़ी आसान था। कभी-कभी, आपको बस परिस्थितियों का सामना करना ही पड़ता है, और तब आपको पता चलता ही, कि वह इतना मुश्किल था ही नहीं!

मुश्किल बातचीत

मैंने सोचा था कि वीर से उसके ऑटिस्टिक होने के बारे में बात करना बहुत ही मुश्किल होगा। अपने दिमाग में मैंने सभी विवरणों को इकट्ठा किया था और मुझे यकीन था कि यह अनुभव भावनात्मक दृष्टिकोण से हम दोनों के लिए काफी मुश्किल साबित होगा। हालांकि असल में, बातचीत सरल और संक्षिप्त रही थी।

हम मानते हैं कि ख़ुलासे पर केंद्रित बातचीत, हमारे बच्चे को चिंतित और परेशान करेगी। यह हमें चिंतित और परेशान कर देता है। हमारी यही चिंता और परेशानी बच्चे तक पहुँचती है, उनके तनाव को बढ़ाती है और हमारी बातचीत को एक नकारात्मक रूप देती है। इसलिए अपने बच्चे से बातचीत करने से पहले आपका शांत और तनावमुक्त रहना जरुरी है।

बहुत से माता-पिता की राय होती है की बच्चे को उसकी स्थिति के बारे में जानने की कोई ज़रूरत नहीं है। खास कर भारत में यह काफ़ी हद तक सच है, और उन बच्चों

के लिए और भी अधिक सच है जो ऑटिजम स्पेक्ट्रम पर संज्ञानात्मक और कार्यात्मक रूप से इतने विकसित नहीं हैं। हमारी संस्कृति में दोस्त, करियर, शादी और यहां तक कि अपने बच्चों के तलाक से संबंधित निर्णय भी माता-पिता लेते हैं। अगर ऐसा एक न्यूरोटिपिकल व्यक्ति के साथ हो सकता है, तो हम कल्पना कर सकते हैं की औटिस्म या अन्य विकलांगता वाले लोगों के साथ किस स्तर का सुरक्षावाद होता होगा। अधिकतर, माता-पिता अपने बच्चे के लिए आजीवन निर्णय लेते हैं, जो नहीं जान पाते हैं कि उनके और उनके साथियों के बीच क्या फर्क है, लेकिन अपनेपन की कमी को जरुर महसूस करते है। यह बदमाशी, सताने और बुरे नाम बुलाने वाली हरकतें, अवसाद और सामाजिक चिंता का कारण बन सकते हैं।

यह तय करने के बाद की आप अपने बच्चे से उसकी स्थिति के बारे में बात करेंगे, आप आगे क्या करेंगे? आपके बच्चे के साथ बात करने का कोई "सही" तरीका नहीं होता है। हालाँकि, कुछ चीजें ध्यान में रख सकते हैं:

- **ऑटिस्टिक बच्चे शांत, परिचित वातावरण में अधिक शांत होते हैं।** वह जगह घर में उनका कमरा, पार्क में पसंदीदा स्थान या कार भी हो सकती है। विभा ने मुझे सलाह दी कि इसके अलावा, वे पसंदीदा गतिविधि करते समय ज्यादा अधिक शांत रहते हैं। एक ऐसा समय चुनें जब आप दोनों सहज महसूस कर रहे हों, जब आपका बच्चा जानकारी समझने में सक्षम होगा। याद रखें कि बातचीत के बीच कोई बाधा नहीं आनी चाहिए, और यह भी याद रखें कि आपके पास पूरा समय हो क्योंकि आप जो बता रहें है, उस बारे में सोचने और प्रश्न पूछने के लिए आपके बच्चे को समय लग सकता है।

- **डायग्नोसिस को सकारात्मक स्थिति के रूप में प्रस्तुत करें।** यह एक महत्वपूर्ण नियम है। स्थिति को नकारात्मक नज़रिये से पेश नहीं किया जाना चाहिए। ऐसा करने से आपके बच्चे के आत्मसम्मान को बुरी तरह से ठेंस पहुँच सकती है। हम एक ऐसे समाज में रहते हैं जो न्यूरोडाइवर्सिटी को लेकर तेजी से जागरूक हो रहा है, और विभिन्न विकलांग लोगों को स्वीकार करने लगा है। अपने बच्चे के सामने डायग्नोसिस को मानव के दिमाग की विभिन्नता जिसे समझा और स्वीकारा जाता है, के रूप में पेश करना सबसे अच्छा तरीका है। ऐसा करने से वे इसे बेहतर तरीके से समझ पाते हैं।

- **बच्चे को उनकी ताकत और मुश्किलों से अवगत कराना शुरू करें।** सेल्फ-एडवोकेट और विशेष शिक्षा के प्रोफेसर डॉ. स्टीफन शोर इस पर विशेष जोर देते हैं। उनके अनुसार, "ऑटिस्टिक व्यक्ति अपनी ताकत और मुश्किलों के बारे में जितना ज़्यादा जानेंगे, उतने ही बेहतर विकल्प चुन पाएगा"। इस पर चर्चा मौखिक, दृष्टिगत या अन्य कोई तरीका, जो आपका बच्चा समझ सकता है, से की जा सकती है। उदाहरणार्थ, आप यह बता सकते हैं कि नाचने, संगीत के उपकरण बजाने या आपके बच्चे द्वारा प्रदर्शित अन्य कौशल में, वह कितने अच्छे हैं। इसके विपरीत, आप उन्हें बता सकते हैं कि उन्हें भीड़ और शोर वाले कमरो में रहना मुश्किल लगता है। यह जानकारी आप उन्हें लिख कर या चित्रकारी के द्वारा, या तसवीरों और विडियो रिकॉर्डिंग के माध्यम से दे सकते हैं। आप उन गतिविधियों की किताब बना सकते हैं जिनमें बच्चा अच्छा है और जो करने में उसे मुश्किल होती है। इससे उन्हें पता होगा कि कुछ चीजें उनकी ताकत है, ठीक उस ही तरह कुछ चीजें करने में उन्हें मुश्किल होती है और यह ठीक है।
- **इन शक्तियों और मुश्किलों की लिस्ट बनाएं।** डॉ. शोर के अनुसार यह अगला कदम है। यह एक ऐसा कदम है जो मुझे लगता है कि छोड़ा जा सकता है, लेकिन अगर आपके बच्चे को लिस्ट बनाना पसंद है, तो यह आपके लिए फायदेमंद साबित हो सकता है। इससे आप गैर-आलोचनात्मक रूप से, अपने बच्चे की ताकत और मुश्किलों की तुलना भाई-बहन या दोस्तों से कर पाएंगे। यहां 'गैर-आलोचनात्मक' शब्द महत्वपूर्ण है, क्योंकि इसका इरादा बच्चे को नीचा दिखाना नहीं है, बल्कि उन फ़र्कों को दिखाना है जो उन्हें सबसे अलग बनाते हैं। बहुत सारे माता-पिता अपने बच्चे के साथ, फ़र्कों के बारे में बात करना शुरू कर चुके हैं (जैसे मैंने वीर के साथ किया था), और यह भी ठीक है। डॉ. शोर के ख़ुलासे करने के दृष्टिकोण के बारे में, मुझे यह बात पसंद है कि इसमें खुलासा धीरे-धीरे, शांति से और चरण-दर-चरण किया जाता है, जिससे अधिकांश ऑटिस्टिक व्यक्ति समझ सकते हैं। मुझे यह बात भी पसंद है कि बच्चे को उसकी स्थिति स्पष्ट रूप से समझाने के लिए जो भी संचार का माध्यम उसे समझ में आता है, उसका प्रयोग किया जाता है।
- **स्थिति को सारांशित करके बताएं।** मुश्किलें बताने के बजाय, डॉ. शोर सकारात्मक दृष्टिकोण का सुझाव देते हैं। मुझे एक वेबिनार में डॉ. शोर को

सुनने का सौभाग्य मिला जहाँ वे ख़ुलासे संबंधित उनका अनुभव साजा कर रहें थे। उन्हें ऑटिजम है यह समझने के बाद, उनके माता-पिता के रवैये के बारे में बात करते हुए उन्होंने कहा, “मेरे माता पिता ने विकलांगता, विकार और खामियों के बंद दरवाजे को देखने के बजाय, क्षमता और स्वाधीनता के खुले दरवाजे को देखा।”

- **ऑटिस्टिक रोल मॉडल और मशहूर हस्तियों का उपयोग करें।** जैसे मैंने प्रणव बख्शी का उपयोग किया था, कई माता-पिता इसी तरीके से अपने बच्चों को अपनी स्थिति को समझने में मदद करते है। ऐसे कई रोल मॉडल हैं जो खुलकर बात करते हैं और अपनी मुश्किलों को साझा करते हैं। और यह आपके बच्चे के लिए उनकी पहचान बनाने में मददगार हो सकता है, खासकर अगर उनकी रूचियां एक हैं।

अंत में, आपके बच्चे के लिए, खुद को उन व्यक्तियों के रूप में देखना बहुत महत्वपूर्ण है जिनकी पहचान केवल ऑटिजम नहीं है। उन्हें ऑटिजम है यह पता होना, यह समझने में उनकी मदद कर सकता है की वे अलग क्यों महसूस करते हैं या खुद को अलग क्यों पाते हैं, लेकिन यह उनकी पहचान नहीं होनी चाहिए।

सूचना: मैंने ऐसे परिवारों के साथ काम किया था जो मानते थे कि अपने बच्चे को उसकी स्थिति के बारे में अवगत कराने के बाद, उसकी सारी मुश्किलों से निपटने की पूरी या ज्यादा ज़िम्मेदारी उन पर है। उन्होंने अपने बच्चे की ताकत समझे बिना, उसे उसकी स्थिति से अवगत कराया था। उन्होंने बच्चे को अकादमिक, सामाजिक और भावनात्मक रूप से दूसरों के साथ 'मिले' रहने के लिए बहुत मेहनत करने की सलाह दी थी। इसने इन बच्चों पर जबरदस्त बोझ बना था, जिसने उन्हें सख्त भावनात्मक व्यवहार का अनुभव कराया, और शारीरिक, शैक्षणिक, सामाजिक और अन्य गतिविधि से दूर रहने के लिए, ऑटिजम का उपयोग, बहाने के रूप में करना शुरू हो गया था। एक युवक तो परीक्षा, व्यायाम कक्षा, पाठ्येतर गतिविधियां, जन्मदिन की पार्टिया, और यहां तक कि उसकी मां के कहे घरेलु कामों से बचने के लिए, एक ही जवाब का उपयोग करने लगा था कि “मैं ऐसा नहीं कर सकता क्योंकि मुझे ऑटिजम है”। इस वजह से, उसका आत्मसम्मान बहुत कम हो रहा था, और इन माता-पिताओं के साथ काफी काउंसेलिंग के बाद ही, वे अपने बच्चे के लिए एक ताकत-आधारित दृष्टिकोण का उपयोग कर पाए थे, और बच्चे को खुद को और ऑटिजम को सकारात्मक रूप से देखने में मदद कर पाए थे।

अध्याय २५

भविष्य

जब वीर छोटा था, तो उसके भविष्य के बारे में सोचकर ही मुझे डर लगता था। अब जब वह १५ साल का हो गया है, भविष्य लगभग हम पर निर्भर है। यह अभी भी थोड़ा डरावना लग रहा है, लेकिन ऐसा इसलिए है क्योंकि इसका एक बड़ा हिस्सा अभी भी अज्ञात है। साथ ही, अब यह उतना बेरंग नहीं लगता जितना कि १० या १२ साल पहले लगता था।

एकहार्ट टोले की *पॉवर ऑफ़ नाउ* किताब पर विश्वास करते हुए, ज्यादातर समय, मैं वर्तमान में ही जीती हूँ। फिर भी कई बार मैं भविष्य की सोच में खिंची चली जाती हूँ। जब हम दोस्तों के साथ कॉलेज एडमिशन की चर्चा कर रहे होते हैं तो मैं सोचने लगती हूँ की क्या वीर कभी भी कॉलेज जा पाएगा। या जब कोई मुझे बताता है कि एक या दो साल में उनके बच्चे बाहर चले जायेंगे और घर खाली हो जायेगा तो मुझे पता होता है, कि मेरे घर का एक हिस्सा लंबे समय तक मशगूल रहेगा। या जब लोग अपने बच्चों की शादियों और संबंधित खर्चों के बारे में मजाक करते हैं, मैं सोचती हूँ क्या मेरा बेटा एक रूमानी संबंध बना भी पायेगा।

एक चीज मैंने सीखी है कि अगर आप भविष्य के लिए योजना बनाते हैं, तो वह कम डरावना लगता है। विभा के साथ हमारी आखिरी मुलाकात से कुछ समय पहले, मोहित और मैं उनके साथ हमारी चर्चा के एजेंडे के बारे में बात कर रहे थे। मेरे लिए, भविष्य की योजना बनाना, उन लक्ष्यों में से एक थी जिसकी ओर मैं काम करना चाहती थी। इसके बारे में बात करते हुए, हम दोनों को एहसास हुआ कि वीर को बड़ा होने के बाद सहायता प्राप्त आवास में रहना होगा। हमें इस बात पर आश्चर्य हो रहा था कि जिस विचार ने कुछ साल पहले हमें दुखी किया होता, उसी विचार से, आज हमें सुरक्षा और सहजता महसूस हो रही थी। समय सच में सारे घाव भर देता है और चीजों को दृष्टिकोण में रखने में मदद करता है।

विभा से हमारी मुलाकात के दौरान, वीर ने खुद इस योजना का समर्थन किया, जो हमारे मन में थी। जब विभा ने भविष्य के बारे में वीर के साथ बात की, तो उसने उन्हें बहुत स्पष्ट रूप से बताया कि वह मोहित, मेरे या यहां तक कि गायत्री के बिना, अपने खुद के घर में अकेला रहना चाहता था। आगे बढ़कर उसने ऐसा भी कहा, कि वह एक दोस्त के साथ रहना चाहेगा, लेकिन वह दोस्त कौन होगा इसका उसे कोई अंदाजा नहीं था।

जब मैं वीर की बातचीत और इस मुलाकात के बारे में गायत्री के साथ चर्चा कर रही थी, तो वह भी हैरान हुई थी। "मुझे लगा था कि वह मेरे साथ रहेगा!" व्यवहारिक तरीके से उसने कहा। उसकी उदारता और उसके इस ज़िम्मेदारी के एहसास को देख कर मैं बहुत भावुक हो गयी थी, और मैं कुछ जवाब ही नहीं दे पाई। कुछ दिनों बाद, मेरी सहेली, जिनकी बहन को गंभीर विकार है, उससे इस बारे में बात करते हुए मैंने एक महत्वपूर्ण सबक सीखा। उसने मुझे वीर के भविष्य के सभी निर्णय समर्पित और अपने नियंत्रण में रखने के लिए कहा। अगर उसके माता-पिता ने उसकी बहन के भविष्य को बिना सुलझाए हुए छोड़ दिया होता, तो उसके अपने शब्दों में, वह "जिम्मेदारी न लेने के बजाय मर जाती", पर यह सुनिश्चित करती कि उसकी बहन की देख भाल वही करे, क्योंकि वह अपने माता-पिता को कभी नहीं बता पाती कि वह ये नहीं कर पाएगी। और इसलिए, भले ही यह उसके जीवन को कितना भी नकारात्मक रूप से प्रभावित क्यों न करे, वह देखभाल करती रहती। असल में, उसके माता-पिता ने उसकी बहन के लिए पहले से ही घर पर व्यवस्था कर दी थी, जहाँ उसकी अच्छी देखभाल की जाती थी।

हमारे सामने दूसरा महत्वपूर्ण सवाल है, वीर का करियर। उसे प्रोत्साहित करने के लिए ही, हमने उसे कोडिंग से परिचित करवाया है। यह एक ऐसी चीज है जिसमें एक स्पष्ट और परिभाषित संरचना होती है, एक निश्चित पैटर्न का अनुसरण किया जाता है और सामाजिक संपर्क की ज़रुरत कम होती है। कई लेखों में मैंने पढ़ा है कि कैसे ऑटिस्टिक लोग, उनके काम पर ध्यान केंद्रित करने की क्षमता के कारण, शानदार कोडर और कंप्यूटर प्रोग्रामर बन सकते हैं। विकल्प के रूप में, हम एक होम-बेकिंग व्यवसाय के बारे में भी सोच रहे हैं, क्योंकि वीर को बेकिंग पसंद है, और आशा है कि इनमें से एक रूचि उसके लिए व्यवसाय के रूप में विकसित होगी।

चूंकि मोहित वकील हैं, इसलिए इसमें कोई संदेह नहीं है कि सभी कानूनी दस्तावेज तैयार हैं। हमने वीर और गायत्री के लिए दो कानूनी अभिभावकों या गार्डियन को नियुक्त किया है, इस विचार के साथ कि १८ साल के हो जाने के बाद, गायत्री, वीर की

कानूनी अभिभावक बनेगी। हमारी वसीयतें भी तैयार है और समय-समय पर अपडेट की जाती हैं। दोनों बच्चे हमारे लाभार्थी हैं, जिनके लिए स्थिर और समझदार अभिभावक और निर्वाहक अधिकारी चुने गए हैं।

यह सब चीजें व्यावहारिक है। भावनात्मक रूप से, हालांकि, जब मैं भविष्य के बारे में सोचती हूँ, मेरा दिमाग सुन्न हो जाता है। क्या वीर स्वावलंबी, नियुक्त और खुशहाल जिन्दगी बीताएगा? क्या वह जीवन में अपना उद्देश्य पाएगा, और वह जो कर रहा है उससे क्या मैं संतुष्ट रहूंगी? क्या वह प्यार पा सकेगा और रिश्ते को निभाने में सक्षम होगा? भगवान जाने! लेकिन फिर, मैं कल्पना नहीं कर सकती कि गायत्री के लिए भविष्य कैसा होगा। उनकी माँ के रूप में, मैं योजना बना सकती हूँ, चिंता कर सकती हूँ, उम्मीद रख सकती हूँ और हर चीज करते हुए, मैं सिर्फ प्रार्थना कर सकती हूँ।

भविष्य के लिए योजना बनाना

किसी भी माता-पिता के लिए, उनके विशेष जरूरतों वाले बच्चे का भविष्य डरावना होता है। अक्सर कहा जाता है कि, इस स्थिति में, आपको अपने जीवनकाल में दोगुना संपत्ति कमानी होती है: एक हिस्सा अपने बच्चे की देखभाल के लिए, और दूसरा इससे भी बड़ा हिस्सा, आपकी मृत्यु के बाद, आपके बच्चे की देखभाल के लिए। आपके गुजर जाने के बाद, आपका बच्चा अकेला हो जायेगा और उसे अपने आप पर निर्भर होना होगा, यह विचार ही हमें सुन्न कर देता है। हालांकि, थोड़ी समझदार योजना से, अनिश्चितता को कम किया जा सकता है क्योंकि कुछ ऐसी परिस्थितियां होती हैं जिन्हें आप नियंत्रित कर सकते हैं। अपने ऑटिस्टिक बच्चे के भविष्य की योजना बनाते समय, निम्नलिखित मुद्दों के बारे में सोचे: **आवास, व्यवसाय, कानूनी प्रावधान, बीमा कवर**

- **आवास:** अपने बच्चे के कौशल और क्षमताओं का निष्पक्ष रूप से निरीक्षण करें, और यह पता लगाएं कि वे आपकी अनुपस्थिति में खुद की देखभाल करने में कितने सक्षम हैं। कई माता-पिता यह देखकर हैरान रह जाते हैं कि, उनके उच्च शिक्षित युवा बच्चे भी, उनके बिना, दैनिक जीवन की चुनौतियां और अनिश्चितताओं का सामना नहीं कर पाते हैं। जब यह तय करने की बात आती है कि आपका बच्चा अपने वयस्क जीवन के दौरान और आपके निधन

के बाद कहाँ रहेगा, आपके पास दो विकल्प होते हैं। वह भाई-बहन या परिवार के सदस्य के साथ रह सकता है जो उनकी देखभाल करेंगे, या वह सहायक आवास सुविधा केंद्र (असिस्टेड हाउसिंग) में रह सकता है। अगर आप पहला विकल्प चुनते हैं, तो सुनिश्चित करें कि देखभालकर्ता आपके बच्चे की देखभाल में शामिल सभी मुश्किलें जानते हैं, और उनके लिए पूरी तरह से तैयार हैं, जिसमें विशेष रूप से वैद्यकीय स्थिति और सबन्धित जरूरतें शामिल हैं। आपको यह भी देखना होगा की आपका बच्चा देखभाल करने वाले के साथ आपके जितना ही सहज है, और इसके लिए जैसे-जैसे वे बड़े होते जाएँ, उन्हें लंबे समय तक एक साथ समय बिताने के मौके बनाएं। आखिर में, आपको देखभालकर्ता द्वारा अपने बच्चे की देखभाल के लिए पूरी आय नियत करनी होगी, ताकि सारे वित्तीय बोझ का सामना, उन्हें अकेले ना करना पड़ें।

अगर आप अपने बच्चे के लिए सहायक आवास सुविधा केंद्र (असिस्टेड हाउसिंग) चुन रहे हैं, तो सुविधा चुनने से पहले उपलब्ध सारी जानकारी पा लें। भारत में बहुत सारी ऐसी सुविधाएं माता-पिता द्वारा शुरू और प्रबंधित की गई हैं, जो आमतौर पर खुशहाल, सुरक्षित जगह हैं। सुविधा में रह रहे कुछ बच्चों के माता-पिता के साथ बातचीत करना अच्छा होगा, और आप उनके अनुभव और प्रतिक्रियाएं जान सकेंगे। इसके अलावा, आप अकेले या अपने बच्चे को लेकर, मन की पूरी तस्सली होने तक, उस जगह पर बार-बार जाएँ। अब सवाल बचता है कि आपके बच्चे को सहायक आवास सुविधा केंद्र में कब जाना चाहिए? यह एक बहुत ही व्यक्तिगत निर्णय है, और अभी तक मेरा इस सवाल से सामना होना बाकी है। मैं सिर्फ अन्य माता-पिता से मुझे मिली एक सलाह पर भरोसा कर सकती हूँ, और शायद आप इससे सहमत नहीं होंगे। आपको वही तरीका अपनाना चाहिए जो आपको और आपके परिवार को सबसे अच्छा लगता है। कई माता-पिता मुझे बताते हैं कि जब उनके ऑटिस्टिक बच्चे २० से २५ साल की आयु के बीच होते हैं, वे अपने साथियों को घरों से बाहर शिफ्ट होते देखते हैं। उस ही समय, माता-पिता की उम्र भी लगभग ६० के आसपास होती है, जो एक ऐसा दौर है, जब वे पर्याप्त रूप से सक्रिय तो होते हैं, लेकिन फिर भी शारीरिक रूप से अपने बच्चों की देखभाल करने के लिए असमर्थ होते हैं। इस स्थिति में, वे उन्हें एक सहायक आवास सुविधा केंद्र में ले जाते हैं, ताकि वे नियमित रूप से उनसे मिल सकें और अपने बच्चों को सामान्य स्थिति का एहसास दिला सकें, जो उनके साथियों की स्थिति से मिलती जुलती है। हालांकि मैंने किसी बच्चे के साथ ऐसा होते नहीं देखा है, लेकिन मेरी कल्पना

के अनुसार, अगर किसी बच्चे को माता-पिता की मृत्यु के बाद सहायक आवास सुविधा केंद्र में जाना पड़ा, तो यह उनके लिए सबसे ख़राब परिस्थिति साबित होगी।

- **व्यवसाय:** व्यवसाय एक पहाड़ की चोटी की तरह है जहां तक पहुँचने के लिए आपको कई रास्ते और पहाड़ियों को पार करना पड़ता है। शुरू करने के लिए, अपने बच्चे की उन पसंदीदा रुचियों के बारे में सोचें जिनको एक पेशे में बदला जा सके, जिसमे उन्हे मज़ा आए, वे उसमे कुछ अच्छा समय बिता पाएँ, और साथ ही कुछ पैसे भी कमा पाएँ। उस रूचि को लेकर उनका जुनूनी होना या उससे चिपके रहना जरुरी नहीं है; लेकिन अच्छा होगा अगर यह एक ऐसी गतिविधि या कार्य हो जो वे हर दिन आसानी से करते हों। फिर, आपको उन सभी कौशलों को उचित आकार देना होगा जो आपके बच्चे को रोजगार के लिए तैयार करते हैं। सबसे पहले, बैठने और काम करने की क्षमता एक प्राथमिक कैशल है, जिसे आप एक कार्य प्रणाली या वर्क सिस्टम के माध्यम से सिखाएंगे। सूचि का अगला पड़ाव संचार कौशल है, चाहे मौखिक या गैर-मौखिक (जो आप भाषा को मॉडल करके, और कार्ड का उपयोग करके उन्हें सीखा सकते हैं)। उन्हें दैनिक जीवन के लिए ज़रूरी कौशल भी सिखाए जाने चाहिए, जैसे कि बिना मदद शौचालय का उपयोग करना। ये मामूली लग सकते हैं, लेकिन हर बच्चे को पूरी तरह से स्वावलंबी जीवन जीने के लिए, इन कौशल को सीखना जरुरी होता है। पिछले कुछ वर्षों में, विशेष रूप से ऑटिस्टिक और अन्य विकासात्मक विकलांग युवाओं के लिए कई व्यावसायिक कौशल प्रशिक्षण संगठन स्थापित किए गए हैं। इनमें से कई जॉब प्लेसमेंट भी देते हैं। आज कई कंपनियां ऑटिस्टिक व्यक्तियों को काम पर रख रही हैं और उनके काम से संतुष्ट है। मैंने स्टैनफोर्ड न्यूरोडाइवर्सिटी लैब के डॉ. लॉरेंस फंग का एक लेक्चर सुना था, जिस में उन्होंने कहा था कि वे ऑटिस्टिक व्यक्ति की सभी संभावित मुश्किलों को, उन्हें काम पर रखने में दिलचस्पी दिखाने वाली कंपनी के सामने, उनकी ताकत के रूप में प्रस्तुत करते हैं। उदाहरण के लिए, सीमित सामाजिक कौशल ऑटिस्टिक व्यक्तियों के लिए मुश्किल के रूप में देखा जाता है; लेकिन, ऑफिस में यह लाभदायक हो सकता है, क्योंकि वे बाते करने में या कार्यालय की गपशप में समय बर्बाद नहीं करेंगे। आपके लिए पहला कदम होगा एक ऐसी संस्था या स्कूल की तलाश करना जहाँ ऑटिस्टिक युवाओं को व्यवसाय के लिए तैयार किया जाता

है, और यह तय करना कि क्या वह आपके बच्चे की जरूरतों और क्षमताओं के लिए उचित है।

- **कानूनी प्रावधान:** आपकी मृत्यु के बाद, आपके बच्चे की अच्छी तरह से देखभाल होनी चाहिए, और वह सुरक्षित और खुश रहना चाहिए। उसे आर्थिक रूप से सुरक्षित करने के लिए, एक निजी परिवारिक ट्रस्ट बनाने के लिए अपने वकील से सलाह लें। इस तरह, आपका बच्चा आपकी संपत्ति का लाभार्थी होगा। अगर आपका एक बच्चा ऑटिस्टिक है और दूसरा बच्चा न्यूरोटिपिकल है, तो आप उनके लिए अपनी संपत्ति का हिस्सा वसीयत के रूप छोड़ सकते हैं, और यह व्यक्त कर सकते हैं कि आपके ऑटिस्टिक बच्चे को यह हिस्सा ट्रस्ट के माध्यम से प्रदान किया गया है। आय अच्छी तरह से प्रबंधित करने के लिए व्यवसाय-संबंधी ट्रस्टियों को नियुक्ति करें। कई बैंक और कंपनियां इस तरह की सेवा प्रदान करती हैं, और आपकी मृत्यु के बाद, उन्हें ट्रस्ट के माध्यम से भुगतान किया जाएगा। समय-समय पर कानूनी अभिभावक को ऑटिस्टिक व्यक्ति की देखभाल के लिए, ट्रस्टियों को एक निश्चित रकम देना जरूरी है।

ट्रस्टी और कानूनी अभिभावक दो अलग-अलग हस्तियाँ हैं। ट्रस्टी ठीक से आय का प्रबंधन करते हैं, और आभिभावक व्यक्ति की देखभाल करते हैं। आपको बच्चे के लिए एक अभिभावक की नियुक्ति करनी होगी। यह या तो परिजनों (बच्चे के भाई-बहन) या आपके भाई-बहन या करीबी दोस्तों में से एक हो सकता है। अभिभावक उस केंद्र (असिस्टेड हाउसिंग) पर एक निश्चित नियुक्त व्यक्ति भी हो सकता है, जहां आपका बच्चा अभी रह रहा है।

- **बीमा कवर:** एक को छोड़कर, भारतीय बीमा कंपनियों के दायरे में ऑटिजम मौजूद ही नहीं है। वर्तमान में, स्टार हेल्थ इन्सुरेंस कंपनी विशेष रूप से ऑटिजम के लिए एक बीमा योजना देनेवाली एकमात्र निजी कंपनी है, लेकिन इसकी भी कुछ सीमाएं हैं। बीमा योजना ३ से २५ वर्ष की आयु के व्यक्तियों को केवल मेडिकल इन्शुरन्स कवर प्रदान करती है, जिन्हें ऑटिजम स्पेक्ट्रम विकार संबंधित एक विशिष्ट समस्याएँ होती हैं, और २५ वर्ष की आयु पर कैप किया गया है। इसके बाद, व्यक्ति को जनरल इन्शुरन्स के लिए आवेदन करना होगा। इसके अलावा, इसमें केवल मेडिकल उपचार शामिल है, थेरपी और अन्य उपचार शामिल नहीं किये गए है, जिन पर ऑटिस्टिक परिवार

द्वारा सबसे ज्यादा खर्च किया जाता है। यह सेरेब्रल पाल्सी, क्रोमोसोमल और आनुवंशिक असामान्यता, और बौद्धिक विकलांगता जैसी सह-रुग्णताओं के लिए कवर प्रदान नहीं करता है। सरकार की निरमाया नामक एक स्वास्थ्य बीमा योजना है, जिसमें ऑटिस्टिक और सेरेब्रल पाल्सी जैसे विकासात्मक विकलांग बच्चों के उपचार और देखभाल के लिए रु.१००,००० तक की रकम का आश्वासन दिया जाता है। ऑटिस्टिक व्यक्तियों के लिए इस सीमित कवर को देखते हुए, आपकी जीवन बीमा पॉलिसी पर नॉमिनी के रूप में आपके अपने बच्चे के लिए स्थापित की हुई ट्रस्ट का नाम होना महत्वपूर्ण है, ताकि आपकी मृत्यु के बाद, आय उनके लाभ के लिए ट्रस्ट में सुरक्षित रहे।

चीनी जनरल, सैन्य रणनीतिकार, लेखक और फिलोसोफर सुन जू लिखते है, "मुश्किल चीजें तब करो जब वे आसान होती हैं"। आपके बाद आपके बच्चे के भविष्य को सुरक्षित करके, आप न केवल अपनी खुद की चिंता को कम कर सकते हैं, बल्कि यह भी सुनिश्चित कर सकते हैं कि आपका बच्चा खुश रहे। आखिरकार, माता-पिता को और क्या चाहिए होता है?

अध्याय २६
ऑटिजम के साथ जीना

मैं १५ साल से ऑटिजम के साथ ज़ी रही हूँ। कभी-कभी, यह एक लंबे समय के रिश्ते की तरह लगता है। कुछ दिन होते हैं जब मैं अंदर ही अंदर इससे नफ़रत करती हूँ। कुछ दिन होते हैं जब मैं इस पर हँसती हूँ और कभी कभी मैं इससे और इसके दिमाग चलाने के तरीके से मुग्ध हो जाती हूँ। ऐसे भी दिन आते हैं, जब वीर लिपटकर मेरे बगल में बैठ जाता है, जो शायद एक पंद्रह साल का बच्चा ना करे - मुझे बहुत अच्छा लगता है।

ऑटिजम ने न केवल वीर के, बल्कि हम सभी के जीवन को भी परिभाषित किया है। इसने गायत्री को दयालु, अधिक धैर्यवान, समानुभूतिशील और क्षमाशील बना दिया है। जैविक रूप से सामान होनेवाले रिश्ते में, उसे बड़ी बहन की भूमिका निभानी पड़ रही है, और वह भूमिका वो काफ़ी अच्छी तरह से निभाती आयी है। उसने एक ऐसे भाई के साथ रहना सीखा लिया है, जिसे हमेशा देखभाल की ज़रुरत हो सकती है। मोहित, मेरे मर्दाना पुरुष को अपनी भावनाओं का सामना करने और व्यक्त करने के लिए मजबूर किया गया है। वे एक बांधने वाली शक्ति हैं जो हमारे परिवार के चार सदस्यों को जोड़े रखते है, और जब मैं गिर पड़ती हूँ, उन्हें मुझे संभालना पड़ता है। ऑटिजम की दुनिया ने मुझे बहुत कुछ दिया है। इसने मुझे एक उद्देश्य, एक पेशा और एक आवाज दी है। इसने मुझे असीमित प्यार करना सिखाया है, जो मैं नहीं बदल सकती उसे स्वीकार करना सिखाया है और मेरे अधिकारों के लिए लड़ना सिखाया है। इसने मुझे एक उदास, झिझकती हुई माँ, जो अपने दूसरों से अलग बच्चे के बारे में बात करने के लिए शर्मिंदा थी, से एक गर्वित ऑटिजम माँ में बदल दिया है जो, अपने और उसके जैसे अन्य बच्चों के लिए प्रवक्ता बनने के लिए तैयार है।

उम्मीद बाल विकास केंद्र, जहाँ वीर का डायग्नोसिस किया गया था, वही नौकरी करना प्रवक्ता बनने का मेरा पहला कदम था। मैंने फण्ड रेझिंग विभाग में काम करने का फैसला किया, ताकि वीर जैसे अन्य बच्चों के लिए सेवाएं प्रदान की जा सकें जो उनका खर्चा उठा नहीं सकते थे। हालांकि, फण्डरेज़र के रूप में मेरा करियर थोड़े

समय के लिए ही चला था, क्योंकि मुझे पैसे मांगने में बहुत संकोच होता था, लेकिन ज्यादातर इसलिए कि थेरपिस्ट को देखते हुए, मैं वह करना चाहती थी जो वे कर रहे थे। इसलिए, मैंने प्रशिक्षण लिया और ऑटिस्टिक बच्चों और उनके परिवारों के लिए एक थेरपिस्ट के रूप में काम करना शुरू किया।

उम्मीद में मेरे अनुभवों ने मुझे न केवल ऑटिस्टिक बच्चों के साथ काम करने के लिए सक्षम बनाया, बल्कि मुझे वीर को, उसकी सभी खामियों के साथ स्वीकार करने और उनके बारे में खुलकर बात करने में भी मदद मिली। उम्मीद में अपने शुरुआती दिनों के दौरान, जिन लोगों से मैं मिली और जिनके साथ अपनी नौकरी के बारे में बात की, वे कभी-कभी मुझसे पूछते थे कि क्या मैंने मनोविज्ञान या बाल विकास में उच्चशिक्षा प्राप्त की है। मैं जवाब देती थी "नहीं, उम्मीद संस्था ने हमें इस काम के लिए प्रशिक्षित किया है", और फिर जल्दी से विषय बदल देती थी। मैंने जिन परिवारों के साथ काम किया, उन्हें भी कभी नहीं बताया कि मेरा बेटा ऑटिस्टिक है।

१ मई, २०१९ के दिन यह सारी चीजें बदल गई। वर्ल्ड ऑटिजम अवेयरनेस डे के अवसर पर, जो २ अप्रैल को दुनिया भर में मनाया जाता है, उम्मीद की संचार प्रमुख, शेरनाज़ ने मुझसे पूछा कि क्या मैं 'द टाइम्स ऑफ इंडिया' के स्थानीय पूरक 'मुंबई मिरर' के माध्यम से अपनी कहानी सांझा करना चाहूंगी। अब तक, मैं, वीर के साथ अपने जीवन की कहानी साझा करने में बहुत सहज हो चुकी थी, और इसलिए मैंने हाँ कहाँ। मुझे लगा की यह सिर्फ ३०० शब्दों का एक छोटा-सा लेख होगा, पर वह लेख पन्ने के तीन-चौथाई हिस्से में छपा हुआ था, और वीर और मैं पूरे भारत के हजारों पाठकों तक पहुँच चुके थे। परिवार, दोस्त, पड़ोसी, वीर के थेरेपिस्ट्स, मेरे पेशंट के माता-पिता के मेसेज से मेरे दिन की शुरुआत हुई, वे सभी मुझे बधाई दे रहे थे। मुझे यह अजीब लग रहा था, आखिरकार, मैंने सिर्फ अपने जीवन की कहानी बताई थी।

अगले कुछ दिनों और हफ्तों में, कई लोगों ने मुझसे संपर्क किया। लगभग हर दिन, माता-पिता उम्मीद में फोन करते थे और मेरे साथ बात करने के लिए पूछते थे। उम्मीद में आनेवाले परिवार मुझे गलियारे में रोकते और मुझे बताते कि उन्हें मेरी कहानी पढ़ने से ताकत मिली है। एक माँ ने मुझसे कहा था, "अगर आप ऐसा कर सकती हैं, तो हम भी कर सकते हैं।" इन प्रतिक्रियाओं ने मुझे एहसास दिलाया कि मैं दूसरों की और मदद कर सकती हूँ क्योंकि मैं न केवल एक ऑटिस्टिक बच्चे की माँ थी, बल्कि सालों से, मैंने कई परिवारों के साथ काम भी किया था और हर परिवार से कुछ न कुछ सीखा भी था। जबकि बच्चों के साथ मेरा काम बहुत ही संतोषजनक था

और मैंने कई परिवारों की मदद भी की, अन्य थेरपिस्ट में से कोई भी ऐसा अभिभावक नहीं था, जो परिवारों को ऑटिजम के साथ रहने और जीने के अनुभव बता सके।

दस साल पहले, मैंने वीर जैसे बच्चों वाले परिवारों की मदद करने का फैसला किया और थेरपिस्ट बन गई। अब और भी कुछ करने का समय आ गया था। वह "और भी कुछ" यह किताब है। मैंने महसूस किया कि ऑटिजम पर मैंने जो भी साहित्य पढ़ा था, वह पश्चिमी दृष्टिकोण से था, जहां की समाज संरचना भारतीय समाज से पूरी तरीके से अलग है। संस्कृति, पारिवारिक संबंध, सामाजिक रचना और व्यवहार या ऑटिस्टिक व्यक्ति और उनके परिवार पर प्रभाव डालनेवाले किसी भी कारणों का मूर्त स्वरुप बयां करनेवाला साहित्य किसी भी रूप में उपलब्ध नहीं था। तभी मैंने इस किताब को लिखने का फैसला किया।

मैंने वह सब कुछ साझा किया है जो मैंने एक माँ और एक थेरेपिस्ट के रूप में सीखा है। मैंने माँ और थेरेपिस्ट के रूप में, अपने अनुभव और ज्ञान को एकत्रित किया है, ताकि आप यह समझ सकें कि आपके बच्चों के जीवन के विभिन्न चरणों और परिस्थितियों में उन्हें कैसे सिखाना है, उनके साथ कैसे संचार करना हैं और उन्हें कैसे संभालना है।

माँ के रूप में, मेरे सारे अनुभव, मेरे लिए इस किताब को लिखने की तैयारी की तरह रहा है। जब मैं इस किताब को लिखने के बारे में सोच रही थी, तब मैं चाहती थी कि हर अभिभावक के लिए, यह एक तथ्यात्मक, ज्ञानवर्धक मार्गदर्शक किताब बने, फिर चाहे वे इस यात्रा पर निकल रहे हों या कई वर्षों से यात्रा कर रहे हों। मैंने पहले भी कहा है कि जीवन, काम और भावनाएं और वीर की स्थिति के प्रति मेरा दृष्टिकोण, वेदांत के मेरे अध्ययन से अवगत हुआ है, जिसने मुझे ताकत दी और इस चुनौतीपूर्ण स्थिति के कारण और कभी-कभी विडंबना के बावजूद, खुशी और शांति पाने में सक्षम बनने के लिए दृष्टिकोण दिया। मैं यह खुशी प्राप्त करने की अपनी यात्रा को साझा करना चाहती थी, और चाहती हूँ की यह किताब हकीकत दिखाए पर आशाजनक भी हो, न केवल बच्चों के भविष्य के लिए, बल्कि उनके माता-पिता के लिए भी। इन सबसे ऊपर, मैं चाहती थी कि आप जैसे माता-पिता इस किताब के माध्यम से यह समझें कि, ऑटिजम निश्चित रूप से जीवन बदल देता है, लेकिन इसे उम्रकैद की तरह नहीं देखा जाना चाहिए।

मुझे उम्मीद है कि मैंने अपना उद्देश्य हासिल कर लिया है।

संदर्भ सूची

अध्याय १: पहले का जीवन

Marti Leimbach, *Daniel Isn't Talking* (Nan A. Talese / Doubleday, 2006)

Diagnostic and Statistical Manual of Mental Disorders 5th Edition, American Psychiatric Association, 2013

अध्याय २: सूचक लक्षण (रेड फ्लैग)

100 Day Kit for Newly Diagnosed Families of Young Children, (http://www.autismspeaks.org),2019

Erika Cardamone, *What's the Point of Pointing*, (https://thespeechies.com/whats-the-point-of-pointing/), 2013

अध्याय ४: टी-शर्ट

Michael Cheng, MD and Jennifer Boggett-Carsjens, *Consider Sensory Processing Disorders in the Explosive Child: Case Report and Review*, Canadian Academy of Child and Adolescent Psychiatry, 2005

अध्याय 6: दुःख के पाँच चरण - चरण 1

Elisabeth Kübler-Ross, *On Death and Dying: What the Dying Have to Teach Doctors, Nurses, Clergy and Their Own Families*, Scribner, 2014

अध्याय ७: २रा स्तर

Michelle Diament, *Autism Moms Have Stress Similar To Combat Soldiers*, Disability Scoop, 2009

अध्याय ९: ४था स्तर

Jorge Bravo-Benítez, María Nieves Pérez-Marfil, Belén Román-Alegre and Francisco Cruz-Quintana, *Grief Experiences in Family Caregivers of Children with Autism Spectrum Disorder (ASD)*, Mind, Brain and Behaviour Research Centre (CIMCYC), 2019

अध्याय १२: भाई-बहन

Helping siblings of children with autism spectrum disorder, (https://raisingchildren.net.au/autism/communicating-relationships/family-relationships/siblings-asd), Raising Children.net.au, 2017

Life as an autism sibling: a guide for teens

(http://bit.ly/OARSibs23), Organization for Autism Research (OAR), 2014

A Sibling's Guide to Autism: An Autism Speaks Family Support Tool Kit, (http://www.autismspeak.org), 2018

अध्याय १३: हम

Alysia Abbott, *Love In The Time of Autism*, (https://www.psychologytoday.com/us/articles/201307/love-in-the-time-autism), Psychology Today, 2013

Maureen Bennie, *How do I keep my marriage strong while raising a child with autism?* (https://autismawarenesscentre.com/keep-marriage-strong-raising-child-autism/), Autism Awareness Centre, 2016

Chantal Sicile-Kira, *The Affects of Autism in Families and Partner Relationships,* Family Therapy Magazine, May-June 2008

अध्याय १४: आध्यात्मिकता और लचीलापन

Naomi Ekas, Lauren Tidman and Lisa Timmons, *Religiosity/Spirituality and Mental Health Outcomes in Mothers of Children with Autism Spectrum Disorder: The Mediating Role of Positive Thinking,* (https://www.researchgate.net/publication/335174576_ReligiositySpirituality_and_Mental_Health_Outcomes_in_Mothers_of_Children_with_Autism_

Spectrum_Disorder_The_Mediating_Role_of_Positive_Thinking), Journal of Autism and Developmental Disorders 49, 2019

Michael A. Ellis DO, Autism: Religion and Spirituality - How parents can find peace with autism (https://www.psychologytoday.com/intl/blog/caring-autism/201809/autism-religion-and-spirituality), Psychology Today, 2018

अध्याय १७: जन्मदिन की पार्टी

P. Rosenbaum and J. W. Gorter, *The 'Fowords' in childhood disability: I swear this is how we should think!* (https://onlinelibrary.wiley.com/doi/10.1111/j.1365-2214.2011.01338.x), Wiley Online Library, 2011

अध्याय १८: "टाइम पास"

Eric Berne, *Games People Play: The Psychology of Human Relationships*, Penguin UK, 2010

अध्याय १९: मेल्टडाउन

Maureen Bennie, *Tantrum vs Autistic Meltdown: What Is The Difference?* (https://autismawarenesscentre.com/what-is-the-difference-between-a-tantrum-and-an-autistic-meltdown/), Autism Awareness Centre, 2016

अध्याय 22: "नो थैंक यू"

Temple Grandin, *Keys to Successful Independent Living, Employment and a Good Social Life for Individuals with Autism and Asperger's*, Autism Research Institute, 1996

अध्याय २४: खुलासा

Akshay Kaushal, *Meet India's first male model with autism*, Hindustan Times, May 29, 2019

Dr. Stephen Shore, *Developing Effective Skills in Self-Advocacy and Disclosure: A Webinar for People with Autism and their Families*, College Internship Program (CIP), April 14, 2020

Dr. William Chen, *How To Tell Your Child That He Has Autism* (https://www.psy-ed.com/wpblog/your-child-has-autism/), Advanced Psychology, 2018

Karen Kaizuka, *Telling Your Child They Have Autism,* (https://theautismblog.seattlechildrens.org/telling-your-child-they-have-autism/), The Autism Blog, Seattle Children's Hospital, 2012

अध्याय २५: भविष्य

Revati Krishna, *For autism treatment, insurance an issue* (https://www.livemint.com/insurance/news/for-autism-treatment-insurance-an-issue-1554527294789.html), The Mint, April 6, 2019

www.ingramcontent.com/pod-product-compliance
Lightning Source LLC
LaVergne TN
LVHW101941220826
846093LV00006B/84

* 9 7 9 8 8 8 6 2 9 9 6 0 1 *